Goetz/Neumann/Schröm

Allein gegen Kohl, Kiep & Co.

W0190706

Inhalt

Vorbemerkung der Autoren

Wir haben die Geschichte des CDU-Parteispendenskandals aus der Perspektive der Staatsanwälte und Steuerfahnder erzählt. Deren Ermittlungsarbeit ist es schließlich zu verdanken, daß die mafiosen Praktiken der Partei überhaupt aufgedeckt wurden.

Allerdings war diese Art der Darstellung nicht ganz einfach, weil sich die Ermittler strikt an das Dienstgeheimnis hielten. Deshalb mußten wir uns für die Arbeit an diesem Buch größtenteils auf Dokumente stützen, die wir aus anderen Quellen erhalten haben. Dazu zählen zum Beispiel penibel geführte Handakten oder Protokolle des Bundestagsuntersuchungsausschusses. In vielen dieser Unterlagen finden sich zu allen entscheidenden Ereignissen der Ermittlungen neben taktischen und juristischen Überlegungen oder behördeninternen Vermerken auch persönliche Einschätzungen der beteiligten Fahnder wieder.

Durch die Fülle des zur Verfügung stehenden Materials war es uns möglich, sowohl die Entscheidungsabläufe genau zu rekonstruieren als auch die Sichtweisen der jeweiligen Ermittler nachzuzeichnen. Der besseren Lesbarkeit halber haben wir auf Fußnoten und ausführliche Quellenangaben verzichtet, zumal es sich mehrheitlich um unveröffentlichtes Material handelt. Alle Angaben und wörtlichen Zitate lassen sich mit den uns vorliegenden Akten belegen.

Des weiteren haben wir zum Teil intensive Gespräche oder Telefonate mit einer Reihe von Ermittlern, Zeugen und Beteiligten geführt, die mehrheitlich bereits durch Presseveröffentlichungen, Interviews oder Auftritte im Untersuchungsausschuß des Bundestages bekannt waren. Dabei ging es vor allem um die persönliche Situation der Betreffenden und ihre Empfindungen während des Ermittlungsvorganges.

Das Buch ist keine von den Hauptpersonen autorisierte Version; sie kannten den Text vor Erscheinen nicht. Trotzdem begegneten sie unserem Projekt mit Aufgeschlossenheit, wofür wir uns herzlich bedanken möchten.

Natürlich sind wir uns des Problems bewußt, ein aktuelles Buch über einen Skandal zu schreiben, dessen Aufklärung und Bewertung längst noch nicht abgeschlossen ist. Deshalb muß nochmals ausdrücklich darauf hingewiesen werden, daß keiner der Beschuldigten bislang rechtskräftig verurteilt ist. Im Falle von Erich Riedl, früherer Staatssekretär im Bundeswirtschaftsministerium, kam es zu einer Einstellung des Verfahrens, gegen Max Strauß, Rechtsanwalt und Sohn des früheren CSU-Vorsitzenden, und Holger Pfahls, früherer Staatssekretär im Verteidigungsministerium und ehemaliger Präsident des Bundesverfassungsschutzes, wurde bislang noch nicht Anklage erhoben. Sie wie auch die beiden Thyssen-Manager Jürgen Maßmann und Winfried Haastert sowie Brian Mulroney, früherer kanadischer Premierminister, und der kanadische Lobbyist Frank Moores bestreiten im übrigen, daß sie jemals Geld in irgendeiner Form von Karlheinz Schreiber erhalten haben. Max Strauß dementiert zudem, im Zusammenhang mit dem Panzer-, dem Airbus- oder Leuna-Deal Provisionen bekommen zu haben.

Die vorgenannten Personen weisen auch die Behauptung zurück, irgend etwas mit den Codenamen zu tun haben, die die Staatsanwaltschaft im Kalender des Waffenhändlers Schreiber gefunden und ihnen zugeordnet hat. Dementsprechend streiten sie auch ab, mit Rubrikkonten in Berührung gekommen zu sein, die unter diesen Codenamen geführt wurden. Karlheinz Schreiber bestreitet darüber hinaus die Darstellung der Staatsanwaltschaft, an die vorgenannten Personen Schmiergelder gezahlt zu haben, wie sich auch die Eintragungen in seinem Kalender nicht auf die genannten Personen beziehen. Schließlich sei auch darauf hingewiesen, daß Dieter Holzer, gegen den die Schweizer Staatsanwaltschaft ermittelt, abstreitet, Provisionszahlungen vom französischen Mineralölkonzern Elf Aquitaine an deutsche Politiker weitergeleitet zu haben.

Mögen nun die Gerichte möglichst bald eine umfassende Klärung und Ahndung dieser demokratiefeindlichen Praktiken herbeiführen.

Berlin, im August 2000
John Goetz, Conny Neumann, Oliver Schröm

Prolog

Es war ein naßkalter Wintermorgen, als Winfried Maier aus der zweimotorigen Propellermaschine der Augsburg Airways stieg. Berlin empfing ihn mit dunklen Wolken und zwei Grad minus. Ein unangenehmer Wind schlug ihm entgegen. Maier fröstelte. Der Staatsanwalt war an diesem 24. Februar 2000 auf dem Weg zum Parteispendenuntersuchungsausschuß des Bundestages. Maier sollte dort als Sachverständiger aussagen. Für den 40jährigen Ankläger eine ungewohnte Rolle. Zur Abwechslung würde er selbst im Zeugenstand stehen und sich gegebenenfalls einem Kreuzverhör stellen. Es ging um seinen bislang spektakulärsten Fall, das Verfahren gegen Karlheinz Schreiber und andere.

Anfangs ermittelte die Augsburger Staatsanwaltschaft gegen den Kleinunternehmer aus dem oberbayerischen Kaufering wegen Steuerhinterziehung. Bald jedoch war den Ermittlern klar geworden, daß es sich hier um kein herkömmliches Steuerstrafverfahren handelte, sondern daß es um Schmiergeldzahlungen in Millionenhöhe an führende Politiker von CDU und CSU ging. Maier hatte sich davon nicht abschrecken lassen und hartnäckig weiter ermittelt. Und schließlich war er auf das Schwarzgeld-System der CDU gestoßen.

Heute nun wollte sich der dafür extra eingesetzte Bundestagsuntersuchungsausschuß damit beschäftigen. Welche Fragen würden ihm dazu gestellt werden? Worauf wüßte er noch keine Antwort? Noch immer war beispielsweise unklar, welche Rolle Helmut Kohl bei dem Ganzen gespielt hatte. Steckte er selbst womöglich hinter dem ganzen Skandal?

Der Untersuchungsausschuß tagte in der Katholischen Akademie St. Thomas von Aquin. Als Maier dort ankam, wimmelte es bereits von Journalisten. Im Foyer herrschte ein wildes Durcheinander. Fernsehkameras wurden aufgebaut, Mikrophone und Scheinwerfer in Stellung gebracht, und ständig stolperte man über irgendwelche Kabel, die die Aufnahmegeräte mit den Übertragungswagen draußen vor der Tür verbanden.

Unbemerkt bahnte sich Maier seinen Weg durch die Journalisten. Er genoß die letzten Minuten in der Anonymität. Noch wußte niemand, wie er aussah. Seine Erscheinung erweckte auch nicht sofort Aufmerksamkeit. Mit seiner Größe von 1,65 Meter und dem jugendlichen Gesicht hatte man ihn oft genug für zehn Jahre jünger geschätzt. Er entsprach jedenfalls keineswegs dem landläufigen Bild, daß man sich von einem energischen Staatsanwalt machte, dem es gelungen war, einen der größten politischen Skandale der deutschen Nachkriegsgeschichte ins Rollen zu bringen.

Wie würde der Untersuchungsausschuß mit der Verfahrensakte zum Fall Schreiber umgehen, die im Vorfeld angefordert worden war? Tausende von Seiten hatte man in Augsburg kopiert und nach Berlin geschickt. Aber das wichtigste Dokument war nicht dabei: die Handakte.

Maier war untersagt worden, diese ebenfalls zum Untersuchungsausschuß zu schicken. Aus gutem Grund. Sie enthielt politischen Sprengstoff. Auf 1 600 Seiten war darin dokumentiert, wie man die Staatsanwälte bei ihren Ermittlungen ständig behindert hatte. Einmal wurden Haftbefehle ein paar Tage lang zurückgehalten, so daß ein Beschuldigter untertauchen konnte, ein anderes Mal durften bestimmte Büros nicht durchsucht und wichtige Zeugen nicht vernommen werden. Als Maier sich wehrte, wurde ihm schließlich nahe gelegt, die Staatsanwaltschaft zu verlassen und sich für ein Richteramt zu bewerben.

Im Untersuchungsausschuß wollte Maier der Wahrheit Gehör verschaffen. Das parlamentarische Gremium sollte zumindest eine Ahnung davon bekommen, was sich all die Jahre hinter den Kulissen abgespielt hatte, mit welchen politischen Hindernissen er bei seinen Ermittlungen zu kämpfen gehabt hatte. Danach war es die Aufgabe der Politiker, denen er gleich gegenübersitzen würde, endlich die erforderlichen Konsequenzen zu ziehen und künftig auch in Deutschland die Unabhängigkeit der Staatsanwälte per Gesetz zu garantieren.

Als Maier den Sitzungssaal betrat, drängelten sich dort die Medienvertreter und Fotografen um die besten Plätze. Er ging gleich zu dem Tisch mit dem Namensschild »Dr. Maier StA Augsburg«. Die Journalisten registrierten nun, daß dieser

Staatsanwalt Winfried Maier aus Augsburg vor dem Bundestagsuntersuchungsausschuß zur CDU-Spendenaffäre am 24. Februar 2000 in Berlin

Mann wohl jener Ermittler sein mußte, der mit seinen Enthüllungen die CDU bedrohlich nahe an den politischen Abgrund gebracht hatte. Sofort war Maier umringt von Fernsehkameras und Fotografen. Er stellte seine schwarze Aktentasche auf den Tisch, zog eine grüne Mappe mit ein paar Unterlagen heraus. Als er den Kopf hob, schaute er direkt in die Blitzlichter der Fotografen und in die Scheinwerfer der Fernsehkameras. Er lächelte verlegen. Nun sollte es endlich losgehen.

Die Spur zu einem »kleinen« Steuervergehen

Wie die Augsburger Staatsanwaltschaft überraschend Karlheinz Schreiber auf die Schliche kam

Es war fünf Uhr morgens, als Winfried Kindler aus dem Bett stieg. Der Steuerfahnder, ein Mann mit festen Gewohnheiten, hatte an diesem 24. Juli 1995 viel vor. Seine Ehefrau bereitete ihm in der Küche stumm das Frühstück. Sie hatte es aufgegeben zu fragen. Die Fälle, die er bearbeitete und die ihn bis spät abends am Schreibtisch festhielten, entnahm sie – wenn überhaupt – der Tageszeitung.

Diesmal bat er um das Auto. Er mußte nach Österreich, und ein Dienstwagen stand wieder einmal nicht zur Verfügung. Kindler war das nur recht, er liebte seinen alten Fiat. Der Leiter der Steuerfahndung, Regierungsdirektor Anton Gumpendobler, nahm kurz nach acht Uhr auf dem Beifahrersitz Platz. Die Augsburger Finanzbeamten legten den Weg bis Bregenz kurz hinter der Grenze in zwei Stunden zurück. Dort wartete ein Kronzeuge auf sie.

Der Mann hieß Giorgio Pelossi, ein Schweizer Treuhänder aus dem noblen Lugano. Der Finanzmakler verwaltete eine Reihe von sogenannten Domizilgesellschaften in Liechtenstein und in der Schweiz. Nach außen hin ein ehrbarer und lukrativer Beruf. Tatsächlich waren Treuhänder wie Pelossi aber oft nichts anderes als Strohmänner in irgendwelchen Briefkastenfirmen, die dazu dienten, den Hergang dubioser Geschäfte zu verschleiern. Gern ließen Unternehmer ihre Einnahmen auf den Konten solcher Briefkastenfirmen im Ausland verbuchen, in Deutschland konnte man damit die Steuer umgehen. Dem Fiskus entstanden dadurch jedes Jahr Verluste in Milliardenhöhe. Für Kindler und Gumpendobler Tagesgeschäft. Die Frage war meist nur, wie verzweigt und in welchen anderen Ländern das Firmengeflecht noch angelegt war. In jüngster Zeit hatten sich die Millionenjongleure auf baltische Staaten oder entlegene Inselgruppen spezialisiert, die auf Rechtshilfeersuchen zum Teil nicht einmal eine freundliche Postkarte zurücksandten. Die Fahrt nach Bregenz konnte, so gesehen, fahndungstechnisch ins Nichts führen.

Vor fast sechs Monaten, am 3. Februar 1995, hatten die beiden Steuerfahnder erstmals von Giorgio Pelossi gehört. An diesem Tag war in der Augsburger Steuerfahndungsstelle in der Bahnhofstraße 10 ein kleiner, gedrungener Mann aufgetaucht. Er hatte sich als Karlheinz Schreiber vorgestellt und erklärt, er sei Geschäftsführer einer Firma in Kaufering, Landkreis Landsberg/Lech. Seine Firma heiße Bayerische Bitumen-Chemie GmbH und sei spezialisiert auf das Anbringen von Fahrbahnmarkierungen, etwa weißen Mittelstreifen auf Autobahnen und Linien auf internationalen Flughäfen. Der Mann hatte lichtes, graues Haar, und seinem runden, gefleckten Gesicht war zu entnehmen, daß er gerne viel aß und trank. Auf eine eigentümliche Art erinnerte dieser Schreiber an Franz Josef Strauß. Wie der 1988 verstorbene Ministerpräsident Bayerns hatte auch der korpulente Geschäftsmann aus Kaufering ein kräftiges Doppelkinn und einen Stiernacken, der dadurch unterstrichen wurde, daß er den obersten Hemdknopf geschlossen und die Krawatte fest angezogen trug.

Als könnte er die Gedanken seiner Gegenüber erraten, ließ Schreiber rasch ganz beiläufig einfließen, daß er Franz Josef Strauß gut gekannt habe und auch mit sonstiger CSU-Prominenz freundschaftlichen Umgang pflege. Die beiden Steuerfahnder, die keine Ahnung hatten, worauf dieser Schreiber hinauswollte, sagten lange Zeit gar nichts und lauschten den merkwürdigen Erzählungen mit ruhiger, interessierter Miene.

Die Geschichte des Besuchers überraschte die Finanzbeamten dann aber doch noch. Schreiber erklärte, er wolle falschen Behauptungen in der Presse und einer befürchteten Anzeige gegen ihn zuvorkommen. Auf zaghaftes Nachfragen Kindlers, weshalb es eine solche Anzeige geben könnte, erklärte dieser sogleich: Ein früherer Geschäftspartner, ein gewisser Giorgio Pelossi, habe ihn betrogen. Nachdem er ihm auf die Schliche gekommen sei und sich von ihm getrennt habe, würde dieser Pelossi nun versuchen, ihn mit der Veröffentlichung einer Lügengeschichte zu erpressen. Pelossi behaupte, er, Schreiber, sei der »Wirtschaftlich Berechtigte« einer im liechtensteinischen Vaduz domizilierenden Gesellschaft namens International Aircraft Leasing Limited (I. A. L.). Dadurch könnte nun der Eindruck entstehen, erklärte Schreiber und ruderte mit den kurzen Armen, er persönlich habe irgendwelche Geschäfte über diese I.A.L. abgewickelt, um damit den deutschen Fiskus zu hintergehen. Und das, versicherte der Kauferinger Unternehmer, sei ja überhaupt nicht der Fall, im Gegenteil, er habe nichts mit dieser Domizilgesellschaft I. A. L. zu tun. Als Beweis übergab er Kindler und Gumpendobler einen grünen Leitzordner mit der Aufschrift »Schreiber, FA, Pelossi«.

Für die beiden Steuerfahnder war der Tag reichlich ungewöhnlich. Daß ein Geschäftsmann im Finanzamt auftaucht und sich für etwas zu entlasten sucht, dessen er noch gar nicht verdächtigt worden ist, hatte es in Augsburg zuvor noch nicht gegeben. Als Schreiber die Steuerfahndungsstelle schließlich verlassen hatte, waren sich Kindler und Gumpendobler einig: Die Geschichte roch geradezu nach krummen Geschäften. Steueramtsrat Kindler bekam unbürokratisch die Anweisung, der Sache auf den Grund gehen. Der Form halber wurde unter dem Aktenzeichen FR 080/95 ein Vorermittlungsverfahren wegen »aufklärungsbedürftigen steuerlichen Sachverhalts« eingeleitet. Kindler machte sich daran, Informationen über die Liechtensteiner Firma I. A. L. zu beschaffen. Danach wollte er versuchen, mit Herrn Giorgio Pelossi Kontakt aufzunehmen.

Bei der Fahndungsstelle Augsburg-Stadt genoß Kindler den Ruf, einen ausgeprägt scharfen Spürsinn zu besitzen. Abteilungsleiter Anton Gumpendobler ließ ihm auch bei heiklen Ermittlungen freie Hand. In den letzten Jahren war Kindler bei der Suche nach hinterzogenen Steuergeldern noch anderen Delikten auf die Spur gekommen. Vor kurzem hatte er einen Seriendieb entlarvt, der daraufhin für fünfeinhalb Jahre ins Gefängnis mußte. Dem Steuerfahnder gefiel es, gelegentlich der Polizei Arbeit abzunehmen.

Trotzdem hatte ihm noch niemand falschen Ehrgeiz oder fanatischen Gerechtigkeitssinn attestiert. Es war der Sportsgeist des Langstreckenläufers, der ihn trieb. Aus kleinsten Steinchen schuf er sich ein Mosaik. Abends schleppte er Akten nach Hause und tüftelte am Feierabend an Lösungen. Seine Frau hatte sich damit abgefunden.

Kindler war Ende 40, als er den Fall Schreiber begann. Seine sportliche Statur ließ ihn jünger erscheinen, sein Haar trug er seit einiger Zeit so kurz geschnitten, daß es bei günstigem Licht mehr blond als grau wirkte. Dazu strahlten aus seinem kantigen Gesicht zwei helle, wache Augen. Vor mehr als zehn Jahren war er zur Augsburger Steuerfahndung gewechselt. In den 15 Jahren zuvor hatte er als Betriebsprüfer beim Finanzamt gearbeitet. Ihm konnte keiner mehr etwas vormachen.

Die Kontaktaufnahme mit Pelossi war umständlich und langwierig gewesen. Nach Monaten erst hatte er über seinen Augsburger Anwalt die Bereitschaft signalisiert, als Zeuge gegen seinen früheren Partner Karlheinz Schreiber auszusagen. Vorab ließ er bereits wissen, daß Schreiber über ein Geflecht von Briefkastenfirmen sämtliche Anteile an der Liechtensteiner Domizilgesellschaft I. A. L. besitze und mit deren Hilfe in Deutschland gehörig Steuern hinterzogen habe. Dies dürfte, so vermutete Kindler, nach bekanntem Muster der Geldwäsche abgelaufen sein. Erlöse und Einnahmen aus dunklen Geschäften wurden statt auf ein Konto in Deutschland, wo das Geld versteuert werden müßte, auf ein Konto der Briefkastenfirma in Liechtenstein überwiesen. In dem Steuerparadies interessierte sich seit jeher niemand dafür, woher die immensen Beträge stammten. Es ist den Bankern in Vaduz bis heute einerlei, ob die Millionen auf ihren Konten mit Waffen- oder Drogengeschäften verdient werden. Und eine Firmengründung war dort billig und unkompliziert, zumal keine Bilanzen veröffentlicht werden mußten. Meist bestanden diese Unternehmen lediglich aus einer Postadresse für den Geld- und Geschäftsverkehr, der von Treuhändern wie Giorgio Pelossi abgewickelt wurde. Wahrung der Anonymität der eigentlichen Firmenbesitzer und der Adressaten der Geldüberweisungen war die oberste Berufspflicht von Treuhändern. Kein Steuerflüchtling, Geldwäscher oder Drogenhändler würde die Verwaltung seiner Gelder je einem Treuhänder anvertrauen, der nicht schweigen konnte.

Pelossi wäre als Treuhänder erledigt, sobald es sich herumspräche, daß er ausgerechnet gegenüber einem deutschen Steuerfahnder mit dem Schweigegelübde seines Berufsstandes gebrochen hätte. Kindler fragte sich deshalb, warum der Finanzmakler dieses Risiko überhaupt einging. Eine kleine Sicherheit hatte dieser sich gelassen: Er wolle auf keinen Fall auf deutschem Boden aussagen. Kindler war zu einer kleinen Konzession bereit und schlug das österreichische Bregenz als Treffpunkt vor, eine Begegnung auf neutralem Boden also. Pelossi akzeptierte. Kindler verfaßte ein kompliziertes Rechtshilfeersuchen an die österreichischen Kollegen vom Finanzamt Feldkirch, Prüfungsabteilung Strafsachen. Er fragte an, ob die Beamten etwas dagegen einzuwenden hätten, wenn er für ein deutsches Strafverfahren auf österreichischem Boden einen Schweizer Staatsbürger als Zeuge vernähme. Die Prüfungsabteilung stimmte zu.

Für den Monat Juli war es in Bregenz ungewöhnlich kalt. Als Kindler und Gumpendobler eintrafen, lag die Temperatur bei 13 Grad, ein kräftiger Wind trieb graue Regenwolken über den Bodensee. Die Terrassen der Cafés in der österreichischen Landeshauptstadt im Vorarlberg waren wie ausgestorben. Kindler steuerte seinen alten Fiat zum Finanzamt Bregenz. Die österreichischen Kollegen hatten für die Steuerfahnder aus Bayern ein Dienstzimmer reserviert, man hatte sich telefonisch abgesprochen. Kindler arrangierte gerade Laptop und Kabel auf dem Schreibtisch, als ein älterer, eleganter Herr das Zimmer betrat. Der Zeuge Giorgio Pelossi stellte sich vor. Da der Treuhänder vorsichtig war, folgten hinter ihm Ehefrau Christa-Maria und sein Augsburger Anwalt Hilmar Pickartz. Kindler und Gumpendobler baten Platz zu nehmen, man tauschte Höflichkeiten aus und erkundigte sich über Anreise und Wetter. Die Augsburger Beamten widmeten solchen Dingen gewöhnlich stets eine angemessene Zeit, ein formloses Entree lockert die Atmosphäre auf. Es galt, den Zeugen zu erkunden und einzuschätzen.
Die Steuerfahnder sahen einen zurückhaltend wirkenden Mann. Pelossi trug Jackett und Krawatte, beides weder modern noch altmodisch, aber teuer. Ebenso die Brille, ein klassisches Metallgestell. Die grauen Haare waren über der hohen Stirn sorgsam gescheitelt. Der Mann gab das Bild einer rundum unscheinbaren Person ab, der perfekte Buchhalter und Treuhänder für jede Art von Geschäften. Obendrein wirkte er wie ein Kavalier alter Schule. Auffällig war lediglich sein Deutsch. Pelossi beherrschte es wohl fehlerfrei, aber geprägt mit einem starken italienischen Akzent. Gattin Christa-Maria, eine schöne und

energische Frau, sprach im krassen Gegensatz dazu ein auffälliges Schwäbisch.

Für das Protokoll gab Pelossi folgende Daten an: »Giorgio Pelossi; geboren am 20. März 1938 in Bellinzona; römisch-katholischen Glaubens, wohnhaft in Lugano.« Die Schweizer Bezirksstadt im Kanton Tessin war von jeher wegen ihres milden Klimas beliebt bei betuchten Pensionären und deshalb ein teures Pflaster. Pelossis Geschäfte mußten also gut gehen, er leistete sich in dem noblen Ort ein stattliches Anwesen. Als Beruf nannte er »Wirtschaftsprüfer«. Kindler verkniff sich einen Kommentar hierzu. Er lauschte gespannt, mit welchen Details Pelossi aufwarten könnte.

Der Tessiner sprach zweieinhalb Stunden lang detailreich über seine Geschäftsbeziehung zu Schreiber; dabei blieb seine Stimme so sachlich und freundlich wie bei der Angabe seiner Personalien. »Im Jahre 1984 beauftragte mich Herr Schreiber, in Liechtenstein eine Firma zu gründen, die dann I.A.L. (International Aircraft Leasing Limited) genannt wurde«, begann Pelossi. »Ich wurde zum Verwaltungsrat der Firma I.A.L. benannt. Die Anteile wurden von der Kensington Anstalt Vaduz gehalten. Destinatär, Begünstigter, dieser Anstalt war auf jeden Fall bis 30.6.1991 Herr Schreiber.«

Der langjährige Partner Schreibers führte die beiden Steuerfahnder durch ein Labyrinth von Briefkastenfirmen. Letztendlich schien die I.A.L. Dreh- und Angelpunkt in einem komplizierten Geflecht zu sein. Pelossi erklärte den Steuerfahndern, wie Schreiber mit seiner Hilfe über die I.A.L. Millionen-Deals mit Messerschmitt-Bölkow-Blohm (MBB), Thyssen Industrie und Airbus Industrie abgewickelt hatte. »Die Funktion der I.A.L. bestand darin, Verträge mit den drei genannten Firmen abzuschließen, die in den Verträgen genannten Beträge zu vereinnahmen und entsprechend den Weisungen des Herrn Schreiber weiterzuleiten. Es wurden auch Faxe der genannten Firmen an Herrn Schreiber weitergeleitet. Auch die Verträge mit den Firmen wurden von Herrn Schreiber ausgehandelt und vergeben.«

In den kurzen Pausen erinnerten sich Gumpendobler und Kindler an den eigenartigen Besuch Schreibers im Februar auf ihrer Dienststelle. Es war nahezu grotesk gewesen, wie intensiv er versucht hatte, Pelossi mit allen Mitteln zu diskreditieren. Die

Treuhänder Giorgio Pelossi (links) zusammen mit seinem früheren Partner Karlheinz Schreiber und Max Strauß in Kanada

Augsburger Beamten begannen zu begreifen, warum Schreiber sogar das Risiko eingegangen war, mit seinem Auftritt das Interesse der Steuerfahnder auf sich zu lenken. Er hatte keine Wahl, mußte alles auf eine Karte setzen, denn Pelossi wußte einfach zuviel. »Der faktische Geschäftsführer der Firma I. A. L. war bis zu meinem Ausscheiden im Juli 1991 Herr Schreiber«, fuhr Pelossi fort. »Die von der Firma I. A. L. vereinnahmten Gelder wurden an Herrn Schreiber und seine Firmen weitergeleitet. Die Gelder wurden auf das Konto von Herrn Schreiber bei dem Schweizerischen Bankverein in Zürich, Konto-Nummer 18679, Rubrik I. A. L., überwiesen. Einmal wurde auch ein Scheck auf den Schweizerischen Bankverein in Zürich ausgestellt und Herrn Schreiber persönlich übergeben.«

Die Steuerfahnder waren sich alsbald ziemlich sicher: Schreiber war offenbar der »Wirtschaftlich Begünstigte« der I. A. L. Über die Liechtensteiner Domizilgesellschaft kassierte er seine Einnahmen aus irgendwelchen Geschäften mit Airbus, Thyssen und MBB und lenkte sie auf Schweizer Nummernkonten, ohne daß der deutsche Fiskus auch nur eine Mark davon sah. Kindler und Gumpendobler ärgerten sich nach Jahren in der Branche wieder einmal darüber, mit welch simplen Strategien man unbehelligt ans Ziel kommen konnte. Es mußten lediglich die provisionszahlenden Firmen ausländische Konten ihrer deutschen Vermittler akzeptieren und ein zuverlässiger Treuhänder als Strohmann fungieren.

Schreiber selbst führte nur aus der Ferne Regie: »Die Weisungen erteilte Herr Schreiber hauptsächlich von Kaufering aus«, erklärte Pelossi. »Diese Weisungen erfolgten entweder telefonisch oder mündlich.« Seine Rolle umschrieb Pelossi mit der eines Buchhalters: »Die Buchhaltungsarbeiten und der offizielle Schriftverkehr wurden in Lugano gemacht. Andere Personen erteilten mir keine Weisungen.«

Pelossis präzise Angaben ließen bei den beiden Zuhörern keine Zweifel an seiner Glaubwürdigkeit als Kronzeuge aufkommen. Trotzdem waren die Augsburger Steuerfahnder erleichtert, als der Tessiner unvermutet eine Mappe mit Dokumenten auf den Tisch legte. Ein erster kurzer Blick durch die Auflistungen und Verträge genügte. Kindler und Gumpendobler sahen darin den Beleg dafür, daß Schreibers früherer Buchhalter in den vergangenen Stunden keine Märchen erzählt hatte.

Offensichtlich war ihnen mit Schreiber ein ziemlich großer Fisch an die Angel gegangen. Dann aber kam erst das eigentlich Wesentliche: »Nach den Angaben des Herrn Schreiber mir gegenüber«, gab Pelossi zu Protokoll, »wurde rund die Hälfte der I. A. L.-Einnahmen an kanadische Freunde sowie an deutsche Freunde weitergegeben.« War also auch Schreiber nur ein Strohmann, der für diese Tätigkeit mit Millionen bezahlt wurde? Und um was für dunkle Geschäfte ging es, wenn einer wie Schreiber allein zweistellige Millionen-Summen dafür bekam, daß er eine Liechtensteiner Briefkastenfirma für eine Geldtransaktion zur Verfügung stellte?

»Die Gelder wurden meines Wissens für die Anbahnung und Entwicklung von Geschäften in Kanada bezahlt«, berichtete Pelossi weiter. »Der andere Teil der Einnahmen ist meines Wissens bei Herrn Schreiber verblieben, den genauen Aufteilungsschlüssel kenne ich jedoch nicht.«

Aber Pelossi kannte die Namen der übrigen Geldempfänger. Da im Laufe des Gespräches gegenseitiges Vertrauen entstanden war, nannte er sie auch: »Bei den kanadischen Freunden handelt es sich nach Angaben des Herrn Schreiber um einen wichtigen kanadischen Politiker, angeblich um Herrn Mulroney«, bis 1993 Premierminister des Landes. »Bei dem deutschen Freund handelt es sich nach Angaben des Herrn Schreiber um die Familie Strauß.« Kindler, der bisher wie elektrisiert zugehört hatte, wurde es jetzt richtig heiß.

Mit dem Datum vom 2. August 1995, acht Tage nach der Vernehmung Pelossis, schickte Abteilungsleiter Anton Gumpendobler ein kurzes Schreiben an die Bußgeld- und Strafsachenstelle des Finanzamtes. Darin bat er, den Fall Schreiber als Strafverfahren unverzüglich an die Staatsanwaltschaft bei dem Landgericht Augsburg abzugeben. Beigelegt hatte Gumpendobler die Ermittlungsakte, Ordner mit Beweismitteln sowie einen vierseitigen Vermerk, in dem Kindler die wesentlichen Punkte präzise zusammengefaßt hatte. Kindler formulierte darin den Verdacht, daß Karlheinz Schreiber in den Kalenderjahren 1988 bis 1993 erhebliche Zahlungen der Firmen Messerschmitt-Bölkow-Blohm (MBB), Thyssen Industrie und Airbus Industrie nicht in den Einkommensteuererklärungen angegeben hatte. Dabei seien von den drei Firmen in diesem Zeitraum Millionen auf

Konten der I.A.L. in Liechtenstein geflossen: MMB hatte 1 238 813 kanadische Dollar überwiesen, Airbus 10 827 000 US-Dollar und Thyssen 3,9 Millionen kanadische Dollar sowie 1,46 Millionen Mark.

Karlheinz Schreiber wiederum sei »Wirtschaftlich Berechtigter« der Liechtensteiner Domizilgesellschaft I.A.L., schrieb Kindler und berief sich auf die Zeugenaussage Pelossis, der immerhin bis 1991 als Verwaltungsrat der I.A.L. tätig gewesen sei. Mit den Unterlagen, die ihm Pelossi überlassen hatte, konnte Kindler die Geldbewegungen nachweisen von Konten der I.A.L. auf das Konto mit der Nummer 18679 beim Schweizerischen Bankverein in Zürich und auf das Konto mit der Nummer 2227 bei der Schweizer Kreditanstalt in Pontresina. Beide Schweizer Nummernkonten rechnete er Schreiber zu. Die Annahme war mehr als naheliegend, denn es fanden sich eine Reihe von Quittungen über Barauszahlungen in der Mappe, die von Schreiber unterschrieben worden waren.

Während Schreiber seine Millioneneinnahmen aus Geschäften mit zum Teil deutschen Firmen via Liechtenstein auf Schweizer Nummernkonten lenkte, hatte er in Deutschland bei seiner Steuererklärung 1988 und 1989 angegeben, in diesen beiden Jahren gar keine Einkünfte gehabt zu haben. Für 1990 bezifferte Schreiber sein Einkommen auf rund 50 000 Mark und in den darauffolgenden drei Jahren bis 1993 auf jeweils 250 000.

Für Kindler schien der Fall hinreichend ermittelt: Schreiber hatte in Deutschland dreist seine Steuer hinterzogen. Nun mußte die Staatsanwaltschaft ihre Arbeit tun. In einem Vermerk für die Kollegen erwähnte Kindler aber zugleich, daß der Unternehmer aus Kaufering einen Teil seines nichtversteuerten Einkommens vermutlich als Schmiergeldzahlungen an Politiker weitergeleitet habe. Namen nannte Kindler vorsichtshalber jedoch nicht.

Als der Augsburger Leitende Oberstaatsanwalt Jörg Hillinger über den Fall Schreiber unterrichtet wurde, wußte er, was eigentlich zu tun wäre: Er müßte Karlheinz Schreiber umgehend verhaften lassen, denn es bestand Fluchtgefahr. Schreiber verfügte offensichtlich über Millionen auf Schweizer Nummernkonten und hatte gleich mehrere Wohnsitze im Ausland, einen Paß für Kanada und womöglich noch einen gültigen Diplomatenpaß für Costa Rica. Nach Recherchen der Steuerfahnder hatte Schreiber ein Reihenhaus im kanadischen Ottawa, eine Wohnung im französischen Les Marines de Cogolin und eine Eigentumswohnung im Schweizer Pontresina. Und würde sich Schreiber in die Schweiz absetzen, wäre die Staatsanwaltschaft nahezu hilflos, denn das Land verweigerte die Auslieferung bei derartigen Delikten.

Hillinger zögerte dennoch, einen Haftbefehl zu beantragen. Er war erst einen Monat zuvor zum Behördenleiter der Augsburger Staatsanwaltschaft berufen worden und mußte bereits eine peinliche Panne verantworten. Seine Staatsanwälte hatten unlängst einen bayerischen Unternehmer unter dem Verdacht der Steuerhinterziehung in Höhe von mehreren 100 000 Mark verhaftet. Der Mann saß daraufhin einige Zeit in U-Haft, am Ende stellte sich jedoch heraus, daß die Steuerschuld lächerlich gering war. Es ging um einen Betrag, der weder Fluchtgefahr begründet noch einen Haftbefehl gerechtfertigt hätte. Die Verantwortung für diesen Fehlgriff trug letztlich Hillinger. Der neue Behördenleiter hatte zu rasch den Verdachtsmomenten der Kriminalpolizei vertraut. So sah es zumindest seine vorgesetzte Dienststelle, die Generalstaatsanwaltschaft in München.

Es war jedoch nicht nur die Angst vor einer neuen Blamage, die Hillinger zunächst zögern ließ, einen Haftbefehl zu beantragen. Bereits beim ersten Durchblättern des Berichts von Steuerfahnder Kindler war ihm klar geworden, daß der Fall Schreiber mehr als ein herkömmliches Steuerstrafverfahren in sich barg. Die Passage, daß Schreiber einen Teil seines nichtversteuerten Einkommens »als Schmiergeldzahlungen an Politiker weitergeleitet« haben solle, hatte sich ihm eingeprägt. Auf Nachfrage war ihm auf dem kurzen Dienstweg bedeutet worden, daß es hier um die Familie Strauß ginge. Ein größeres Politikum ließ sich in Bayern kaum denken. In den Behörden und Ministerien, die Hillinger vor seinem Amtsantritt in Augsburg durchlaufen hatte, saßen ausreichend Mitarbeiter, die dort von Strauß persönlich plaziert worden und deshalb ihrem Protegé und dessen Familie treu ergeben waren. Gerade im Justizministerium, das war in Bayern beileibe nicht neu, funktionierten diese Seilschaften auch acht Jahre nach dem Tod des allmächtigen CSU-Ministerpräsidenten Franz Josef Strauß erschreckend gut und konnten schnell zum Fallstrick der eigenen Karriere werden.

Bislang war Hillingers Berufsweg verlaufen, als wäre er mit dem Lineal gezogen. Bereits nach acht Semestern hatte er sein Jurastudium abgeschlossen und angesichts der kurzen Studienzeit ein ausgezeichnetes Examen abgelegt. Von rund 1 000 Absolventen belegte er damals die Platzziffer 58. Anschließend war er im Justizministerium gestartet, das ihn alsbald an die Staatskanzlei auslieh, wo er direkt Edmund Stoiber, dem heutigen Ministerpräsidenten und CSU-Chef in Bayern, zuarbeitete. Dem jungen Beamten wurde dies jedoch bald zu eintönig. Mit 31 Jahren ließ er sich als Richter ans Schwurgericht beim Landgericht München I versetzen, zuständig für Mord und Kapitalverbrechen. Über eine Zwischenstation als Richter am Zivilgericht kam Hillinger schließlich zur Generalstaatsanwaltschaft in München und wurde dort wenig später zum Oberstaatsanwalt ernannt, dem jüngsten in der Justizgeschichte Bayerns. Weil es in der Justiz des Landes das ungeschriebene Gesetz gab, ein Oberstaatsanwalt dürfe nicht jünger als vierzig sein, hatten seine Vorgesetzten mit der Ausstellung der Ernennungsurkunde bis zum 5. November 1987 gewartet, dem Tag seines vierzigsten Geburtstags. Innerhalb der Generalstaatsanwaltschaft war Hillinger für Augsburg zuständig, wohin er 1991 als stellvertretender Behördenleiter wechselte. Im Juli 1995 wurde er zum dortigen Chefankläger befördert, für einen 47jährigen in der bayerischen Justiz erneut ungewöhnlich früh.

Trotz dieser Laufbahn hatte Jörg Hillinger nichts von einem Karrierejuristen. Vielmehr erinnerte er an einen Professor für Latein und Altgriechisch. Er benötigte dicke Brillengläser, hatte schütteres, meist wirr abstehendes Haar und einen kräftigen Schnauzer, in dem des öfteren Reste von schwarzbraunem Schnupftabak zu finden waren. Mit 1,97 Meter Größe und 120 Kilogramm Gewicht war Hillinger eine stattliche Erscheinung. Obwohl im Sauerland geboren, gab er sich gern bayerisch-barock, trug Trachtenjanker, genoß die geselligen Abende im Kreise der Katholisch-Bayerischen Studentenschaft Rhaetia, einer nichtschlagenden Burschenschaft, der er einst als Student beigetreten war.

Nicht weniger als deftige Küche und gutes Bier liebte Hillinger das Kino, favorisierte knallharte Western mit John Wayne in der Rolle des Sheriffs. Seit fast 25 Jahren, nachdem er seinen Studentenjob als Schlafwagenbetreuer bei der Bundesbahn an den

Chefermittler Jörg Hillinger während eines Urlaubes in Italien
Mitte der neunziger Jahre

Nagel gehängt hatte, schrieb der wortgewandte Jurist wöchentlich Kinokritiken für den Katholischen Filmdienst in Köln. Spät nachts, oft nach stundenlangem Aktenstudium in der Staatsanwaltschaft, hämmerte Hillinger mit zwei Fingern seine Verrisse über zweit- oder drittklassige Western wie »Der Fremde von Paso Bravo« oder »Take A Hard Ride« in die Maschine. Seine Kritiken verfaßte er unter dem Pseudonym Joe Hill. Dies glich nicht nur seinem Namen, es war vielmehr eine Hommage an den tapferen Helden der amerikanischen Unterschicht. Den Bürgerrechtler und Arbeiterdichter Joe Hill hatte man als Aktivisten der Gewerkschaftsbewegung 1915 aufgehängt.

Hillinger selbst war niemals aufwieglerisch oder oppositionell. Seine konservative Weltsicht führte ihn früh in die Reihen der CSU. Der Partei diente er viele Jahre im Bezirksausschuß München.

Die Akte Schreiber forderte deswegen eine grundsätzliche Entscheidung. Hillinger war sich nunmehr sicher. Loyalität gegenüber der Partei oder gar dem Strauß-Clan hielt er in diesem Fall für verfehlt. Ein Amigo-Staat war ihm zuwider. Nach Durchsicht von Kindlers Bericht und Pelossis Aussage deutete viel darauf hin, daß die Wurzeln der Affäre in die Zeit zurückreichten, in der Strauß senior noch die Strippen gezogen hatte. Die bayerische CSU-Ikone war 1988 verstorben. Just in jenem Jahr schien der Kauferinger Unternehmer Schreiber außerordentlich aktiv auf dem internationalen Markt agiert zu haben.

Nach Strauß' Tod hielten sich Gerüchte, der bayerische Ministerpräsident habe beim Verkauf von MBB-Hubschraubern oder Airbussen kräftig Provisionen kassiert, was die Familie jedoch dementieren ließ. Bei beiden Unternehmen hatte er aber im Aufsichtsrat gesessen, und Mitgliedern dieses Kontrollgremiums war die Annahme von Provisionen verboten. Dies wäre Untreue gegenüber der eigenen Gesellschaft und somit strafbar. Anfang der 90er Jahre hatten die Tageszeitungen in Bayern über die Affären, in die Strauß und die CSU-Spitze verwickelt gewesen waren, berichtet. Schließlich drohte Max Strauß, der älteste Sohn des großen CSU-Vorsitzenden, jedem mit Klage, der seinem verstorbenen Vater die Entgegennahme von Geldern für die Hilfe bei Flugzeuggeschäften unterstellte.

Hillinger fragte sich nun, wie kleinlaut Max wohl werden würde, wenn der Steuerfall Schreiber ans Tageslicht käme. Bei

Thyssen, MBB und Airbus handelte es sich um Konzerne, die für internationale Projekte, zumal im Rüstungsbereich, Millionenprovisionen anboten. Das war Alltagsgeschäft, und das Finanzamt goutierte diese Praxis lange Zeit mit lukrativen Abschreibemöglichkeiten. Wollte ein Mitglied des Aufsichtsrates jedoch an den Provisionen teilhaben, bedurfte es der Hilfe eines Dritten. In diesem Fall wäre Karlheinz Schreiber also der Strohmann von Franz Josef Strauß gewesen. So stellte es sich Hillinger eindeutig dar, und diese Sicht diskutierte er mit einigen vertrauenswürdigen Augsburger Kollegen. Die Generalstaatsanwaltschaft in München zu früh auf diese Brisanz aufmerksam zu machen erschien ihm als reichlich gewagt. Die Sache blieb ein Steuerdelikt, das war vorerst ausreichend.

Hillinger schmunzelte bei dem Gedanken, daß die gesamte Rüstungsaffäre eines Tages nur deshalb auffliegen könnte, weil Herr Schreiber, der kleine Handlanger des großen Strauß, seinen Anteil nicht versteuert hatte. Der Oberstaatsanwalt dachte an Al Capone. Dem legendären Mafia-Boss aus Chicago konnte nie ein Mord nachgewiesen werden, weshalb findige Ermittler und listige Juristen irgendwann beschlossen, Al Capone und seinen Clan wenigstens wegen gefälschter Buchhaltung hinter Gitter zu bringen. Das gelang. Ein ruhmloses Ende für den Meisterverbrecher.

Um jedoch gegen den Strauß-Clan wegen Steuerhinterziehung ernsthaft vorgehen zu können, genügte kein Verdacht. Objektive Beweise über Zahlungen und Kontostände mußten her. Bislang fußte alles auf vagen Andeutungen des Giorgio Pelossi. Hillinger traute ihm nicht. In seinen Augen war Pelossi nicht viel besser als die Herrschaften, denen er beratend zur Seite stand. Der Oberstaatsanwalt mahnte seine Mitarbeiter zum vorsichtigen Umgang mit dem Kronzeugen. Zunächst jedoch war die Augsburger Staatsanwaltschaft auf die Kooperationsbereitschaft des Treuhänders angewiesen, wollte sie weiter in das dubiose Milieu vordringen.

Die Akte »Schreiber« erhielt somit das Aktenzeichen 501 Js 127135/95 und war eine von 538 943 Ermittlungsakten, die 1995 von den 650 bayerischen Staatsanwälten angelegt wurde. Statt eines Haftbefehls beantragte Hillinger beim Amtsgericht zunächst einmal Hausdurchsuchungsbefehle für Schreibers Anwesen im oberbayerischen Kaufering, für die Geschäftsräume der Firma Daimler Benz Aerospace (vormals Messerschmitt-Bölkow-Blohm) in Ottobrunn sowie für die Büros bei Thyssen in Essen. Auf eine Razzia bei Airbus in Frankreich verzichtete man. Dazu hätte es eines Rechtshilfeersuchens bedurft, das mindestens sechs Monate in Anspruch nehmen würde. So lange wollte Hillinger nicht warten.

Die Vorbereitungen für die Hausdurchsuchungen erforderten exakte Planung. 35 Staatsanwälte, Steuerfahnder und Polizisten sollten am 5. Oktober 1995 Punkt neun Uhr an sechs verschiedenen Objekten in vier Städten zuschlagen: bei Thyssen in Essen, bei der Firma Eurocopter in Ottobrunn und in Donauwörth wie auch in den Büro- und Wohnräumen von Karlheinz Schreiber in Kaufering.

Kindler hatte dafür einen detaillierten Einsatzplan ausgearbeitet. Tags zuvor war die letzte Lagebesprechung anberaumt worden. Im Sitzungssaal, Zimmer 27 des Finanzamtes Augsburg-Stadt, informierte Kindler die Kollegen darüber, an welchem Ort sie zum Einsatz kämen und was zu suchen sei. Er verteilte lange Listen mit Namen jener Firmen, die nach seinen bisherigen Ermittlungen dem Firmengeflecht Schreibers zuzurechnen seien oder die mit Schreiber in Geschäftsbeziehung stünden. Kindler hatte seinen Kollegen eingeschärft, bei der Durchsuchungsaktion besonders auf Verträge über Geschäftsabkommen, auf Unterlagen über Kapitalanlagen und Bankverbindungen zu achten sowie auf eventuelle Tagebücher oder Tischkalender.

Mehr konnte der Steuerfahnder nicht tun. Am nächsten Morgen wartete er ungeduldig, bis die Kollegen von Staatsanwaltschaft und Kriminalpolizei am vereinbarten Treffpunkt eintrafen. Um 8.30 Uhr versammelte sich das Bataillon an der Sportanlage Kaufering in der Bayernstraße, einen Steinwurf vom Lech entfernt. Kindler hatte sich selbst für die Hausdurchsuchung bei Karlheinz Schreiber eingeteilt. Er benötigte für die weiteren Ermittlungen ein Bild vom privaten und beruflichen Umfeld des Hauptverdächtigen. Schlag neun Uhr stand die 17köpfige Mannschaft vor dem elektronischen Rolltor in der Kauferinger Raiffeisenstraße 27, Anwesen Schreiber. Der Gebäudekomplex war durch Alarmanlagen gesichert, eine Videokamera überwachte den Eingangsbereich. Ein Messingschild verwies auf die Firma Bayerische Bitumen-Chemie GmbH. Auf den Klingelschildern standen die Firmen- und Privatnamen. Kindler hatte vorsorglich einen Landsberger Schlüsseldienst bestellt. Aber es war nicht nötig, sich mit Gewalt Zugang zu der herrschaftlichen Villa zu verschaffen. Eine Angestellte öffnete den Steuerfahndern, Schreiber selbst war nicht zu Hause.

Kindler und seine Kollegen waren von der Größe des Anwesens völlig überrascht. Die Villa und die Mauern um den großen Park wurden von Bäumen und dichten Hecken umzäunt, so daß das gesamte Grundstück von 5 000 Quadratmetern dahinter ziemlich versteckt lag. An der Nordseite des Geländes hatte Schreiber in U-Form drei Gebäude errichten lassen. Links war der Verwaltungstrakt angesiedelt, rechts davon befanden sich Garagen für sechs Pkw. Am Ende der großzügigen Auffahrt ruhte herrschaftlich und pompös die unter Flachdächer geduckte zweistöckige Villa. Im Süden schließlich erstreckte sich ein weiter Park mit Seerosenteich, Freisitzen vor offenem Kamin, Grillplatz, Geräteschuppen und zusätzlichen Garagen.

Im Innern fand der Luxus seine Fortsetzung. Das Wohnhaus war mehr als großzügig geplant, die Räume dehnten sich über 760 Quadratmeter aus. Schon die Eingangshalle, in die Kindler und seine Helfer traten, beeindruckte durch Größe und Ausstattung. Dunkle Eichenholztüren, ein grüner Porzellankronleuchter, weinrote Sessel neben hellen, verschnörkelten Abstelltischen und schweren Kommoden zeugten von einem etwas gewagten, aber teuren Stilmix. Auch das übrige Haus war reichlich bestückt mit rustikalen Polstermöbeln sowie antiken Truhen und Schränken. An Trinkstuben – der sogenannten Zirbelstube in der bayerischen Staatskanzlei nicht unähnlich –, luxuriösen Badezimmern, Kaminecken und riesigen Eßtischen herrschte kein Mangel.

Im Keller stießen die Fahnder auf einen temperierten Weinkeller mit vorgelagerter Probierstube im Landhausstil und mehrere Vorratskammern. Daneben lag die großzügige Sauna, meterhohe Terrakottatöpfe mit Palmen säumten den Ruheraum. Für seine Firmen hatte Schreiber in dem Anwesen an der Raiffeisenstraße fast 600 Quadratmeter reserviert. Neben Büros, Sekretariat sowie Warte- und Besprechungszimmer waren im Erdgeschoß zwei Schlafzimmer und eine Wohnküche untergebracht. Amüsiert reagierten die Fahnder auf das Inventar des dortigen Kellers. Fast über die gesamte Länge des Bürogebäudes erstreckte sich eine 115 Meter lange Kegelbahn. Hier hatte Schreiber offensichtlich seine legendären Feste mit illustrer CSU-Prominenz gefeiert. Dazu diente eine komplett eingerichtete, mit dunklem Holz getäfelte Gastwirtschaft inklusive Bar. Im Nachbarraum war ein Konferenzzimmer eingerichtet, denn Schreiber verband offensichtlich gern das Angenehme mit dem Nützlichen. Zu einem guten Geschäftsabschluß gehörte vermutlich ein ausgiebiges Trinkgelage.

Kindler stöhnte. Es würde Stunden dauern, bis sie alles halbwegs gründlich untersucht hätten.

Geheime Kürzel im Tischkalender
des Waffenhändlers

Steuerfahnder rekonstruieren dunkle Panzergeschäfte

Über 50 Kisten stapelten sich in dem engen Büro des Augsburger Steuerfahnders Winfried Kindler. Der korrekte Beamte, der am Schreibtisch peinliche Ordnung hielt, Kaffeetassen und Grünpflanzen einen festen Platz zuwies, konnte sich kaum noch bewegen. In den sperrigen Umzugskartons befand sich die Ausbeute der Durchsuchungsaktion vom Vortag: Aktenordner, Terminkalender, Mappen mit Korrespondenz, nur halbwegs geordnet. Die Dokumente hatte Kindler während der Razzien bei Karlheinz Schreiber in Kaufering sowie bei Thyssen und bei der MBB-Nachfolgerin Daimler Benz Aerospace zusammentragen lassen, die Mitarbeiter mußten noch am Abend das gesamte Material ins Zimmer ihres Einsatzleiters im dritten Stock schleppen. Nun ging es ans Auspacken. Kindler war in Festtagsstimmung, vor ihm standen lauter Überraschungspakete. Der sonst so zurückhaltende Beamte genoß seit zehn arbeitsreichen Dienstjahren immer wieder das kribbelige Gefühl, bevor er nach solchen Aktionen eine beliebige Akte zog und sich offenbarte, ob die Ware etwas taugte. Diesmal hatten die Kollegen gute Arbeit geleistet.

Eine der ersten Mappen, die Kindler an diesem Tag herausfingerte, war gleich der Haupttreffer: die Tischkalender des Karlheinz Schreiber. Diese Kladden sollten vier Jahre später die größte Spendenaffäre der deutschen Politik auslösen. Vorerst gab sie dem Fahnder jedoch viele Rätsel auf.

Neben den Kalendern aus den Jahren 1991 und 1994 fand Kindler auch ein von Schreiber angelegtes Telefonverzeichnis, das sich wie ein Who-is-who der beiden Unionsparteien las. Auffallend war, daß Schreiber die gesamte Politprominenz nicht nur mit den Durchwahlnummern der jeweiligen Dienststelle, sondern mit allen Privatanschlüssen und häufig sogar mit Handynummern vermerkt hatte. Unter dem Buchstaben »H« fand sich beispielsweise nach dem Eintrag »Hohlmeier Monika« – der Strauß-Tochter und damaligen bayerischen Staatssekretärin – »Held Wolfgang«, Amtschef des bayerischen Justizministeriums, mit seinem Fürstenfeldbrucker Privatanschluß. Kindler runzelte die Stirn. Es beschlich ihn ein unbehagliches Gefühl. Der Steuerfahnder setzte seine Lektüre fort. Wie es aussah, schien der Kauferinger Unternehmer mit der halben CSU-Prominenz nicht nur zu telefonieren, sondern auch häufig zu verkehren, von CSU-Generalsekretär Thomas Goppel bis hin zu Bayerns Wirtschaftsminister Otto Wiesheu und Finanzminister Kurt Faltlhauser.

Schreiber hatte seine Kalender durchaus als eine Art Tagebuch benutzt. Es fanden sich Eintragungen wie »BBC Spende Otto« und auffällige, oft mit dickerem Stift geschriebene Notizen wie Stu, Stewardess, Ingolstadt, Frankfurt, Jürgen, J., Jürglund, HP, Holger, Ho, Holgert, Pfahls, FRAU, Win, Winfried, Wintergarten, W. Haastert oder Mx, Max, Maxwell oder Master. Offensichtlich Codes. Doch wofür? Hinter viele der Namen und Kürzel hatte Schreiber eine Zahl geschrieben. Auf dem Kalenderblatt vom 1. September 1991 etwa, einem Sonntag, standen in klarer Handschrift folgende Namen und Zahlen aufgelistet: Waldherr 1, Holgert 3,8, Jürgland 4,125, Winter 1,2, Maxwell 500. Unter die Auflistung hatte Schreiber einen Strich gezogen und zusammengerechnet: 10 625 ergab die Summe, daneben waren die Buchstaben IAL gekritzelt.

Dieses Kürzel war Kindler vertraut. I. A. L. stand für International Aircraft Leasing Limited, jene Briefkastenfirma in Liechtenstein, über die Karlheinz Schreiber seine Deals mit Thyssen, Airbus und MBB abgewickelt hatte. Kindler verglich die Kalendereintragung mit den Unterlagen, die ihm Schreibers früherer Treuhänder Giorgio Pelossi zu der I.A.L. übergeben hatte.

Doch bevor er sich darin vertiefen konnte, erregte schon ein Papier aus dem nächsten Karton seine Aufmerksamkeit. Es handelte sich um einen Brief Schreibers mit dem Datum vom 20. Februar 1991 und dem Absender: Suite 908, 350 Sparks Street, Ottawa, Canada. Adressiert war das Schreiben an die Geschäftsadresse von Walther Leisler Kiep (c/o Firma Gradmann & Holler, Lyoner Straße 26, Frankfurt/Main), dem damaligen Bundesschatzmeister der CDU. Schreiber bat in seinem Brief, Herr Kiep möge sich bei Bundeskanzler Helmut Kohl dafür einsetzen, daß

Saudi-Arabien im Golfkrieg Spürpanzer des Typs »Fuchs« zur Verfügung gestellt werden.

Kindler hatte Schreiber unterschätzt. Der kleine, stiernackige Mann, der ihm vor neun Monaten so harmlos gegenübergesessen hatte, verfügte nicht nur über kleine Briefkastenfirmen, sondern war offensichtlich auch im großen Waffengeschäft aktiv. Die Panzerspur elektrisierte Kindler geradezu, denn hier handelte es sich um Lieferungen in ein Kriegsgebiet. Karlheinz Schreiber, ein bislang wenig erfolgreicher Unternehmer aus dem oberbayerischen Kaufering, setzte dabei auf die Unterstützung aus höchsten politischen Kreisen.

Während Kindler in seinem Büro in der Bahnhofstraße 10 fieberhaft die weiteren Kisten mit dem beschlagnahmten Material durchforstete, kam im fünf Minuten entfernten Gerichtsgebäude, Am alten Einlaß 1, der Leitende Oberstaatsanwalt Jörg Hillinger seiner Berichtspflicht nach. Im nüchternen Ton schrieb er einen knappen Brief an seinen Vorgesetzten, den Münchner Generalstaatsanwalt Hermann Froschauer: Die Hausdurchsuchungen bei Karlheinz Schreiber in Kaufering sowie den Firmen Thyssen in Essen und der MBB-Nachfolgerin Eurocopter in Ottobrunn seien ohne Besonderheiten verlaufen und die Zusammenarbeit zwischen den Beamten der Steuerfahndung Augsburg sowie der Kriminalpolizei Fürstenfeldbruck sei problemlos gewesen. Hillinger beendete das Schreiben mit der lapidaren Bemerkung: »Mit der Auswertung der beschlagnahmten Unterlagen wurde bereits begonnen.«

Hillinger war nicht der einzige, der in dieser Sache einen Brief verfaßte. Der Beschuldigte selbst schrieb empört eine vierseitige Beschwerdepostille an den Leiter der Augsburger Steuerfahndungsstelle, Regierungsdirektor Anton Gumpendobler.

Der Briefkopf stammte vom Firmensitz in Kaufering, Schreiber aber hatte sich bereits in die Schweiz abgesetzt. Er lebte dort in seiner Ferienwohnung in Pontresina in der Chesa Curtin, Wohnung Nr. 15 und Nr. 7. Obwohl seine Flucht einem Schuldeingeständnis gleichkam, mimte Schreiber aus dem sicheren Schweizer Exil heraus das Unschuldslamm, bezichtigte Gumpendobler, einer Kampagne seines früheren Geschäftspartners Giorgio Pelossi auf den Leim gegangen zu sein. »Wir werden sehen, ob Sie Beweismittel gegen mich gefunden haben, was Sie

nicht schon von mir hatten oder von mir hätten bekommen können. In der Regel halte ich mich an das, was ich verspreche«, formulierte Schreiber vollmundig und setzte pathetisch hinzu:
»Vielleicht konnten Sie ja nicht anders – schade für uns und unser Land!«

Eine Kopie dieses Briefs sandte der Unternehmer an die Staatsanwaltschaft. Hillinger bekam so den ersten Kontakt mit dem
Beschuldigten. Gleich zu Beginn stieß ihm der selbstgefällige
und überhebliche Ton auf, in dem die Zeilen abgefaßt waren.
Zusammenhangslos schilderte der CSU-Freund großspurig ein
Projekt, das er für den Thyssen-Konzern in Kanada habe starten
wollen. Es sei damals um Milliarden gegangen, weshalb Bundeskanzler Kohl und der damalige Bundeswirtschaftsminister
Günter Rexrodt eingeschaltet worden seien, so Schreiber.

Nachdem Kindler Staatsanwalt Hillinger über die Namen der
Kabinettsmitglieder und Spitzenbeamten informiert hatte, die
wieder und wieder im Tagebuch Schreibers auftauchten, ver-
dichtete sich der Eindruck, daß Pelossis Andeutungen über die
geschäftlichen Beziehungen Schreibers zur »Familie Strauß«
durchaus real waren. Bei seiner Zeugenaussage in Bregenz hatte
Pelossi den Steuerfahndern ja auch Papiere über das internationale Firmengeflecht Schreibers überlassen, darunter etliche
Unterlagen über kanadische Gesellschaften, die sich jetzt als
durchaus hilfreich erwiesen. Der Augsburger Staatsanwalt
Klaus-Jochen Weigand hatte zwischenzeitlich bereits bei der kanadischen Botschaft in Bonn angerufen und über den Verbin-
dungsbeamten der Royal Canadian Mounted Police (RCMP)
Informationen über sieben in Kanada registrierte Firmen erbe-
ten.

Die kanadischen Mounties, bekannt aus der Tourismuswer-
bung als die berittene Polizei in roten Uniformröcken, schickten
noch am selben Tag ein ausführliches Antwortfax nach Deutschland. Es waren Auszüge aus Handelsregistereintragungen. Daraus ging hervor, daß Schreiber mit der Familie Strauß engste
Geschäftsbeziehungen unterhielt. Zusammen mit dem Strauß-
Sohn Max Josef war Schreiber Direktor einer F.M.S. Invest-
ments Ltd. Die Firma war in Edmonton im Bundesstaat Alberta
unter Schreibers dortiger Anschrift, Gordon T. Livingstone 990,
10123 – 99th Street, registriert. Die Initialen der Firma, F.M.S.,

Steuerfahnder Winfried Kindler. Ihm gelang es, die Codenamen aus Schreibers Kalender zu entschlüsseln.

standen für Franz und Marianne Strauß. Inhaber der von Schreiber gelenkten Firma waren nach dem Tod der Eltern die Strauß-Kinder Max Josef Strauß, Franz Georg Strauß und Monika Hohlmeier.

Eine gute Woche verging, ehe Winfried Kindler alle Kisten ausgepackt, die beschlagnahmten Unterlagen gesichtet und über sein gesamtes Büro verteilt hatte. In allen Ecken stapelten sich Spesenzettel, Verträge, Steuererklärungen, Flugtickets und Kalenderblätter. Für Kindler verwandelte sich dieses Chaos von Tag zu Tag mehr in eine Schatztruhe. Ein Puzzle aus Tausenden von Blättern und noch mehr Daten und Fakten, das er nun zusammenfügen mußte. Die Fülle der Informationen schreckte ihn nicht ab. Kindler war nicht der Mann, der einen Fall aus wenigen Fakten zu einem einfachen Bild zusammensetzen wollte. Er benötigte für dieses brisante Verfahren jeden noch so kleinen Zettel. Verdächtigungen taugten nicht bei den vorgesetzten bayerischen Behörden.

Ganze Tage brachte Kindler mit Schreibers Terminkalender zu. Immer wieder blätterte er durch die Wochen und Monate und brütete über den kryptischen Kürzeln. Kindler wußte nicht mehr, wie oft er bereits das Kalenderblatt in Händen gehalten hatte, auf dem der Name Pfahls notiert war. Plötzlich fiel ihm ein, daß er diesen Namen irgendwo in den Unterlagen schon einmal gesehen hatte, in einem gänzlich anderen Zusammenhang. Das Blatt fand sich wieder: ein Brief der Firma Thyssen Henschel an einen Dr. Ludwig Holger Pfahls, Staatssekretär im Verteidigungsministerium.

In dem Schreiben vom 12. März 1991 ging es um eine geplante Lieferung von 36 Panzern des Typs »Fuchs« an Saudi-Arabien. Der Steuerfahnder erinnerte sich nun an den Brief von Schreiber an den damaligen CDU-Schatzmeister Walther Leisler Kiep, in dem der Kauferinger darum gebeten hatte, Kiep möge sich bei Bundeskanzler Helmut Kohl für die Lieferung des Spürpanzers »Fuchs« nach Saudi-Arabien einsetzen. Kindler verglich die Daten der Schreiben: Kein Zweifel, es mußte sich um die gleiche Panzerlieferung handeln. Zwischen den beiden Briefen lagen lediglich drei Wochen.

Als Kindler daraufhin erneut das Tagebuch zur Hand nahm, fiel ihm auf, daß Schreiber zu Beginn des Jahres 1991 häufig den

Namen Pfahls eingetragen hatte. In den Frühjahrs- und Sommermonaten fand er den Namen nicht mehr, dafür aber Kürzel und Bezeichnungen wie Ho, HP oder Holgert, die von Pfahls Vornamen Holger abgeleitet sein konnten. 1991 gab es insgesamt 17 solcher Codes. Alle Notizen neben Ho und HP standen in einem zeitlichen Zusammenhang mit dem Panzergeschäft.

Kindler glaubte nun den Schlüssel für Schreibers Codierung gefunden zu haben. Aus den beschlagnahmten Thyssen-Unterlagen nahm er die Namen derjenigen Personen, die mit dem heiklen Waffenexport nach Saudi-Arabien zu tun gehabt hatten, und verglich sie mit den Eintragungen und Kürzeln in Schreibers Kalender. Es paßte.

Teilweise hatte sich Schreiber bei der Chiffrierung keine sonderliche Mühe gegeben, dann wiederum war durchaus Phantasie zu erkennen: Walther Leisler Kiep, der frühere CDU-Schatzmeister, erschien unter den Initialen L. K. wie auch unter dem Tarnnamen »Waldherr«. Das Vorstandsmitglied bei Thyssen Henschel, Jürgen Maßmann, wurde »Jürglund« oder einfach »Jürgen« genannt, dessen Vorstandskollege Winfried Haastert »Wi«, »Win«, »Wintergarten« oder »Winter«. Erich Riedl, damals Münchner CSU-Abgeordneter und Staatssekretär im Bundeswirtschaftsministerium, tauchte schlicht als »E. R.« auf.

Der Code schien geknackt, ein Großteil der Tarnbezeichnungen dechiffriert, auch wenn die Beteiligten später die Zusammenhänge bestritten. Der Grund für die Heimlichkeiten lag allerdings noch im dunkeln. Kindler beschloß, sich dem Fall als Mathematiker zu nähern, und begab sich auf die Suche nach dem kleinsten gemeinsamen Nenner. Er fand ihn bald im Panzerexport. Dies war ein äußerst schwieriges Geschäft, denn die Spürpanzer waren für ein Kriegsgebiet bestimmt, und dafür benötigte der mächtige Thyssen-Konzern die Genehmigung der Bundesregierung, da die heiße Ware dem Kriegswaffenkontrollgesetz (KWKG) unterlag. Zugleich ging es um viel Geld. Die Saudis wollten für die 36 Fahrzeuge 450 Millionen Mark an Thyssen zahlen.

Davon hatte Thyssen fast die Hälfte, genau 47 Prozent, für Provisionszahlungen veranschlagt. Die als »Nützliche Aufwendungen« getarnten Schmiergelder waren in Deutschland steuerlich abzugsfähig, wenn nachgewiesen werden konnte, daß die Empfänger »keine im Inland steuerpflichtigen natürlichen oder juristischen Personen« waren. Gegenüber dem Finanzamt für Konzernbetriebsprüfung Düsseldorf II hatte Thyssen diesen Beleg formal erbracht, indem als Empfänger der »Provision« in Höhe von rund 220 Millionen Mark vier Firmen mit Sitz im Ausland angegeben wurden: Great Aziz Corp. in Vaduz sowie die in Panama ansässigen Firmen Linsur Investment Corp. Ovessim Corp. und A. T. G. Investment Ltd. Inc. Alle vier Firmen verfügten über Geschäftskonten in Liechtenstein oder in der Schweiz.

Kindler hielt die Tatsache, daß bei einem offiziellen Waffengeschäft, dem sogar die Bundesregierung ihre Zustimmung gegeben hatte, Schmiergelder in dieser Höhe gezahlt worden waren, für reichlich bemerkenswert. Wieder blätterte er in Schreibers Terminplaner – und wurde abermals fündig: Auf dem Kalenderblatt vom 18. Juni 1991 hatte Schreiber die Ziffern 47252 notiert. Die A. T. G. Investment Ltd. Inc. in Panama hatte bei der Swiss Bank Corp. in Zürich eine Kontonummer mit exakt der gleichen Ziffernfolge. Und auf dieses Konto hatte Thyssen immerhin 24,4 Millionen Mark Provision überwiesen.

Kindler glaubte nicht an einen Zufall. Er vermutete, daß Karlheinz Schreiber nicht nur hinter der Firma I. A. L., sondern auch hinter der A. T. G. steckte und die Vermittlergebühr kassiert hatte. Aber wofür? Weil er wegen des Panzergeschäfts einmal brieflich Walther Leisler Kiep um Unterstützung gebeten hatte? Es regte sich ein ungeheurer Verdacht. Man konnte nicht außer acht lassen, wie häufig Schreiber laut Kalender mit Politikern zu tun gehabt hatte, die unmittelbar an der Exportentscheidung für die Spürpanzer beteiligt waren. Hinzu kamen die Namen der Lieferanten, der Thyssen-Manager Maßmann und Haastert. Waren also die Millionen gar nicht für Schreiber allein bestimmt?

Kindler grübelte, studierte Berge von Papier. Er fand keine Antwort auf seine Fragen, geschweige denn einen Beweis für die These: Karlheinz Schreiber ist A. T. G. Ratlos griff der Finanzbeamte zum Telefon, wählte den Anschluß von Giorgio Pelossi in Lugano und bat um ein inoffizielles Treffen. Er wolle Informationen abgleichen. Der anfangs so zaghafte Treuhänder willigte sofort ein. Man verabredete sich für den 16. November 1995 in Lindau am Bodensee, auf halbem Weg zwischen Augsburg und Lugano.

Just an diesem Tag fertigte der Augsburger Staatsanwalt Klaus-Jochen Weigand eine handschriftliche Notiz für die Handakte. Anlaß war der merkwürdige Verlauf eines Telefonats vom Vortag mit der Generalstaatsanwaltschaft in München in der Sache Schreiber. Weigand hatte dem Münchner Oberstaatsanwalt Peter Walter berichtet, daß er aus Zeitungen erfahren habe, Schreiber werde in Kanada beschuldigt, im Dienste des Airbus-Konzerns kanadische Politiker bestochen zu haben. In Deutschland hingegen würde man bisher gegen Schreiber lediglich wegen Steuerhinterziehung ermitteln. Ob dies denn ausreiche und ob man die Ermittlungen gegen den Mann aus Kaufering nicht auch in Deutschland ausdehnen sollte. Die Antwort des Oberstaatsanwaltes Walter war knapp, aber eindeutig: »Auf diese Frage«, notierte Weigand in der Handakte, »ob somit bereits jetzt die Ermittlungen auch auf Bestechlichkeit, gegebenenfalls nach Informationen durch kanadische Behörden (Rechtshilfeersuchen), auszuweiten seien, antwortete er: ›Nein‹.«

Kindler kam nach seinem inoffiziellen Treffen mit Giorgio Pelossi dagegen ein gutes Stück voran. Dieser hatte ihm nachgewiesen, daß die panamaische Briefkastenfirma A.T.G. eine Tochter von Schreibers Liechtensteiner Holding Kensington Anstalt war. Somit waren an Schreiber für seine Dienste beim Panzerdeal 24,4 Millionen Mark von Thyssen geflossen, die er nicht versteuert hatte. Was vor wenigen Wochen noch als Durchbruch in der Steuerfahndung gegolten hätte, war jetzt beinahe zweitrangig geworden. Als viel spannender erwies sich nunmehr die These, daß die politischen Freunde ihren Teil von dem Millionen-Kuchen abbekommen hatten.

Kindler stöberte erneut in den Papierbergen seines Büros. Er sammelte Belege für seine Theorie. Thyssen hatte Schreibers Scheinfirma A.T.G. in mehreren Tranchen insgesamt 24,4 Millionen Mark überwiesen, und zwar auf die Kontonummer 47252 bei der Swiss Bank Corp. in Zürich. Das konnte Kindler mit dem Vertrag zwischen Thyssen und der A.T.G. beweisen. Die Kontonummer 47252 fand sich auch in Schreibers Terminplaner auf dem Kalenderblatt vom 18. Juni 1991.

Wichtiger waren jedoch zwei weitere Notizen im Kalender. Fast exakt einen Monat später, am 21. Juli 1991, hatte Schreiber eine Rechnung aufgestellt und von 24,4 Millionen mehrere Millionenbeträge abgezogen. Offensichtlich hatte er sich ausgerechnet, wieviel ihm nach Abzug möglicher Steuern sowie der Auszahlung von rund elf Millionen Mark verblieben. Kindler glaubte, klären zu können, wer die elf Millionen bekommen hatte. Im Kalenderblatt vom 1. September 1991 fand sich die bekannte Auflistung: Waldherr 1 (Million), Holgert 3,8, Jürgland 4,125, Winter 1,2 und Maxwell 500. Darunter hatte er alles zusammengezählt: 10625. Also insgesamt knapp elf Millionen wären damit nach Kindlers Lesart an den früheren CDU-Schatzmeister Walther Leisler Kiep, den damaligen CSU-Staatssekretär Holger Pfahls, an die beiden Thyssen-Manager Jürgen Maßmann und Winfried Haastert sowie an Max Strauß gegangen. Wieso der Strauß-Sohn etwas aus dem Schmiergeldtopf für den Panzerdeal abgekommen hatte, war nicht klar. Aber vielleicht stand Schreiber bei Max Strauß wegen anderer Geschäfte noch gehörig in der Kreide?

Am 5. Dezember 1995 verfaßte Kindler einen Bericht für die Staatsanwaltschaft zum Ermittlungsverfahren gegen Karlheinz Schreiber wegen Steuerhinterziehung.

Auf fünf eng bedruckten Seiten schilderte der Finanzbeamte Indizien und Fakten eines politischen Thrillers. Das Wort Bestechung vermied er dabei tunlichst. Obwohl für den Leser des Reports die Frage offenblieb, wofür die Unionspolitiker von Schreiber vermutlich Millionen bekommen hatten, äußerte Kindler lediglich den Verdacht, »die oben genannten Personen haben die im Kalenderjahr 1991 vereinnahmten Gelder nicht in den Einkommensteuererklärungen angegeben«. Nur bei den beiden Thyssen-Managern erwähnte Kindler, daß auch Untreue in Betracht käme.

Für Max Strauß fertigte Kindler einen eigenen Bericht an. Den Münchner Rechtsanwalt hatte Kindler in Schreibers Kalender als »Maxwell« identifiziert. Es fehlte jedoch der unmittelbare Zusammenhang mit dem Panzergeschäft. Was blieb, war der Nachweis, Strauß habe über Schreibers Liechtensteiner Scheinfirma I. A. L. allein 1991 Provisionen in Höhe von über 700000 kanadischen Dollar aus einem Airbus-Geschäft kassiert und nicht versteuert.

Das Schreiben ging am nächsten Tag bei Chefankläger Hillinger ein. Der Oberstaatsanwalt hielt Kindlers Ermittlungsergeb-

Karlheinz Schreiber und Max Strauß während einer Mexiko-Reise

nisse für absolut schlüssig. Mehr als das, sie hatten seine schlimmsten Befürchtungen übertroffen. Hillinger mußte nun den Generalstaatsanwalt in München über den Bericht aus der Finanzfahndungsstelle informieren. Der Leitende Oberstaatsanwalt sprach in ein Diktiergerät. Der Satz »Auch 15 Jahre nach dem Flick-Skandal sind Politiker in Deutschland käuflich« lag ihm auf der Zunge, doch schließlich verfaßte er den Bericht gewohnt nüchtern. Er begann mit einer absoluten Nebensächlichkeit, mit dem Ergebnis einer weiteren Durchsuchungsaktion am 20. November 1995 bei Thyssen. Mehr beiläufig hieß es im dritten Absatz des zweiseitigen Briefes: »Die bisherige Auswertung der in diesem Verfahren beschlagnahmten Unterlagen hat ergeben, daß nicht nur die Thyssen-Manager Winfried Haastert und Jürgen Maßmann« 1991 Zahlungen von Schreiber erhalten und nicht versteuert haben, »sondern auch der ehemalige beamtete Staatssekretär im Bundesministerium für Verteidigung, Dr. Holger Pfahls, MdB Erich Riedl, Walther Leisler Kiep sowie Max Josef Strauß.«

Als Hillinger diese Namen ins Mikrophon sprach, konnte er sich geradezu bildlich vorstellen, welche Betriebsamkeit sein Schreiben in den Räumen der Münchner Generalstaatsanwaltschaft auslösen würde, wie die Telefondrähte zu den Ministerien und der Staatskanzlei heiß laufen und rege Kontakte nach Bonn beginnen würden. Die Fakten fügte Hillinger in Form des Berichts von Steuerfahnder Kindler als Anlage bei. Von einem Bestechungsvorwurf war nicht die Rede. Hillinger hatte sich fürs Taktieren entschieden. Die Ermittlungen sollten allein mit dem Verdacht auf Steuerhinterziehung begründet werden.

Lapidar erwähnte er in seinem Brief, daß er gedenke, für den vorgenannten Personenkreis ein Ermittlungsverfahren einzuleiten und Durchsuchungs- und Beschlagnahmebeschlüsse zu erwirken, mit Ausnahme des noch aktiven Bundestagsabgeordneten Erich Riedl, dessen parlamentarische Immunität zuerst aufgehoben werden müsse. »Im Verlaufe der nächsten Woche, voraussichtlich Donnerstag, den 14. Dezember 1995, werden die Maßnahmen vollzogen werden«, kündigte Hillinger an.

Der Generalstaatsanwalt Hermann Froschauer reagierte prompt und ließ Hillinger gleich am nächsten Tag, dem 7. Dezember, telefonisch wissen, daß in München erhebliche Zweifel bestünden am Auswertungsergebnis von Schreibers Kalendereintragungen. Hillinger überlegte, ob er dies als unverschämt oder schlicht bösartig einschätzen sollte. Er wertete es schließlich als unbeholfenen Versuch, alte Strauß-Spezi vor den Ermittlungen seiner Behörde zu schützen. Das würde er nicht hinnehmen. Hillinger beschloß, einen deutlichen Brief an den Generalstaatsanwalt zu schreiben.

»Bei diesen Eintragungen handelt es sich nach hiesiger Auffassung um keine Fiktionen«, sprach Hillinger in sein Diktiergerät. Schreibers Kalendereintragungen stimmten mit vorgelegten Unterlagen sowie dem Schriftverkehr der beteiligten Personen und Firmen überein. Schreiber habe erkennbar Decknamen benutzt, die den Klarnamen entweder ähnlich oder nur geringfügig verändert worden seien.

Ausgiebig ging Hillinger in seinem dreiseitigen Brief noch einmal auf den entscheidenden Punkt ein, auf die Bedeutung der Firma A. T. G. Investment Ltd. Inc. in Panama. Er beendete seinen Brief mit: »Über den Fortgang des Verfahrens werde ich spätestens zum 20. Dezember 1995 wieder berichten.« Für den Generalstaatsanwalt und seinen Stab in München hat diese juristische Floskel vermutlich wie ein Drohung geklungen.

Der Steuerfahnder Winfried Kindler erfuhr auf dem kurzen Dienstweg von den Reaktionen in München. Er wußte, daß sein Aktenvermerk, wonach Karlheinz Schreiber hinter der panamaischen Briefkastenfirma A.T.G. steckte, der Generalstaatsanwaltschaft als Beleg letztlich kaum ausreichen würde. Er verabredete deshalb mit Giorgio Pelossi einen neuen Termin. Der Treuhänder aus dem Tessin kam diesmal direkt zur Augsburger Staatsanwaltschaft. Er hatte sich auf eine offizielle Zeugenaussage bei Staatsanwalt Klaus-Jochen Weigand vorbereitet. Pelossi schien eine Festnahme in Deutschland in dieser Phase nicht zu befürchten. Die Augsburger Fahnder erwarteten eher neue konkrete Belege.

Wie vier Monate vorher in Bregenz kam Pelossi auch diesmal mit Ehefrau Christa-Maria, die auf seinen ausdrücklichen Wunsch bei der Vernehmung zugegen war. Ihm war anzumerken, daß er sich der Relevanz seiner Aussage durchaus bewußt war. Er formulierte präzise und überlegt, sprach extrem langsam, ja mitunter sogar gedehnt. »Herrn Karlheinz Schreiber kenne ich seit dem Jahre 1969«, begann der Zeuge. »Anfang der siebziger Jahre kam ich mit Herrn Schreiber in direkten geschäftlichen Kontakt; Herr Schreiber übernahm seinerzeit die Kensington Anstalt. Ich verwaltete von da an die Kensington Anstalt für Herrn Schreiber, ohne daß ich offiziell als Verwaltungsrat bestellt oder eingetragen wurde.«

Für den Fall, daß die illegalen Machenschaften dieser Briefkastenfirma auffliegen sollten, habe sich Schreiber von Anfang an einen Plan zurechtgelegt. »Herr Schreiber äußerte in der Vergangenheit mir gegenüber, daß er im Bedarfsfall angeben werde, daß die Kensington Anstalt seiner ehemaligen Lebensgefährtin (...) gehöre«, verriet Pelossi. Schließlich war die Kensington Anstalt der Knotenpunkt in einem Geflecht aus Briefkastenfirmen geworden. Über die Kensington Anstalt war Schreiber mit 100 Prozent an sechs Firmen in Liechtenstein und Panama beteiligt, darunter an der A. T. G. Investment Ltd. in Panama. Dann gab Pelossi zu Protokoll, die Kensington als Holding habe lediglich eine steuerliche Funktion gehabt. Kindler atmete auf, dieser Satz war wesentlich für seine These.

Auf die gleiche Weise, so Pelossi weiter, sei Schreiber der eigentliche Inhaber der Vaduzer Briefkastenfirma Merkur Handels- und Industrie- AG gewesen, die wiederum in Kanada Anteile an Firmen hielt. »In diesem Zusammenhang lernte ich auch Herrn Max Strauß kennen«, sagte der Zeuge, »der von seiner Familie delegiert war, ihre geschäftlichen Interessen im Zusammenhang mit Schreiber wahrzunehmen.«

Über seine Liechtensteiner Adressen habe Schreiber bei Bedarf auch das nichtversteuerte Geld von seinen Schweizer Konten nach Deutschland transferiert. Zum Schein habe dazu Schreibers in Kaufering ansässige Firma Bayerische Bitumen-Chemie ein Geschäft mit einer der Briefkastenfirmen abgewickelt und dafür eine Rechnung geschrieben, die auch prompt per Scheck, meist ausgestellt vom Schweizerischen Bankverein in Zürich, beglichen wurde.

Zu den sechs Tochterfirmen der Kensington Anstalt gehöre auch die International Aircraft Leasing Ltd. in Liechtenstein, über deren Rolle Pelossi bereits bei seiner Vernehmung in Bregenz ausgesagt habe. Die I. A. L. hätte Schreiber allein dazu gedient, von Thyssen Industrie, Airbus Industrie und Messerschmitt-Bölkow-Blohm (MBB) Provisionen zu kassieren, vorbei an der deutschen Steuer.

In Bregenz hatte Pelossi den beiden Steuerfahndern Kindler und Gumpendobler ein paar pikante Details über die I.A.L. vorenthalten, die er nun auf den Tisch legte. Über die Einnahmen aus den Geschäften mit Airbus, Thyssen und MBB besaß der Treuhänder Originalbelege oder beglaubigte Kopien. Er übergab den Ermittlern zudem verschiedene Verträge zwischen I.A.L. und Airbus. Dabei ging es um die Provisionen, die Schreiber kassiert hatte für seine Vermittlungstätigkeiten beim Verkauf von Airbussen an die Fluggesellschaften Ward Air in Kanada sowie Royal Thai Air Force und Thai Airways International Ltd. in Thailand. Diese Verträge zwischen I.A.L. und Airbus dokumentierten nicht nur Schreibers Steuerhinterziehung, sondern auch die Rolle des Konzerns, der offensichtlich mitgespielt hatte und deshalb sehr vorsichtig gewesen war. »Aus Geheimhaltungsgründen – auf Wunsch der Firma Airbus – wurde nur ein Exemplar von den Vertragspartnern unterschrieben«, erklärte Pelossi.

Ebenso vorsichtig war Airbus bei der Überweisung der Millionen-Provisionen. »Die von Airbus Frankreich an I.A.L. geleisteten Zahlungen erfolgten in anonymisierter Form, das heißt, sie enthielten keinen Auftraggeber und keinen Zahlungsgrund«, sagte Pelossi. Zum Beweis legte der Buchhalter, der sowohl für die Kensington Anstalt wie für fast alle Tochterfirmen eine Bankvollmacht besessen hatte, einen Auszug der Verwaltungs- und Privat- Bank AG, Vaduz, vor. Auf dem Einzahlungsschein vom 7. Dezember 1990 stand lediglich: »Auftraggeber: x; Von: Banque Française du Commerce, Exterieur, Paris; Zahlungsgrund: None«.

Daß Schreiber die Hälfte seiner Einnahmen aus dem Geschäft mit Airbus an Freunde in Kanada und Deutschland abliefern mußte, darüber hatte Pelossi bereits bei seiner ersten Zeugenaussage in Bregenz Angaben gemacht. Allerdings hatte er damals den Steuerfahndern Kindler und Gumpendobler nichts darüber verraten, über welche Bankverbindungen diese Gelder geflossen waren. Dafür seien zwei gesonderte Konten beim Schweizerischen Bankverein in Zürich eröffnet worden, sagte Pelossi. »Die Konten hat Herr Frank Moores persönlich in meiner und Herrn Schreibers Anwesenheit eröffnet.« Frank Moores wurde von dem Zeugen nun als eine der schillerndsten Politfiguren Kanadas dargestellt. Moores sei früher Premierminister der Provinz Neufundland gewesen und zudem eng befreundet mit Brian Mulroney, Regierungschef Kanadas von 1984 bis 1993, der nach einem Verdacht der kanadischen Polizei ebenfalls von Schreiber Geld bekommen haben soll. Der Name des anderen Empfängers der Schreiber-Gelder war den deutschen Steuerfahndern hingegen bestens bekannt. »Von der verbliebenen Hälfte der Airbus-Zahlungen will Schreiber einen Teil der Familie Strauß zugeleitet haben«, gab Pelossi an.

Die Augsburger Ermittler fragten sich, warum ihnen der ehemalige Treuhänder das alles erzählte, welches Zerwürfnis die 22jährige goldene Partnerschaft Schreiber–Pelossi derart zerstört hatte. Die Hintergründe zu kennen war für Kindler und Weigand unverzichtbar. Pelossis Glaubwürdigkeit mußte überprüft werden. Gegen Ende der Vernehmung lieferte der Zeuge schließlich auch dazu detaillierte Angaben: »Giorgio wird Millionär, ich habe ihn furchtbar gern«, habe Schreiber einmal für ihn auf ein Blatt Papier gekritzelt. Laut einer schriftlichen Zusage von 1976 sollte der Tessiner Treuhänder 20 Prozent vom Nettogewinn aller Kensington-Gesellschaften erhalten. »Weil sich Herr Schreiber mündlich weigerte, zu seinen Aussagen zu stehen«, sagte Pelossi, habe er ohne dessen Wissen einen Vertrag zwischen Schreibers I.A.L. und der Erfel Anstalt, seiner eigenen Firma, abgeschlossen und somit in den Jahren 1990/91 insgesamt 826 640 US-Dollar kassiert. »Dieser Betrag ist nicht mal die Hälfte dessen, was mir zugestanden hätte«, versicherte Pelossi. Aber als Schreiber im Mai 1991 davon erfahren habe, sei es zum Bruch gekommen und unter Androhung einer Anzeige habe Schreiber ihn gezwungen, ein Schuldanerkenntnis zu unterschreiben.

Es war also Rache, die Pelossi zum Plaudern brachte. Kindler schmunzelte. Seine Arbeit nährte sich seit Jahren von Neidern, enttäuschten Mitarbeitern und den Indiskretionen übervorteilter Geschäftspartner.

Jörg Hillinger kannte das Ergebnis der neuen Zeugenaussage Pelossis, als er sich am 11. Dezember 1995 auf den Weg ins bayerische Justizministerium am Stachus in München machte. Nach seinem geharnischten Brief an den Generalstaatsanwalt war er zum Rapport ins Ministerium bestellt worden. Den

Augsburger Behördenchef kümmerte die Maßregelung in dieser Phase des Verfahrens wenig. Er war fest entschlossen, die geplanten Durchsuchungsaktionen bei den beiden Thyssen-Managern Winfried Haastert und Jürgen Maßmann, beim früheren CDU-Schatzmeister Walther Leisler Kiep wie auch beim früheren Staatssekretär Holger Pfahls und beim Strauß-Sohn Max durchzuziehen. Die Durchsuchungsbeschlüsse für die beiden Thyssen-Manager hatte ihm das Amtsgericht Augsburg bereits bestätigt. Sie waren am Morgen eingetroffen. Die Vorbereitungen liefen auf Hochtouren. Und daran würde er nichts ändern. Mit den Vorbereitungen für die Razzien hatte er in Staatsanwalt Klaus-Jochen Weigand einen zuverlässigen Mann betraut. Bevor Hillinger nach München aufbrach, teilte er dem Kollegen noch mit, auf jeden Fall »die Sache weiterlaufen zu lassen«.

Ermittlung mit Hindernissen

Eine Hausdurchsuchung wird verhindert,
eine Computerfestplatte verschwindet

Der 13. Dezember 1995 hatte trüb begonnen. Der Wind pfiff durch die Straßen und fegte die letzten Blätter weg. Auf dem kurzen Weg vom Augsburger Bahnhof zu seinem Büro im behäbigen Gerichtsgebäude fiel Jörg Hillinger auf, daß noch immer kein Schnee gefallen war in diesem Jahr. Ein wenig weihnachtliche Stimmung hätte der Stadt und ihm gewiß gutgetan. Er stellte den Kragen seines beigefarbenen Trenchcoats auf, den Gürtel hatte er wie immer in der morgendlichen Eile völlig verdreht um die Hüfte geschlungen. Heute galt es, die große Durchsuchungsaktion vorzubereiten. Zum Glück blieb ihm der Pressetermin mit den Kollegen des Polizeipräsidiums erspart. Ihm war das lautstarke Gebaren der Dienststelle für überregionale Kriminalitätsbekämpfung »DÜK« ohnehin unangenehm. Die Kripo-Einheit hatte einen Mädchenhändlerring in Schwaben gesprengt und wollte sich dafür nun in den Medien gebührend feiern lassen. »50 ausgebeutete Frauen und drei Zuhälter«, hatten die Juristen noch tags zuvor auf dem Flur gespottet, »macht sich doch gut.« In lockerer Runde verglich Hillinger die Fahnder gern mit den Helden der US-Krimiserie Miami Vice. »Die würden am liebsten auf dem Lech mit dem Motorboot rumkurven«, meinte er. Ihm war dagegen eher an ruhiger, systematischer Arbeit gelegen.

Sorgen machte ihm, daß er sich die Polizisten für die morgigen Durchsuchungen nicht selbst aussuchen konnte. Schließlich ging es nicht darum, ein Päckchen Heroin unterm Kopfkissen oder eine Waffe im Toilettenspülkasten zu finden. Die Sachen, auf die es ankam, steckten zwischen Hunderten von Aktendeckeln. Der eingesetzte Polizist mußte schon selbst merken, wann er auf das entscheidende Blatt Papier stieß. Und wenn man nichts fände, wäre das eine Katastrophe.

Mit diesen sorgenvollen Gedanken betrat Jörg Hillinger sein

Büro, das, verglichen mit den engen Räumen seiner Staatsanwälte, zumindest ausreichend Platz für einen Besprechungstisch und ein paar Stühle bot. Wenige Minuten später drang seine tiefe, sonore Stimme durch die dicken Mauern des Justizgebäudes bis auf den Flur hinaus. Hillinger tobte. Auf seinem Schreibtisch lag die Mitteilung, daß die zuständige Ermittlungsrichterin beim Amtsgericht Augsburg einen der 64 Anträge auf Hausdurchsuchung für den nächsten Tag nicht unterschrieben hatte: den für Max Strauß.

Die Richterin lieferte Hillinger dafür eine Erklärung, die er nur noch mit Kopfschütteln quittieren konnte. Sie bezog sich auf die Aussage des Kronzeugen Giorgio Pelossi, in der er über die finanziellen Beziehungen von Karlheinz Schreiber zur »Familie Strauß« spricht. Verluste aus einem gescheiterten Grundstücksgeschäft in Kanada sollten durch die Zahlungen Schreibers ausgeglichen werden, hatte der Finanzmakler aus Lugano behauptet. Warum, argumentierte die Richterin, solle aber ausgerechnet Max verdächtig sein, wo doch die Familie Strauß aus drei Geschwistern bestehe? »Beim derzeitigen Stand der Ermittlungen ist kein Anfangsverdacht gegeben. Es besteht die Möglichkeit, daß ein anderes Familienmitglied Anspruch auf die Zahlungen hatte und auch ordnungsgemäß in der jeweiligen Einkommensteuererklärung diese Einnahmen erfaßt sind. Eine Verantwortlichkeit des Beschuldigten Strauß läßt sich deshalb nicht annehmen«, stand in der Ablehnungsbegründung.

Hillinger war außer sich. Die Begründung der Richterin reizte den Juristen in ihm bis aufs äußerste. Er lief durchs Zimmer, schwang in der ihm eigenen Art seine langen Arme und formulierte in Gedanken bereits einen Beschwerdetext, den ihm – da war er sicher – kein Richter am übergeordneten Landgericht jemals abweisen würde. Nun war genau das eingetreten, was er seit jenem Oktobertag befürchtete, als die Steuerfahnder das Tagebuch Schreibers entschlüsselt hatten und sich andeutete, wie eng die Verbindung zwischen dem Waffenhändler und der CSU-Spitze war. In dem Augenblick, in dem die Augsburger Ermittler einem Mitglied der Familie Strauß zu nahe kamen, würde es – aus welchem Grund auch immer – gehörigen Ärger geben.

Hillinger tat das, was er immer tat, wenn er sich aufregen mußte: Er fingerte die hellblaue Schnupftabakdose aus der Hosentasche, streute sorgfältig ein schwarzbraunes Häufchen auf seinen breiten Handrücken und sog es genußvoll in die Nase. Ein paar Tabakkrümel rieselten auf den Bauchansatz, wo er sie vermutlich den Rest des Tages vor sich hertragen würde, ohne sie wahrzunehmen.

Er trat ans Fenster und überlegte, wer sich hier genau mit ihm anzulegen versuchte. Hillinger kannte die Münchner Zirkel gut. Er wußte um ihre Ängste und ihren Ehrgeiz. Nur zu gut war ihm das Jahr in der Staatsregierung in Erinnerung, als er dem jetzigen Ministerpräsidenten Edmund Stoiber zuarbeiten mußte. Er hatte die Zeit genutzt, um das Machtgefüge im Kabinett zu studieren.

Hillinger beschloß, nicht zurückzuschrecken, sondern es mit dem nebulösen Gegner aus der Landeshauptstadt aufzunehmen. Er würde alle Angriffe abwehren können, wenn ihm kein Fehler unterlief. Schließlich waren seine Ermittler zusammen mit den Steuerfahndern des Augsburger Finanzamtes auf der richtigen Spur. Das exakt zu beweisen war zwar extrem schwierig, aber nicht unmöglich. Daß das System einen Max Strauß vor dem Staatsanwalt schützen wollte, weckte seinen sportlichen Ehrgeiz.

Am frühen Morgen des 14. Dezember 1995 schwärmte ein Heer aus Staatsanwälten, Steuerfahndern und Polizisten aus. Im Auftrag der Augsburger Staatsanwaltschaft durchsuchten die Beamten bundesweit 30 Banken sowie 33 Firmen und Privatwohnungen, darunter die Villen der beiden Thyssen-Manager Jürgen Maßmann und Winfried Haastert.

Obwohl die beiden Manager eigentlich in die Konzernkasse gegriffen hatten, indem sie als Provision deklarierte Thyssen-Gelder mit Hilfe von Schreiber in die eigenen Taschen geleitet hatten, begründete Hillinger die Durchsuchungsbeschlüsse nicht mit »Untreue«. Wie auch bei den anderen Beschuldigten hielt er am Al-Capone-Prinzip fest und warf den beiden lediglich Steuerhinterziehungen vor. Entsprechend problemlos verlief die Durchsuchung der Wohnung von Jürgen Maßmann in Baunatal wie auch die Hausdurchsuchung bei Winfried Haastert in Essen. Steuerhinterziehung war wohl in den Augen der Manager eine Art Kavaliersdelikt.

Anders erging es dem Augsburger Staatsanwalt Klaus-Jochen

Thyssen-Manager Jürgen Maßmann vor einem Spürpanzer
des Bundesgrenzschutzes

Weigand in Kronberg, nahe Frankfurt. Kurz vor elf Uhr wollte er die Villa von Walther Leisler Kiep durchsuchen. Doch als er am Gartentor des früheren CDU-Bundesschatzmeisters klingelte, verwehrte das Dienstmädchen den Beamten den Zutritt. Weigand machte sie darauf aufmerksam, daß er sich kraft seines Amtes auch mit Hilfe eines Schlüsseldienstes Zutritt verschaffen könnte. Zehn Minuten später traf der Hausmeister der Familie Kiep ein, fühlte sich aber auch nicht befugt, sie hereinzulassen. Mit ihm zusammen warteten die Fahnder eine weitere halbe Stunde auf die Ehefrau von Walther Leisler Kiep, die schließlich kurz vor Mittag, mit Einkaufstaschen beladen, heimkehrte. Von ihr erfuhr Weigand, daß Kiep sich derzeit gar nicht in Deutschland, sondern in den USA aufhalte.

Die Beamten begannen trotzdem mit der Hausdurchsuchung, fingen im Keller an. Neben einer biederen Bauernstube, die beim Besuch hochrangiger Gäste angeblich als Aufenthaltsraum für die Chauffeure diente, stießen sie auf einen riesigen Tresor. Allerdings gab Kieps Ehefrau vor, weder die Kombination zu kennen noch über Schlüssel zu verfügen. Weigand versiegelte daraufhin das Monstrum.

Um 12.20 Uhr traf der Kiep-Sohn Walter Friedrich Luis Leisler ein und protestierte gegen die Durchsuchung. Wenige Minuten später kam noch Kieps Steuerberater Dieter Kapp hinzu. Zwischenzeitlich hatten die Beamten im Keller einen zweiten Tresor entdeckt und ebenfalls versiegelt. Nach fünf Stunden Arbeit wollten sie aufbrechen und zu Kieps Zweitwohnung nach Frankfurt/Neu Isenburg fahren. Plötzlich fiel Kieps Ehefrau ein, daß sie doch über Tresorschlüssel verfügte. Weigand ließ die beiden Panzerschränke öffnen und den Inhalt in Umzugskisten verpacken.

Wesentlich einfacher hatte es Oberstaatsanwalt Hans-Jürgen Kolb in Tegernsee. Als er um 10.25 Uhr an der schmiedeeisernen Pforte des Anwesens in der Prinz-Karl-Allee klingelte, öffnete der Hausherr selbst: Holger Pfahls, früherer Staatssekretär im Verteidigungsministerium. Ohne Widerrede ließ Pfahls die vier Beamten ins Haus. Sie mußten nicht einmal ihre Dienstausweise zeigen, was Kolb sehr verwunderte, denn schließlich war Pfahls auch einmal Chef des Inlandsgeheimdienstes, des Bundesamtes für Verfassungsschutz, gewesen.

Unaufgefordert präsentierte ihm Kolb den Durchsuchungsbefehl. Darin stand unter anderem: »Der Beschuldigte Karlheinz Schreiber ist nach den im Rahmen der Ermittlungen getroffenen Feststellungen Wirtschaftlich Berechtigter der Fa. A.T.G. Investment Ltd. Inc., Panama. (...) Die Fa. A.T.G. erhielt aufgrund eines sogenannten Marketing-Vertrages in den Jahren 1991 bis 1993 einen Betrag von 24,4 Mio DM für die Förderung der Geschäftsinteressen der Fa. Thyssen Industrie bzw. des Geschäftsbereiches Thyssen Henschel in Nahost ausgezahlt. (...) Karlheinz Schreiber verteilte den Betrag auf verschiedene Personen. (...) Der Beschuldigte Dr. Pfahls erhielt Zahlungen in Höhe von 3 800 000 DM.«

Während die Beamten anfingen, die Villa zu durchsuchen, setzte sich Pfahls in die mit Perserteppichen überladene Wohnhalle und stammelte: »Ich habe nie Geld gesehen von diesem Mann.« Und er wiederholte mehrmals: »Meine Karriere ist zu Ende.«

Holger Pfahls hatte in der Tat eine beachtliche Laufbahn hinter sich. Im Munzinger-Archiv, dem Who-is-who der Prominenz, ist sie ausführlich beschrieben. Bereits mit 42 Jahren war der promovierte Jurist zum Präsidenten des Bundesamtes für Verfassungsschutz ernannt worden, also zum Chef von 2 200 Mitarbeitern und mit einem Jahresetat von 180 Millionen Mark ausgestattet. Gefördert und protegiert hatte ihn Franz Josef Strauß, dem er als Referent und Leiter des Büros gedient hatte. Zusammen mit Strauß und dessen Frau Marianne flog Pfahls zu Präsident Ronald Reagan in die USA, begleitete den Ministerpräsidenten zu Staatsbesuchen nach Togo und Tunesien sowie in die DDR. Der junge Pfahls war sozusagen der Schatten des alten Strauß. Als der Hobbypilot im März 1984 auf dem Leipziger Messe-Flughafen aus seiner zweimotorigen »Piper Cheyenne« stieg, kletterte Pfahls gleich nach dem Oberbayern aus dem Cockpit. Der Besuch war eine politische Sensation. Man traf sich mit dem einflußreichen DDR-Unterhändler und Devisenbeschaffer Alexander Schalck-Golodkowski und besprach im Nachgang zum Milliardenkredit für die DDR zahlreiche geheime Wirtschaftsprojekte. Nach dem zweijährigen Zwischenspiel beim Verfassungsschutz wechselte Pfahls im April 1987 auf Empfehlung von Strauß als Staatssekretär ins Verteidigungsministerium. Zu seinem Zuständigkeitsbereich

*Franz Josef Strauß (l.) mit seinem »Ziehsohn« Holger Pfahls auf der
tunesischen Ferieninsel Djerba im Jahre 1979*

gehörten hier »Rüstung, Logistik und Datenverarbeitung«. In dieser Funktion war es Pfahls ein leichtes, seinem Duzfreund Karlheinz Schreiber beim Panzergeschäft mit Saudi-Arabien tatkräftig unter die Arme zu greifen.

Schreiber brauchte politische Rückendeckung. Thyssen hatte zwar einen Vertrag mit den Saudis über die Lieferung von 36 Spürpanzern des Typs »Fuchs« zustande gebracht, es fehlte aber die dafür notwendige Ausfuhrgenehmigung der Bundesregierung, und es waren auch nicht genügend Panzer am Lager. Pfahls und Schreiber hatten jedoch die Idee, daß Thyssen aus den Beständen der Bundeswehr 36 Spürpanzer als sogenanntes Sachdarlehen bekam. Der Rüstungskonzern mußte die gebrauchten Panzer nur auf den technisch neuesten Stand bringen und konnte termingerecht an die Saudis liefern. Im Gegenzug verpflichtete sich Thyssen, der Bundeswehr 36 neue Panzer zu bauen und kostenlos zu überlassen.

Obwohl eine Expertise der Bundeswehr diesen Deal aus verteidigungsstrategischen Gründen als äußerst bedenklich ablehnte, schaffte es Pfahls, das Projekt in langen Gesprächen mit seinem Minister, dem Außenministerium und dem Kanzleramt in die Tat umzusetzen. Schließlich bewilligte auch der Bundessicherheitsrat, dem Bundeskanzler Kohl vorstand, das brisante Rüstungsgeschäft. Im April 1991 wurden die Panzer an Saudi-Arabien geliefert. Danach überwies Thyssen Schreibers Firma A. T. G. Investment Ltd. Inc. in Panama 24,4 Millionen Mark, wovon er seinem hilfreichen Freund vermutlich 3,8 Millionen abgab. Zehn Monate später schied Pfahls »ausdrücklich auf eigenen Wunsch« aus dem Verteidigungsministerium aus. Anschließend machte der in den Ruhestand versetzte Beamte noch einmal in der Privatwirtschaft Karriere, trat in eine Münchner Anwaltssozietät ein, wurde Berater bei Mercedes-Benz und schließlich gar Geschäftsführer der Konzernniederlassung in Brüssel.

Seltsam unbeteiligt beobachtete Holger Pfahls, wie die Beamten seine Villa durchsuchten. Er reagierte auch nicht, als Kolb und seine Kollegen eine Menge Unterlagen über das Panzergeschäft fanden. Auf dem Dachboden stießen sie außerdem auf zwei Leitzordner über ein Steuerermittlungsverfahren gegen eine andere Person aus den Jahren 1981/82. Pfahls erklärte den Ermittlern, Franz Josef Strauß persönlich habe ihn damals gebeten, sich der Sache anzunehmen. Offensichtlich hatte Pfahls daraufhin das Verfahren auf seinem Dachboden beerdigt.

Pfahls versuchte immer noch, die Beamten auf seine Seite zu ziehen, erzählte ihnen, daß er ja eigentlich auch Volljurist sei und zwei Jahre als Staatsanwalt in München, in der Abteilung für Wirtschaftsstrafsachen, gearbeitet habe. Als sich Oberstaatsanwalt Kolb und seine Kollegen davon unbeeindruckt zeigten, versuchte Pfahls eine andere Tour: Erst vor wenigen Wochen, am 27. Oktober, habe er einen Schlaganfall erlitten und sei seither krank geschrieben. Er brauche unbedingt Ruhe, die Beamten mögen doch zu einem Ende kommen. Demonstrativ maß er zweimal seinen Blutdruck und verkündete laut das Ergebnis: beim ersten Mal 190 zu 120, beim zweiten Mal 180 zu 110. Als die Beamten einen Arzt rufen wollten, lehnte er jedoch ab. Er sank in sich zusammen und jammerte immer wieder: »Meine Karriere ist zu Ende, und das bei meinen Schulden, meiner Ehefrau und den Banken.« Angeblich lastete auf seiner Villa eine Hypothek von zwei Millionen Mark, und demnächst wollte er sich von seiner Frau scheiden lassen, um eine Freundin zu heiraten.

Von den Durchsuchungen und auch dem geplatzten Besuch der Ermittler bei Max Strauß war zwei Tage später in der *Süddeutschen Zeitung* zu lesen. Die Empörung der Öffentlichkeit war groß. Im Landtag polterte die SPD, ob Herr Strauß wohl einen Schutzengel bei der Justiz in Augsburg sitzen habe. Hillinger mußte sich wehren und seine Mitarbeiter nach außen verteidigen.

»Wissen Sie«, erklärte er einer Journalistin, »natürlich haben wir diese Durchsuchung nicht ohne Grund beantragt, wir sind doch nicht blöd. Und das steht ja auch drin, das ist ja alles begründet. Und wenn ich da lese, daß es um ganz genau die gleichen Vorwürfe geht wie bei den anderen und daß da die Durchsuchung genehmigt wird, da frage ich mich schon, wo sind da die objektiven Gründe? Natürlich haben wir sofort Beschwerde eingelegt, aber jetzt ist der gewarnt, das ist klar. Ich bin mir auch sicher, daß die Beschwerde durchgeht, weil der Verdacht einfach stark genug ist. Jedenfalls kann sich Herr Strauß jetzt beim Amtsgericht bedanken ...«

Zu der Beschwerde der Staatsanwaltschaft Augsburg gegen

die Ablehnung der Hausdurchsuchung schrieb Ermittler Klaus-Jochen Weigand: »Der Umstand, daß der Beschuldigte Max Strauß von seiner Familie delegiert war, ihre geschäftlichen Interessen im Zusammenhang mit dem Beschuldigten Schreiber wahrzunehmen, steht diesem Verdacht nicht entgegen ... Der Beschuldigte Max Strauß hat die ihm zugerechneten Zahlungen nicht bei der Steuer angegeben. Es gibt keine Anhaltspunkte dafür, daß die Familienmitglieder statt Strauß die gesamte Summe erhalten haben.«

Von Beginn an war nicht nur Hillinger, sondern auch Weigand und dem Steuerfahnder Winfried Kindler klar gewesen, daß sie sich mit der Person Max Strauß zugleich mit der mächtigsten bayerischen Dynastie anlegten. Sie hatten dem ältesten Sohn des großen CSU-Vorsitzenden Franz Josef Strauß mehr als deutlich gemacht, daß die Augsburger Staatsanwaltschaft unter diesem Behördenleiter ohne Ansehen der Person zu ermitteln gedenke und daß schlecht bezahlte Staatsanwälte keineswegs vor einem millionenschweren Erben mit weitreichenden Verbindungen in die Knie gehen würden. Das mußte für Max, damals 37 Jahre alt, eine neue Erfahrung sein. Aufgewachsen unter dem Schutz und in dem Dünkel des Vaters, hatte der älteste von drei Geschwistern von Kindheit an das kennengelernt, was man später in Bayern das Amigo-System nannte. Für einen Strauß galten schon immer eigene Gesetze, er war unangreifbar – ob in der Politik oder im Privatleben –, und wer das nicht glauben wollte, mußte bittere Lehren daraus ziehen. Betrachtete Franz Josef Strauß Bayern und die CSU als sein Königreich, so fühlte sich Max offensichtlich als Prinz, der sowohl das finanzielle als auch das gesellschaftliche Erbe seines Vaters anzutreten gedachte. Niemals vor jenem düsteren Oktobertag 1988, als Vater Strauß bei einem Jagdbesuch in Regensburg zusammenbrach und starb, hätte ein bayerischer Staatsanwalt gewagt, ein Ermittlungsverfahren gegen ein Mitglied der Strauß-Familie auch nur in Erwägung zu ziehen.

Eingebunden in diese trügerische Sicherheit prahlte der Filius denn auch gern mit seinen Heldentaten, die er unter anderem als Zauberlehrling des inzwischen international bekannten Waffenhändlers Karlheinz Schreiber vollbracht hatte. Sie gereichten freilich weniger zum Ruhm als zu Schimpf und Schande, was Max, mit weit weniger Sensibilität ausgestattet als etwa seine jüngere Schwester Monika, kaum kratzte. Der Vater hatte seinem beliebten Unterhändler und CSU-Spender Schreiber den Sohn anvertraut. Er solle ihn auf der internationalen Bühne der heiklen Geschäfte das Laufen lehren. Der erste Auftritt des ungleichen Duos – Max überragte den kleinen bulligen Schreiber um fast zwei Köpfe – war ein rechter Reinfall. In der Provinz Alberta/Kanada wollten beide mit einem todsicheren Grundstücksdeal für Anleger aus dem Freundeskreis eine satte Rendite einstreichen. Der Strauß-Clan hatte dafür eigens die Firma F.M.S., »Franz und Marianne Strauß«, gegründet und Schreiber als Direktor eingesetzt. Doch der Kauferinger Teppichhändler und der Münchner Jungjurist verspekulierten sich kräftig. Die F.M.S. verlor fünf Millionen Mark, andere prominente Investoren sahen ihre sechs- bis siebenstelligen Einlagen nie wieder. Anstatt sich nun beschämt eine Zeitlang zurückzuziehen, ging der selbstsichere Strauß-Sohn in die Offensive und richtete gleich das nächste Unheil an. Mittlerweile war er aufgrund einer glücklichen Verbindung in höchste Gesellschaftskreise aufgestiegen und zu einem wahrhaften Salonlöwen avanciert, wo er zumeist mit einer attraktiven jungen Dame erschien. Auf den Münchner Schicki-Micki-Parties, wo der Kanada-Flop längst ein neues Thema war, wollte Max der Blamage entgehen, indem er tönte, die Familie Strauß habe ihr verlorenes Geld von Schreiber ersetzt bekommen. Als die anderen Geschädigten davon hörten, gab es Aufruhr, und nur mit Mühe konnte ein handfester Gesellschaftsskandal abgewendet werden.

Später bemühte sich Max um mehr Seriosität in der Öffentlichkeit. In der noblen Brienner Straße in München eröffnete er nach seinem juristischen Staatsexamen die Societät Khadjavi & Strauß, eine Adresse, die Staatsanwälte und Steuerfahnder aus Augsburg noch mehrmals aufsuchen sollten. Der erstgeborene Strauß-Sohn führte nebenbei den CSU-Ortsverband Perlacher Forst in München, und auch dieser geriet durch dubiose Geschäfte in eine finanzielle Schieflage, die wiederum den Staatsanwalt in München auf den Plan rief. Die Kasse konnte irgendwie ausgeglichen werden, Strauß durfte seinen Posten behalten. Letztlich zeigte er, ganz gleich ob im Schlepptau seines Vaters oder dem von Schreiber, wenig diplomatisches Geschick. Eigen war ihm dagegen der Hang zu heiklen Geschäften.

Hillinger bekam mit seiner Beschwerde gegen die untersagte Hausdurchsuchung recht. Zwei Tage vor Silvester 1995 stimmte das Landgericht Augsburg seiner Einschätzung zu. Der Tatverdacht reichte also doch. Trotzdem ließ er seine Mitarbeiter erst einmal ein paar Tage Urlaub nehmen. Strauß war längst gewarnt, viel Belastbares würde man bei ihm nicht mehr finden. Das bayerische Alarmsystem hatte funktioniert, die Ermittler mußten eine Niederlage quittieren. Hillinger ließ die Feiertage verstreichen und meldete dann gehorsam dem zuständigen Generalstaatsanwalt Hermann Froschauer nach München: »Die Durchsuchung der Privat- und Kanzleiräume von Max Strauß ist für die zweite Kalenderwoche vorgesehen.«

Am 10. Januar 1996 wurden 18 Beamte bei den Privatadressen von Max Strauß vorstellig: in der Wohnung in Berlin, in der Onkel-Tom-Straße, und in der Zeppelinstraße in München. Über den dortigen Einsatz notierte Staatsanwalt Wiesner: »Nachdem nach mehrmaligem Läuten nicht geöffnet worden war, wurde nach Absprache mit dem Einsatzleiter auf Max Strauß gewartet. Dieser kam gegen 11 Uhr und ließ uns in seine Wohnung ein. Strauß war nicht überrascht, verwies auf die Presseveröffentlichungen und meinte, wir hätten unser Kommen faktisch selbst angekündigt.« Die Ermittler erklärten den Sachverhalt, Strauß blieb unbeeindruckt. »Der Beschuldigte zeigte bereitwillig die Räumlichkeiten in seiner Wohnung und erklärte, wo sich was befände.« Später gesellte sich Ehefrau Gabriele hinzu. Wiesner bemerkte rasch, daß in der Wohnung nur alte oder ganz neue Unterlagen zu finden waren, kein Blatt aber aus den Jahren 1988 bis 1993. Auch dafür hatte Max Strauß eine Erklärung. Er habe ausgerechnet diese Dokumente für sein 2. Staatsexamen benutzt, vermutlich seien sie in der Kanzlei. Strauß bestritt energisch jeden Verdacht, er habe mit irgendwelchen Zahlungen von Karlheinz Schreiber, mit I.A.L. oder A.T.G., mit Airbussen oder Panzern etwas zu tun. Trotzdem wurde sein Auto durchsucht. Dann durfte der geschäftstüchtige Anwalt in seine Kanzlei eilen, denn dort warteten ebenfalls die Steuerfahnder auf ihn. Staatsanwalt Wiesner hinterließ er die Notiz: »Hiermit verzichte ich auf die weitere Anwesenheit bei der Durchsuchung meiner Wohnräume, da ich bei der Durchsuchung in der Kanzlei persönlich anwesend sein möchte.«

Staatsanwalt Klaus-Jochen Weigand war am frühen Vormittag mit fünf Beamten der Steuerfahndung Augsburg und München in der Kanzlei von Dr. B. Khadjavi-Gontard und Max Strauß eingetroffen. Als Strauß gegen Mittag hinzukam, zeigte er sich überraschend aufgeschlossen. Er habe, erklärte der Anwalt, nichts dagegen, daß die Fahnder seinen Laptop mitnähmen, bat lediglich um baldige Rückgabe. Weigand hatte mehr Widerstand erwartet. Die Bürovorsteherin mußte ein Sicherungsband herausgeben, auf dem die Computerdaten der vergangenen Tage gespeichert waren. Während die Beamten die Schubladen und Aktenschränke leerten, erkundigte sich Weigand nach dem Airbus-Deal. Auch diesmal konnte Strauß nicht dienen. Er kenne weder Entscheidungsträger der kanadischen Luftfahrtgesellschaft noch jemanden aus der politischen Ebene Kanadas, gab er zu Protokoll. Enge Mitarbeiter aus dem Büro des Ex-Premiers Brian Mulroney erklärten jedoch später gegenüber dem kanadischen Fernsehsender CBC, Strauß sei des öfteren mit Schreiber bei Mulroney aufgetaucht.

Auch zum Thema Spürpanzer »Fuchs« wollte dem Münchner CSU-Ortsvorsitzenden nichts einfallen. Nun gab er wenigstens einmal zu, jemanden zu kennen: die Thyssen-Manager Jürgen Maßmann und Winfried Haastert. Beide, behauptete Strauß, wollte er ursprünglich zu seiner Hochzeit einladen, zu der Einladung sei es dann aber leider nicht gekommen.

Im Zuge der weiteren Durchsuchung stießen die Steuerfahnder dann doch noch auf einen interessanten Hinweis: Bei der Hauptstelle der Bayerischen Vereinsbank in München verfügten die drei Strauß-Geschwister über ein gemeinsames Schließfach. Da eine Durchsuchung aber ohne das Einverständnis von Monika Hohlmeier und Bruder Franz Georg Strauß nicht möglich war, beschloß Weigand, das Fach vorsorglich zu versiegeln. Der Leiter der Rechtsabteilung der Bank sah ihm dabei zu. Die Durchsuchung sollte zu einem späteren Zeitpunkt stattfinden, möglichst zusammen mit der neuen Wohnung von Max Strauß in der Siedlerstraße, nur wenige Meter hinter den Stadelheimer Gefängnismauern.

Am Nachmittag kehrte Strauß in sein Haus in der Zeppelinstraße zurück, wo er seine Freundlichkeit verlor, als er bemerkte, daß älteres Material beschlagnahmt worden war. Zähneknirschend unterschrieb er das Durchsuchungsprotokoll.

München drängte bereits am nächsten Tag auf einen Bericht.

Am 13. Januar informierte Hillinger pflichtgemäß über die Durchsuchung beim Strauß-Sohn. Es sei nichts besonderes vorgefallen, allerdings habe man einen Laptop mitgenommen, auf dem praktisch nichts mehr zu finden wäre. »Eine erste Untersuchung dieses Geräts ergab, daß am 19.12.95 der bis dahin vorhandene gesamte Datenbestand gelöscht worden ist.« Hillinger wurde nun deutlicher. Es sei nicht von der Hand zu weisen, urteilte er gegenüber seinem Vorgesetzten, daß Strauß dadurch Beweismittel vernichtet habe. Seine Fahnder würden dennoch alles versuchen, um die Daten zu rekonstruieren. Um weiteren Behinderungen aus München zuvorzukommen, entschloß sich Hillinger zu einem ersten Trick: In die Landeshauptstadt meldete er wenige Tage darauf, die Rettung der Daten würde voraussichtlich 150 000 Mark kosten, weshalb er vorschlage, das Vorhaben aufgrund der hohen Kosten zu unterlassen.

Gleichzeitig aber beauftragte Weigand das Augsburger Sachverständigenbüro Bernd Wißner mit einer Expertise. Wißner sollte die Festplatte untersuchen und zugleich eine Datenrettungsfirma finden, die die gelöschten Informationen wieder herstellen kann. In München ging man inzwischen davon aus, daß das Thema Festplatte vom Tisch sei. »Es bestehen keine Einwände, wenn die Entscheidung über den Versuch einer Rekonstruktion des Datenbestandes im Hinblick auf die unsicheren technischen Realisierungsmöglichkeiten zurückgestellt und die Ergebnisse im übrigen abgewartet werden«, schrieb Froschauer am 16. Februar nach Augsburg.

Gleich nach der Durchsuchungsaktion bei seinen politischen Freunden am 14. Dezember hatte sich Max Strauß offensichtlich eingehend mit seinem Laptop befaßt. Angeblich hatte sich ein Virus der wertvollen Festplatte bemächtigt, eingeschleppt von der Schwester und späteren bayerischen Kultusministerin Monika Hohlmeier. Sie hatte kurz zuvor eine CD-Rom auf ihren Computer geladen, die einen Virus aufgewiesen haben soll. Und da Max sich in Familienkreisen rühmte, jeden Computervirus zu killen, soll die Schwester in ihrer Not zu ihm gelaufen sein. Max, als echter Computerprofi, hätte daraufhin die befallene CD in seinen Laptop befördert, woraufhin auch diese Festplatte prompt infiziert worden sei. Das Ganze habe sich rein zufällig einen Tag nach der Durchsuchungswelle ereignet.

Wie sich später herausstellte, wurde am 19. Dezember 1995 um ca. 7.30 Uhr die Festplatte von Max Strauß neu formatiert und erhielt den Namen M_J_STRAUSS. Aus einer gelöschten und rekonstruierten McAfee-Log-Datei ist ersichtlich, daß sie noch am 15. Dezember um 12.58 MS_DOS_5.0 hieß. Um 13 Uhr hatte jemand damit begonnen, einen Backup-Satz Standard Programme auf das System aufzuspielen. Darauf befanden sich Windows und die Software QA, die bereits im Juli 1995 installiert und gesichert worden war. Später wurde noch eine Veränderung der Datei WSCAN.INI vorgenommen, der jüngsten Datei auf der Platte. Das Rückspielen der Programme war am 19. Dezember um 13.20 Uhr beendet. Um 15.20 Uhr wurde das Verzeichnis MCAFEE.DOS angelegt.

Gegen 18 Uhr war Windows optisch wieder eingerichtet, und gleichzeitig hatte man alle Gruppendateien überarbeitet. Anschließend wurden die freien Bereiche der Platte durch das Programm WIPE mit Nullen überschrieben. Damit waren alle möglichen ursprünglichen Informationen an der Oberfläche unleserlich, für den normalen Benutzer galten sie als zerstört. Doch spätestens seit einer Studie des norwegischen Militärs wissen die Experten, daß magnetische Informationen mindestens sieben Mal überschrieben werden müssen, wenn verhindert werden soll, daß man daraus Daten gewinnen kann.

Max Strauß hatte in den Tagen vor Weihnachten seine Festplatte betont gründlich geputzt. Sie sei, so sagte sein Bruder Franz Georg später gegenüber einem Münchner Fernsehsender, »so blank wie ein Kinderpopo«. Daß er dabei nicht nur den angeblichen Virus schnappte, sondern auch gleich seine gesamten privaten und beruflichen Dateien zerschmetterte, schien ihn nicht zu bekümmern. Der Chef des Pirmasenser Data Recovery Centers »Convar«, Ralf Hensel, ließ sich später zu dem Vergleich hinreißen: »Es ist so, als würde man einen Grippekranken gleich erschießen, damit er nur ja niemanden mehr ansteckt.«

Als sich nach einer Analyse der Festplatte herausstellte, daß durchaus noch einige Daten zu retten seien und sich auch auf den Sicherheitsbändern interessante Informationen befänden, bat Hillinger die Kollegen des bayerischen Landeskriminalamtes um Unterstützung. Doch die Elektronikspezialisten des LKA lehnten es ab, die für die Beweislage so entscheidenden Daten auf der Festplatte von Max Strauß zu bearbeiten. Der zuständige Kriminalhauptkommissar schrieb am 11. März 1996, seine Behörde sei aus personellen Gründen und wegen Arbeitsüberlastung nicht in der Lage, die Auswertung der Festplatte vorzunehmen. Hillinger war empört. Ihm drängte sich einmal mehr der Eindruck auf, daß von München aus gemauert würde. Die Abteilung Computerkriminalität im LKA galt als die beste in Deutschland – führend bei der Aufklärung von Kinderpornographie und Rechtsextremismus im Internet. Die Beamten des LKA knackten die Codes gefälschter Telefon- und Kreditkarten und überführten regelmäßig Hackerclubs. Mit der Affäre Schreiber wollte sich das LKA aber partout nicht befassen. Hillinger ahnte, daß die Personalknappheit nur vorgeschoben war. Er hatte nicht ohne Grund die Geldschiebereien um den kanadischen Airbus-Deal und die Panzerverkäufe »einen der größten Fälle organisierter Kriminalität der Bundesrepublik« genannt. Dafür dürfte ein Landeskriminalamt schon mal ein anderes Verfahren zurückstellen. Aber der Eigentümer des Laptops war es wohl, der die Beamten zurückschrecken ließ.

Die Augsburger Fahnder setzten ihre Hoffnung nun auf den Sachverständigen Wißner. Solange die Geldflüsse von Schreibers Schweizer Konten zu den einzelnen Begünstigten nicht anders nachvollzogen werden konnten, waren die Daten auf der Festplatte vermutlich der einzige Beweis für die Schmiergeldzahlungen. Anfang April entschied Wißner, die Datenrettungsfirma Convar in Pirmasens mit der Rekonstruktion der Festplatte zu beauftragen. Denn auch ihn hatte das LKA gehörig abblitzen lassen. Der Leiter der dortigen Computerabteilung schrieb einen erbosten Brief an Staatsanwalt Klaus-Jochen Weigand. Wißner hatte das Landeskriminalamt gebeten, von den Daten des Sicherungsbandes aus der Kanzlei Strauß eine Kopie zu fertigen, und zwar in einem Format, das für Wißner weiter zu verarbeiten wäre. »Dr. Wißner mußte auf Bitten der Staatsanwaltschaft bei dem Landgericht Augsburg hin bereits mehrfach unterstützt werden. Es ist nicht Aufgabe des LKA, Hilfsarbeiten für private Sachverständige zu leisten«, beschwerte sich der Chef der Computerabteilung.

Wißner kam in der ganzen Angelegenheit nicht weiter, und es dauerte Wochen, um die Entschlüsselung der »Festplatte

Strauß« voranzutreiben. Erst am 6. Mai sandte er ein Fax an die Firma Convar und fragte an, ob die Datenrettung bewältigt werden könnte. Die Pirmasenser Spezialisten antworteten noch am selben Tag, der Auftrag werde gerne angenommen. Dann herrschte Funkstille.

Zwei Wochen später erinnerte Convar per Fax an den Auftrag, Wißner sandte nun die Festplatte ab. Als das Asservat schließlich zwei Tage später bei Convar eintraf, waren die IT-Manager dort sprachlos. Das Beweisstück kam wie ein simples Päckchen mit dem Kurierdienst UPS. »So was«, sagte Geschäftsführer Ralf Hensel, »haben wir hier noch nicht erlebt.« Normalerweise fuhr in solchen Fällen bei Convar ein gesicherter Kastenwagen der Kriminalpolizei vor, auch wenn es nur um die Festplatte eines kleinen Hehlers ging. Eiserne Regel ist bei der Übermittlung von Asservaten an Spezialfirmen, daß entweder der Sachverständige selbst oder die Polizei das Corpus delicti abliefert. Im Falle Strauß ging die gewagte Kurierfahrt trotzdem gut – zunächst jedenfalls.

Convar fertigte ein Image der geputzten Festplatte an, eine möglichst identische Kopie der noch vorhandenen Magnetfelder. Am Original zu arbeiten war dem Spezialisten zu gefährlich. Noch in der gleichen Woche begab sich Hensel mit dem Image zur englischen Firmenniederlassung in Rochester bei London, wo die Kollegen besser ausgerüstet waren. Dort kam man tatsächlich ein gutes Stück voran.

Am 11. Juli 1996 erreichte den beauftragten Sachverständigen Wißner in Augsburg die Diagnose aus Pirmasens. Die Festplatte Quantum Go Drive 256AT SN 174420870028A konnte zwar nicht »zufriedenstellend« rekonstruiert werden, aber man hatte doch noch etwas finden können. Die IT-Spezialisten lasen so oft über den Restmagnetismus der Dateien, bis sich in einigen Bereichen feststehende Werte für Buchstaben ergaben. Immerhin 7,8 Megabite seien lesbar geworden, hieß es, etwa ein Umfang von 140 DIN-A4-Seiten. Die Daten wären noch in einem sogenannten Hexdump dargestellt, einem Digitalcode, für den in den USA gerade ein neues Übersetzungsmuster auf den Markt gekommen sei. Convar bot Wißner an, die gefundenen Daten lesbar zu übersetzen. Die veranschlagten Kosten: 7000 Mark. Keine Rede mehr von der immensen 150000-Mark-Summe, die Hillinger anfänglich von Beratern genannt worden war. Doch

Wißner wollte die Rekonstruktion plötzlich aufgeben. Die Ergebnisse von Convar seien zu gering, meinte er und schlug vor, die Festplatte von Convar wieder abholen zu lassen.

Einige Zeit später, am 14. August, erreichte die Datenretter dann aber die Forderung Wißners, die Rekonstruktionsergebnisse binnen weniger Tage vorzulegen. Convar lehnte ab, die Frist war weder technisch noch personell zu schaffen. Wißner ordnete daraufhin an, die Festplatte sofort zurückzusenden. Als eine Mitarbeiterin von Convar per Fax nachfragte, welchen Weg sich der Sachverständige aus Augsburg da vorstelle, gab Wißner laut Aktennotiz am Telefon an: »Sie können UPS benutzen.« Auch die zweite äußerst gewagte Kurierfahrt klappte – die Festplatte Strauß traf zwei Tage später in Augsburg ein.

Wißner hatte sich derweil nach einem neuen Subunternehmer umgesehen und das Ehepaar Hans und Angelika Diers in Germering bei München angeheuert. Diers galt durchaus als Computerspezialist, doch daß er auch spezielle Kenntnisse bei der Datenrettung hatte, war in der Branche niemandem bekannt.

Wie die Festplatte dann im Sommer 1996 in das Wohnhaus der Familie Diers in der Krokusstraße in Germering kam, ob mit der Post oder per Kurier, daran kann sich bis heute niemand mehr erinnern. Das Büro Diers verfügte offiziell über eine Eingangs- und Ausgangskartei. Doch die Strauß-Platte ist darin nicht erfaßt. Diers meinte später, es könne so gewesen sein, daß er die Festplatte Strauß gleich nach dem Eintreffen in seinen PC geladen und festgestellt habe, daß da nichts mehr drauf sei, und sie deshalb nach fünf Minuten dem Kurier oder dem Postboten gleich wieder mitgegeben hätte. Danach verliert sich ihre Spur für immer. Möglich sei auch, daß die Festplatte nicht beschriftet gewesen wäre und daher irgendwann im Papierkorb gelandet sei. Ehefrau Angelika Diers erklärte später: »Des kon scho sei, daß des amoi wegschmissn werd, wei da war ja sowieso nix mehr drauf.«

War dies alles nur eine Verkettung unglücklicher Umstände, oder funktionierte das System Strauß noch auf mysteriöse Weise? Parallel dazu erfolgten diverse politische Eingriffe in das Verfahren. Der Waffenhändler und CSU-Spender Karlheinz Schreiber zog von seiner Ferienwohnung in Pontresina aus die Fäden. Er verfaßte als erstes eine Beschwerde an den Augsburger Regierungsdirektor Anton Gumpendobler. Dabei sparte er nicht mit deutlichen Hinweisen auf seine guten Kontakte zum regierenden Ministerpräsidenten Edmund Stoiber. Anton Gumpendobler ließ sich davon wenig beeindrucken, auch nicht von der Aufzählung, welchen immensen Schaden das angeblich unsinnige Steuerverfahren im ganzen Land anrichten würde. Und das, obwohl »Korruption den Beamten doch nicht ganz unbekannt sein dürfte«. Unbeeindruckt auch von den großen Verdiensten Schreibers für die deutschen Arbeitsplätze und die Wirtschaft insgesamt, von denen er schwadronierte. »Wer ersetzt den Schaden?« fragte Schreiber schließlich. »Wollen Sie an einer Betriebsversammlung bei MBB, Thyssen oder Airbus teilnehmen?« Gumpendobler interessierte vor allem der Schaden, den Schreiber dem Fiskus zugefügt hatte. Mochte da, wie der Verfasser bemerkte, Herr Stoiber auch schlaflose Nächte haben. »Arbeitsplätze, Arbeitsplätze«, so erfuhr Gumpendobler bei der Lektüre weiter, seien es, die den bayerischen Regierungschef nachts wach liegen lassen. »Nehmen Sie und Ihr Haus zur Kenntnis, daß ohne Politiker wie Herrn Stoiber längst das technologische Aus für unser Land gekommen wäre«, hieß es dann. Am Ende wurde der hartgesottene Kauferinger Unterhändler auch noch sentimental: »Right or wrong – my country. Ich liebe dieses Land und insbesondere den Freistaat Bayern. Mit dem Ausdruck größter Besorgnis! Karlheinz Schreiber.«

Als zweites wandte sich Schreiber am gleichen Tag noch an Bundestagspräsidentin Rita Süssmuth (CDU) mit einer Petition: »Sehr geehrte Frau Präsidentin, Veröffentlichungen in einem bestimmten Teil der Presse veranlassen mich, Ihnen eine Kopie meines Schreibens an den Leiter der Steuerfahndung, Finanzamt Augsburg-Stadt, zu überreichen. Ich halte es für unverzichtbar, daß die Vorschriften zur Wahrung des Steuergeheimnisses eingehalten werden, um, wie im vorliegenden Fall, wahrscheinlich nichtwiedergutzumachenden Schaden von Deutschland und den vom Steuerverfahren Betroffenen abzuwenden.« Seine Absicht war es offensichtlich, Hillinger und den Steuerfahndern von ganz oben einen empfindlichen Dämpfer zu verpassen. Doch die Präsidentin erklärte sich korrekterweise für nicht zuständig.

Im Bayerischen Landtag hingegen, wo er sich ebenfalls beschwerte, erkannte man zumindest die Ernsthaftigkeit der

Schreiberschen Drohungen und ließ seine Eingabe gewissenhaft vom CSU-Finanzstaatssekretär Alfons Zeller prüfen. Der kam zu dem Ergebnis, daß den Steuerfahndern kein Vorwurf zu machen sei.

Schreibers Schüsse vor den Bug der Staatsanwaltschaft waren trotzdem nicht ganz danebengegangen. Intern begann der Druck auf die Augsburger Ermittler beständig zuzunehmen. Die Namen, die Schreiber bei seinen Petitionen beiläufig fallenließ, hatten die Justizspitze in München offensichtlich ausreichend aufgeschreckt.

Nun zog der Steuerflüchtling seinen zweiten Trumpf und beging im Übermut einen schweren Fehler. Er empfing großzügig den Lokaljournalisten der *Augsburger Allgemeinen*, Uli Bachmeier, und diktierte ihm seine Sicht auf den Panzerdeal in den Block: Er habe das Geschäft mit Saudi-Arabien auf Bitten des saudischen Königs auf den Weg gebracht. Dessen Soldaten sollten nicht ungeschützt in die Minenfelder Saddam Husseins laufen. Damit konnten die Staatsanwälte Schreibers direkte Beteiligung an dem Deal, die er zuvor stets vehement bestritten hatte, in der Lokalzeitung nachlesen.

Mit der Spitze der Augsburger Zeitung verband Schreiber eine gute Bekanntschaft, die aus gelegentlichen Treffen zusammen mit Franz Josef Strauß an der Côte d'Azur herrühren soll. Dem Journalisten Bachmeier war nun offensichtlich zugedacht, gegen die aus Schreibers Sicht verleumderischen und völlig unwahren Artikel der *Süddeutschen Zeitung* und des *Spiegel* anzuschreiben. Für den Reporter eine Gratwanderung, da er sehr wohl einschätzen konnte, daß Jörg Hillinger nicht ohne Grund ein solches Verfahren in Gang gesetzt hatte.

Aber Schreiber hatte ihm eine nette Geschichte erzählt, fast ein Märchen, die er den Lesern nicht vorenthalten wollte. Und die ging so: Es war einmal ein arabischer König, der wollte Panzer kaufen. Er beauftragte seinen Sohn, den Prinzen. Doch der Prinz lebte in Saus und Braus und dachte an die vielen Millionen, die man bei so einem Geschäft verdienen könnte. Nie mehr müsse er dann bei Papa um Geld betteln. Deshalb versuchte er, ein hübsches Sümmchen herauszuschlagen und es gleich auf ein geheimes Konto in der Schweiz zu befördern. Er hielt es bei dem Geschäft mit demjenigen, der ihm selbst am meisten zu bieten hatte. Aus verständlichen Gründen wollte er ungern eine Quittung unterschreiben, und deshalb könne man auch hinterher einem deutschen Finanzamt nicht beweisen, daß es sich auf der falschen Fährte befinde.

Dann war Schreiber wieder ernst geworden: Unverblümt hatte er seinem ehemaligen Geschäftspartner Giorgio Pelossi per Zeitung gedroht: »Irgendwann wird irgendwer für all das bezahlen.« Die Kollegen von der Staatsanwaltschaft faßten diese Drohung noch weitergehend auf und fragten Jörg Hillinger, ob er sich nicht doch eine Waffe zulegen wolle. Hillinger lehnte ab: »Erstens kann ich mit dem Ding nicht umgehen und würde mir selbst nur ins Knie schießen, zweitens bin ich extrem kurzsichtig, und drittens werde ich nicht entführt, weil ich in keinen Kofferraum passe.«

Münchner Justiz gegen
Augsburger Staatsanwälte

Das bayerische Amigo-System läuft wie geschmiert

Die Siegerlaune, die anfänglich in der Augsburger Staatsanwaltschaft geherrscht hatte, als Steuerfahnder Kindler die Codenamen aus dem Tagebuch Schreibers geknackt hatte, verflog. Die
einschüchternden Anrufe aus München häuften sich, von Unterstützung keine Spur. Als Jörg Hillinger mal für einen Tag zu
einem juristischen Seminar fuhr und sich auf den Meinungsaus-
tausch mit Kollegen freute, ließ man ihn gleich nach seiner Ankunft aus dem Tagungsraum holen, der Generalstaatsanwalt
wünschte ihn zu sprechen. Am Telefon gab es wieder eine Stand-
pauke. Er sollte sofort einen Bericht darüber liefern, wer der
Presse was über das Verfahren Schreiber mitgeteilt habe. Für
Hillinger war die Tagung beendet. Er verschwand in eine Ecke
des Seminarzentrums und formulierte die üblichen Sätze. Kein
Mitarbeiter der Augsburger Staatsanwaltschaft habe Informationen über irgendwelche Steuerverfahren an Journalisten weitergegeben. Eine undichte Stelle sei nicht bekannt. Schlecht ge-
launt kehrte der Chefermittler nach Augsburg zurück. Daran
konnte auch eine erhöhte Ration Schnupftabak nichts ändern.
    Ende Januar 1996 zwangen ihn seine Vorgesetzten auf einen
umfangreichen Nebenkriegsschauplatz. Der Behördenleiter
wurde verpflichtet, gegen seine eigenen Mitarbeiter und gegen
die Beamten der Augsburger Steuerfahndung wegen Geheim-
nisverrats zu ermitteln. Das Verfahren richtete sich gegen Unbekannt, es sollte der Maulwurf gefunden werden, über den ständig neue Details aus den Ermittlungsakten an die Presse
gerieten. Diesmal ging es darum, daß Wolfgang Schüssel, zu jener Zeit österreichischer Vizekanzler, Außenminister sowie
ÖVP-Vorsitzender, in Zusammenhang mit dem Ermittlungsverfahren Schreiber genannt worden war. Hillinger mußte handeln. Er ließ die beteiligten Mitarbeiter der Steuerfahndung zu-
sammenrufen und teilte ihnen mit, daß er beabsichtige, ihre

Amtsleiter im Bayerischen Staatsministerium der Justiz
Wolfgang Held, ehemals Büroleiter von Franz Josef Strauß

Büros und Privatwohnungen zu filzen, falls der Maulwurf sich nicht selbst stelle.

Der Leitende Oberstaatsanwalt erntete Empörung. Vielleicht hatten ja die Staatsanwälte selbst was verpfiffen, entrüsteten sich die Finanzbeamten. Da solle man mal suchen. Von dem Angebot, sich freiwillig zu outen, machte keiner Gebrauch. Zwar ließ Hillinger die Durchsuchung der Privaträume abblasen, doch die Steuerfahnder mußten ihre Brieftaschen und Schubladen leeren. Es wurde nach Telefonnummern von Journalisten gefahndet. Finden konnte man jedoch nichts, was Hillinger so auch nach München meldete. Er war seiner Pflicht nachgekommen, doch hatte er es sich dabei – und darauf schienen es die Gegner in München auch angelegt zu haben – mit etlichen Mitarbeitern gründlich verdorben. Die Beamten der Steuerfahndung kündigten ihre vertrauensvolle Zusammenarbeit mit der Staatsanwaltschaft kategorisch auf. Hillinger begriff, daß man ihm von München aus die eigene Augsburger Basis kaputtmachen wollte und daß er den Mitarbeitern in der Steuerfahndung eigentlich Unrecht tat. Er selbst stand ja unter Verdacht und wurde genötigt, einen Bericht nach dem anderen an die Münchner Generalstaatsanwaltschaft zu schicken, so daß er kaum noch zum Arbeiten kam.

Hillinger überlegte, wer ihm das alles eingebrockt haben könnte. Sein direkter Vorgesetzter, Generalstaatsanwalt Hermann Froschauer, schien es nicht zu sein. Der wirkte auf ihn eher wie eine Marionette innerhalb des »Systems Strauß«. Auch Justizminister Hermann Leeb schied aus. Ihn kannte und schätzte Hillinger als integren Politiker. »Wenn der Leeb nicht wäre, könnte ich hier einpacken«, äußerte Hillinger wiederholt zu Kollegen. Leeb wohnte bei ihm im Viertel, im Münchner Stadtteil Haidhausen. Gelegentlich trafen sie sich im Biergarten und redeten auch mal über Berufliches. Nein, Hillinger hatte jemand anderen in Verdacht. Das »System Strauß« vermutete er im Justizministerium auf der Ebene der Ministerialdirigenten und da besonders bei einer Person: Amtsleiter Wolfgang Held.

Held galt seit jeher als Intimus des großen Parteivorsitzenden und Regierungschefs Franz Josef Strauß. Der mittlerweile 61jährige Held hatte der Justiz, der Staatsregierung wie auch der Partei ein Berufsleben lang aufopferungsvoll gedient. 1971 war er in die CSU eingetreten, aus Trotz, wie er sagte, weil damals »links chic war« und viele Justizkollegen mit einer »Bürger-für-Brandt-Plakette« herumliefen – aber auch weil die CSU die Partei der kleinen Leute sei und es dort eine starke Identifikation mit Bayern gebe. Franz Josef Strauß hätte er schon immer gemocht. »Das ist einer von uns, der spricht meine Sprache und ist heimatverbunden«, sagte er 1985 gegenüber der *Süddeutschen Zeitung.* Der gebürtige Münchner durchlief als Jurist im Staatsdienst und als Richter beim Landgericht München eine steile Karriere. 1981 wurde er dann persönlicher Referent und Büroleiter von Franz Josef Strauß in der Staatskanzlei. Schon 1984 stieg er zum Leiter der Rechtsabteilung der Staatskanzlei auf. Als kurz darauf Gerold Tandler Generalsekretär der CSU wurde, suchte Strauß nach einem fachlich kompetenten Helfer für Tandler und stieß dabei auf Held. Der Jurist, der sich stets in »dienender Funktion« gesehen hatte, begann also eine Tätigkeit in der Partei und wurde als Staatsbeamter beurlaubt. In der CSU-Landesleitung übernahm er zunächst das Sachgebiet »Politik und Grundsatzfragen«, rückte aber schon im Februar 1985 als Vizegeneralsekretär der CSU noch näher an Strauß heran. Er sollte vor allem den anstehenden Landtagswahlkampf vorbereiten und sich verstärkt um die Öffentlichkeitsarbeit kümmern. Strauß dachte damals sogar daran, Held zum Nachfolger Tandlers zu machen, denn er genoß sein absolutes Vertrauen. Der Vizegeneralsekretär hatte sich während der Protestaktionen rund um die atomare Wiederaufbereitungsanlage (WAA) Wackersdorf als Sprachrohr des unnachgiebigen Ministerpräsidenten profiliert. Die Demonstranten nannte er kriminelle Linksextremisten. Er wollte, daß »diesen brutalen Verbrechern mit aller gebotenen Härte« begegnet werde.

Ende April 1987 kehrte Held wieder als Staatsbeamter zurück, die bayerische Justizministerin Mathilde Berghofer-Weichner ernannte ihn zum Amtschef ihres Ministeriums. Ausgangspunkt dieser Karriere war Helds Einsatz für den Strauß-Freund Eduard Zwick. Dem niederbayerischen Bäderkönig drohte lange vor dem großen Skandal von 1987, bereits im Jahre 1981, ein Prozeß wegen Steuerhinterziehung. Er war am 18. April 1980 von der Staatsanwaltschaft München angeklagt worden, Einkommensteuern in Höhe von 466 700 Mark hinterzogen zu haben. Es ging hier um Anzeigen im CSU-Organ *Bayernkurier* in Höhe von 200 000 Mark, die Zwick angeblich geschaltet hatte, die aber nie erschienen sind. Ferner bekam Zwick von den CSU-Unternehmen Bavaria und Tulong Rechnungen in Höhe von insgesamt 146 600 Mark, die er jedoch nie bezahlte. Dennoch machte Zwick rund 350 000 Mark bei der Steuer als Unkosten geltend. Strauß nannte in Schreiben an den Justiz- und den Finanzminister die Ermittlungen gegen seinen Freund Zwick skandalös. Die Justiz gab nach, das Finanzamt Passau jedoch nicht. Das Hauptverfahren wurde also 1981 eröffnet, doch Zwick wurde überraschend krank und der Prozeß ausgesetzt. Held soll anschließend auf Wunsch des Ministerpräsidenten Einfluß auf den Fortgang des Zwick-Verfahrens genommen haben. Unter anderem notierte er: »Ich habe Herrn Generalstaatsanwalt van Ginkel gebeten, sein Augenmerk darauf zu legen, daß in diesem Termin vom Gericht der Komplex Bayernkurier ausgeschieden wird.«

Zwick zahlte dann nur eine Geldbuße, das Verfahren wurde eingestellt. In der späteren großen Zwick-Affäre hielt sich in der Presse das Gerücht, Held sollte den Angeklagten sogar vor einem Haftbefehl gewarnt haben. Beweisen ließ sich das nicht. In diesem Zusammenhang ist von den Medien aber gefordert worden, der Strauß-Vertraute solle aufgrund seiner Verwicklung in die Affäre als Amtschef des Justizministeriums seinen Hut nehmen. Doch Held war zu sehr mit der Partei verwoben, er genoß den Schutz des großen Vorsitzenden und später auch das Vertrauen des Umweltministers und heutigen CSU-Generalsekretärs Thomas Goppel. 1997 wurde Held Vorsitzender der Alfons-Goppel-Stiftung.

Und diesen Wolfgang Held fand Oberstaatsanwalt Jörg Hillinger nun in den Unterlagen des Karlheinz Schreiber wieder. Auch zwischen diesen beiden bestand offensichtlich eine unheimliche Vertrautheit. Im Kauferinger Haus des Waffenhändlers war ein zwei DIN-A4-Seiten langes Dokument beschlagnahmt worden, dem Hillinger die Stufe höchster Geheimhaltung verlieh und das er sich jetzt noch einmal etwas genauer ansah. Es handelte sich um Schreibers »Lachsliste«.

Sie enthielt die Namen all jener Personen, die Schreiber aufgrund ihrer politischen Verbindungen oder ihrer einflußreichen Positionen besonders pflegte. Es fanden sich darunter nicht nur die hochrangigsten Thyssen-Manager oder die bayerische Kultusministerin Monika Hohlmeier, sondern auch der mächtige

Amtschef des Bayerischen Staatsministeriums der Justiz, Wolfgang Held.

Ihm waren also regelmäßig zum Heiligen Abend bis zu Beginn der Ermittlungen erlesene Lachse geliefert worden, und zwar an seine Büroadresse im Justizministerium, Prielmayerstraße, München. Zu dieser Liste paßten die Eintragungen in Schreibers privatem Telefonverzeichnis, das die Steuerfahnder ebenfalls in ihren Kartons verstaut hatten. Auch dort fand sich Ministerialdirigent Wolfgang Held, mit der Durchwahlnummer im Ministerium und mit seiner Privatnummer in Fürstenfeldbruck.

Beide Vermerke ließen für Hillinger eine deutliche Verbindung zwischen dem flüchtigen Geldschieber und dem Chef der bayerischen Justizverwaltung erkennen, auch wenn dieser später angab, mit Schreiber nur bekannt, nicht aber befreundet gewesen zu sein. Da in der Regel alle Ermittlungsergebnisse, die zwischen der Generalstaatsanwaltschaft und dem Justizminister hin- und herwanderten, den Schreibtisch des Ministerialdirigenten und Strauß-Freundes Held passierten, mochte Hillinger nicht mehr daran glauben, daß die Durchsuchung bei Max Strauß rein zufällig verhindert worden war. Hillinger erhielt sogar Hinweise, daß Max Strauß im Laufe des Verfahrens gegen ihn Kontakt zu Wolfgang Held hielt.

Held erklärte dagegen später auf Befragung, daß er in jener Zeit weder Kontakt zu Schreiber noch zu Max Strauß gehabt hätte, »nicht persönlich, nicht schriftlich, telefonisch oder durch Dritte«. Dennoch schien es Schreiber geraten, den Namen Held in einer späteren Beschwerde über die Augsburger Staatsanwaltschaft an den bayerischen Ministerpräsidenten Edmund Stoiber gebührend herauszuheben.

Daß das Amigo-System gut funktionierte, wurde Anfang Februar 1996 erneut deutlich. Jemand aus der Münchner Justiz lancierte zu Max Strauß, daß für den 7. Februar eine Hausdurchsuchung beim Bonner CSU-Wirtschaftsstaatssekretär Erich Riedl geplant sei. Der Rechtsanwalt hielt es einen Tag vor der geplanten Aktion für geboten, seinen CSU-Kollegen zu warnen, auch wenn es sich um einen parteiinternen Rivalen handelte. Bei Riedl anzurufen, traute sich Strauß mittlerweile nicht mehr. Er mußte damit rechnen, daß die lästigen Augsburger Staatsanwälte sogar die Telefonanschlüsse überwachen ließen.

Deshalb entschloß er sich, seinen Freund und CSU-Stadtrat Peter Pertschy einzuschalten. Abends griff Strauß zu einem vermeintlich »sauberen« Telefon. Am anderen Ende meldete sich Pertschys Ehefrau Johanna, die ihrerseits mit Riedls Ehefrau Gertrud befreundet ist. Strauß wollte ihren Mann sprechen, doch der war unterwegs. Also gab er der Ehefrau den Tip weiter: »Bei Erich Riedl findet morgen um 9.00 Uhr eine Hausdurchsuchung durch die Steuerfahndung statt.« Das habe ihm ein Vöglein geflüstert. Sie solle das ausrichten. Pertschy meldete sich daraufhin noch am gleichen Abend bei Riedl in Bonn und gab die Warnung weiter.

Max Strauß war unsicher, ob sein Alarmsignal bei Riedl tatsächlich angekommen war. Nochmals anrufen wollte er nicht. Spät abends verließ er daher das Haus und fuhr in die Geroldsecker Straße. Da er befürchtete, die Eingangstür der Riedls könnte überwacht werden, schlich er sich durch den Garten des Reihenhauses an.

Gertrud Riedl saß am Eßtisch, als der dunkle Schatten am Fenster erschien. Sie ist keine ängstliche Frau, war viele Nächte allein in den Jahren, in denen ihr Mann Erich seinen Arbeitsplatz in Bonn hatte und meist nur am Wochenende heimkam. Seit Riedl Staatssekretär im Wirtschaftsministerium war, hatte die Sicherheitsbehörde der Bundesregierung schußsichere Scheiben im Haus anbringen lassen. Auch das war ein Grund, warum sich Frau Riedl nicht fürchtete, als am späten Abend ein rundes Gesicht hinter dem Fenster auftauchte, das zum Garten hinausging. Sie sortierte in diesem Moment Visitenkarten und Telefonnummern in einem Buch. »Ich erkannte eindeutig Herrn Max Strauß«, sagte Frau Riedl später bei der Staatsanwaltschaft. Strauß klopfte an die Hintertür, die nur der Familie als Haustür dient und die Strauß auch früher zu benutzen pflegte, als er noch mit Erich Riedl befreundet war. Das war, bevor zwischen ihm und Riedl im Münchner CSU-Kreisverband Perlacher Forst eine Schlacht um die Vorherrschaft und damit um den Stimmkreis zu toben begann.

Dennoch ließ Frau Riedl Max Strauß an diesem Abend eintreten, man begab sich ins Wohnzimmer nebenan. Der nächtliche Besucher war sichtbar erregt. »Ihr habt doch 500 000 Mark von Thyssen bekommen, beseitigen Sie alles«, rief Strauß. Am nächsten Morgen um 7.30 Uhr werde eine Hausdurchsuchung gemacht. Gertrud Riedl konterte, sie habe keine 500 000 Mark von Thyssen bekommen. Max Strauß antwortete darauf mit dem Satz, mit dem er das gesamte Ermittlungsverfahren über Jahre begleitete: »Das ist mir wurscht.« Er sei dann immer aggressiver geworden und habe verlangt, sie solle die Visitenkarten und Telefonnummern verschwinden lassen. »Das alles weg, alles vernichten«, hätte Strauß gerufen. Das Schweizer Konto müsse beseitigt werden. Ihren Mann solle sie nur noch aus der Telefonzelle anrufen, und auch er solle sich nicht mehr zu Hause melden. Gertrud Riedl blieb ruhig: Sie habe nichts zu verbergen, ein Schweizer Konto schon gar nicht. Strauß verließ das Haus über den Hintereingang durch den dunklen Garten, wie er gekommen war. »Der Besuch hat nie stattgefunden«, flüsterte er im Gehen und verschwand in der Nacht.

Monate später, am 14. Juni 1996, beschloß der Bundestag auf Antrag Hillingers, die Immunität des CSU-Abgeordneten Erich Riedl aufzuheben. Die Räume des Abgeordneten wurden durchsucht. Auch im Münchner Reihenhaus erschien die Steuerfahndung auf der Suche nach einer Spur, die zu den von Schreiber an einer Stelle im Kalender notierten 500 000 Mark für Riedl führen könnte. Der streitbare Münchner CSU-Mann reagierte zornig. Niemals, fauchte Riedl, habe er auch nur eine Mark von Herrn Schreiber bekommen. »Wo hätt' ich denn das Geld?«

Daß Riedl von Strauß gewarnt worden war, erfuhren die Augsburger Ermittler wenig später. Hillinger hatte an manchen Tagen das Gefühl, als wäre er in einem Zimmer eingesperrt, dessen Wände unwillkürlich näher rückten. Es mußte mehrere Personen in den bayerischen Ministerien geben, deren Parteiräson stärker war als der Wille zur Wahrheitsfindung. Von diesem Tag an korrespondierte er mit Staatsanwalt Weigand nur noch mittels versiegelter Umschläge. Doch München ließ nicht von den Augsburger Ermittlern ab.

Hillinger vertraute seine Sorgen über die Einflußnahme von »oben« einer Journalistin an.

Der flüchtige Schreiber hatte noch genügend Verbindungen und konnte von der Schweiz aus die Augsburger Ermittler mit wachsender Aggression verfolgen. Sein Münchner Verteidiger Stefan von Moers begann sich am Feindbild Hillinger festzubeißen. Von Moers überschüttete die Augsburger Justiz mit

Strafanzeigen gegen Unbekannt wegen der Verletzung des Steuergeheimnisses, bombardierte Staatsanwälte und Steuerfahnder mit Dienstaufsichtsbeschwerden. Und die mit CSU-treuen Beamten besetzte Spitze der Justiz spielte mit. Die Einleitung dienstaufsichtsrechtlicher Maßnahmen wurde zwar abgelehnt, aber Generalstaatsanwalt Hermann Froschauer ließ offiziell gegen Jörg Hillinger ermitteln. Er beauftragte damit die Kollegen der Staatsanwaltschaft Kempten im Allgäu. Der Verdacht: Rechtsbeugung. Von Moers hatte die Vorwürfe erhoben, daß Hillinger »erhebliches Beweismaterial vernachlässigt« und »entlastende Beweise und Unterlagen systematisch verschwiegen« habe.

Mit der Zerrüttungstaktik war Schreiber schon einmal erfolgreich gewesen: Durch ständige Beschwerden an Vorgesetzte war es ihm in Kanada gelungen, die Royal Canadian Mounted Police (RCMP) durch die übergeordneten Ministerien zurückpfeifen zu lassen. Dort hatte Ex-Premier Mulroney zudem erfolgreich die Regierung auf Schadensersatz verklagt. Das gleiche ereignete sich jetzt in Bayern. Der Vorstandsvorsitzende von Thyssen Industrie, Eckhard Rohkamm, schrieb an Ministerpräsident Edmund Stoiber: »Die Veröffentlichungen über die Ermittlungen haben Schaden für unser Unternehmen gebracht. Saudi-Arabien könnte massive Schadensersatzforderungen geltend machen.« Hillinger mußte sich wieder verteidigen. Er schrieb an Thyssen: »Ich kann Ihnen versichern, daß aus den Reihen der Staatsanwaltschaft Augsburg keine Informationen an die Presse gelangt sind.«
Der nächste Angriff von Schreibers Verteidiger von Moers ließ nicht lange auf sich warten. Er erhob abermals die Klage, der Oberstaatsanwalt unterschlage Beweismittel. Hillinger schrieb am 12. März 1996 zurück: »Im übrigen darf ich Ihnen, sehr geehrter Herr Rechtsanwalt, erneut versichern, daß ich ohne Ansehen der Person meinem gesetzlichen Auftrag nachkommen werde. Demzufolge bedarf es keiner Erinnerungsschreiben Ihres Mandanten. Auch seine Hinweise auf ihm näher bekannte Personen werden mich in der pflichtgemäßen Erfüllung meiner Aufgaben nicht behindern.«
Doch der Widersacher in der Landeshauptstadt hatte weitere Pfeile im Köcher. Jetzt versuchte man, die Ermittlungsgruppe

bei der Steuerfahndung zu zerschlagen. Wichtige Beamte wurden zu anderen Dienststellen abgeordnet oder mit neuen Vorgängen betraut. Steuerfahnder Kindler saß derweil in Kassel in den Archiven des Thyssen-Konzerns fest.

Hillinger hatte die »Dreistigkeit« besessen, in Sachen Spürpanzer auch bei den Bundesministerien für Wirtschaft und Verteidigung Dokumente über den Panzerexport einsehen zu wollen – ein Schritt, der Unionspolitikern nicht nur in Bayern gehörigen Schrecken einjagte.

Die nächste schlechte Kunde, die den mittlerweile nahezu zermürbten Jörg Hillinger erreichte, stammte erstaunlicherweise nicht aus München, sondern aus der Schweiz. Der zuständige Richter für das vor Monaten gestellte Rechtshilfeersuchen teilte mit, daß die Anträge auf Amtshilfe aus Augsburg bezüglich der Finanztransaktionen der Herren Kiep, Strauß und Pfahls abgelehnt würden. Es sei, hieß es, kein »Abgabenbetrug« – sprich Steuerhinterziehung – ersichtlich. Hillinger und Weigand setzten sich hin und schrieben einen umfangreichen Widerspruch.

Es war wie in einem Zwei-Fronten-Krieg. Kaum war die schlechte externe Nachricht aus der Schweiz halbwegs verarbeitet, nahmen die internen Schwierigkeiten wieder zu. Als man in der Kauferinger Villa Schreibers Tagebuch gefunden und ausgewertet hatte, war den Ermittlern der Name von einem ihrer Kollegen ins Auge gestoßen: Oberstaatsanwalt Hans-Jürgen Kolb, Leiter der Ermittlungsgruppe für Wirtschaftsdelikte und somit Weigands direkter Vorgesetzter. Kolb war offenbar mit dem Beschuldigten bekannt, wie gut, das ließ sich der Notiz nicht entnehmen. Als Hillinger seinen Abteilungsleiter darauf ansprach, bot Kolb selbst seinen Rückzug aus dem Verfahren an. Gerüchte sollten gar nicht erst aufkommen. Aus Personalmangel mußte Kolb später noch einmal aushelfen. Für die Augsburger schien die delikate Situation an sich aber bereinigt. Nun meldete sich plötzlich ein anonymer Anrufer, der von einer engen Freundschaft zwischen Karlheinz Schreiber und Hans-Jürgen Kolb zu berichten wußte. Da die Berichtspflicht galt, mußte Hillinger auch die Münchner Vorgesetzten darüber informieren. Wenig später tauchte der Sachverhalt in der Presse auf. Die Meldung war Wasser auf die Mühlen derer, die die Augsburger Ermittler ohnehin für unseriös hielten.

Am 17. Mai 1996 entschloß sich Hillinger zur Gegenoffensive. Mit einem Befreiungsschlag wollte er sich und seinen Ermittlern Luft verschaffen und gleichzeitig seine Vorgesetzten in München unter Druck setzen. Es machte keinen Sinn mehr, länger nach dem Al-Capone-Prinzip zu ermitteln und »Steuerhinterziehung« als alleinigen Tatverdacht vorzugeben. Hillinger entschied, die Katze aus dem Sack zu lassen, und schrieb an den Generalstaatsanwalt: »Die Ermittlungen gegen die Beschuldigten Haastert und Maßmann werden nunmehr auch unter dem Gesichtspunkt der Untreue und gegen den Beschuldigten Dr. Pfahls wegen Vorteilsnahme geführt.«

Es klang lapidar, und doch wußte Hillinger um die Wirkung dieser Sätze: In München würden sämtliche Alarmglocken läuten, und der eine oder andere Strauß-Jünger im Ministerium würde toben. Jetzt ging es nicht mehr um ein Kavaliersdelikt, sondern um Bestechung, und zwar von einem der Ihren.

Hillinger ging noch weiter: »Da die bezüglich des Beschuldigten Dr. Erich Riedl erholte Genehmigung des Deutschen Bundestages zur Durchführung eines Ermittlungsverfahrens wegen Steuerhinterziehung (Az. 502 Jas 145386/95) nicht auch die Genehmigung zu Ermittlungen wegen Vorteilsannahme erfaßt, wird insoweit ein eigener AR-Vorgang angelegt.«

Der Oberstaatsanwalt war sich bewußt, daß er in diesem Augenblick im wahrsten Sinne des Wortes deutsche Justizgeschichte schrieb. Schließlich tat er nichts Geringeres, als den Vorwurf zu erheben, daß sich mit Riedl und Pfahls zwei prominente CSU-Politiker in ihrer Eigenschaft als Staatssekretäre im Wirtschafts- beziehungsweise Verteidigungsministerium vom Waffenhändler Schreiber hatten bestechen lassen. Zugleich war der Vorgang auch für Hillinger als Privatmann ernüchternd, denn ihm wurde noch einmal mit aller Deutlichkeit bewußt, daß der Flick-Skandal keine wirkliche Reinigung gebracht hatte, sondern politische Entscheidungen offensichtlich immer noch käuflich waren. Präzise formulierte Hillinger weiter: »Der Tatvorwurf gegen den Beschuldigten Karlheinz Schreiber wird entsprechend auf Beihilfe zur Untreue, begangen durch die Beschuldigten Maßmann und Haastert, sowie auf den Vorwurf der Vorteilsgewährung hinsichtlich der Beschuldigten Dr. Pfahls und Dr. Riedl erweitert.«

Daß er nun mit aller Vehemenz auch gegen Riedl vorging, würde seinen Vorgesetzten, Generalstaatsanwalt Hermann

Froschauer, zur Weißglut bringen. Durch einen Zufall hatte Hillinger einen Beleg in die Hände bekommen, der offensichtlich engere Kontakte zwischen dem Beschuldigtem Riedl und seinem Vorgesetzten Froschauer erkennen ließ. Bei einer Durchsuchung hatten seine Ermittler den Terminplaner Riedls konfisziert. Darin hatte sich der CSU-Bundestagsabgeordnete auf dem Kalenderblatt vom 18. Mai 1995 für 20 Uhr ein Treffen mit Generalstaatsanwalt Hermann Froschauer im Maritim Hotel vorgemerkt, zu dem es dann aber erst einen Tag später kam. Besonders bemerkenswert fand Hillinger den Grund des Treffs: Besetzung »höherer Richterstellen«.

Für Hillinger war dies nun ein weiterer Beleg dafür, wie das Amigo-System Bayerns funktionierte und wie von unzuständiger Seite Posten besetzt oder verschoben wurden. Wieso hatte sich ein Generalstaatsanwalt mit einem Parteifreund und Bundestagsabgeordneten über die Besetzung von »höheren Richterstellen« auszutauschen? Um juristische Sachthemen konnte es dabei nicht gegangen sein. Schließlich war Riedl nicht vom Fach, sondern als gelernter Postbeamter und als Staatssekretär bis 1993 im Wirtschaftsministerium tätig gewesen.

In Justizkreisen galt Froschauer von jeher als hierarchiegläubig, zugleich als selbstbewußt und autoritär, wenn es um Weisungen nach unten ging. 1983 war er Generalstaatsanwalt im Oberlandesgerichtsbezirk München geworden. Froschauer hatte anfangs ein strenges Regiment geführt. Jüngere Kollegen, die gegen die Nachrüstung protestiert und entsprechende Zeitungsanzeigen unterschrieben hatten, zitierte er zu sich und stauchte sie zusammen. Hillinger war dies erspart geblieben, Froschauer hatte ihn sogar gefördert.

Aber darauf konnte er nun keine Rücksicht mehr nehmen. Froschauer selbst hatte sich in diese Lage manövriert. Seitdem ihm die ganz große Karriere versagt geblieben war – 1993 wollte er Nachfolger von Generalbundesanwalt Alexander von Stahl werden –, galt er als frustriert und ganz auf die bayerische Obrigkeit fixiert. »Die auf einem Versehen beruhende verspätete Berichterstattung bitte ich zu entschuldigen«, fuhr Hillinger fort und schloß: »Über den Fortgang des Verfahrens werde ich spätestens zum 01.08.1996 wieder berichten.«

Hillinger lehnte sich zurück und genoß für einen Augenblick das seltene Gefühl des Triumphs. Nein, so schnell sollten sie ihn

Vorgesetzter der Augsburger Ermittler: Generalstaatsanwalt im Oberlandesgerichtsbezirk München Hermann Froschauer

nicht kleinbekommen. Für ihn stand fest, daß er sich keineswegs freiwillig dem Druck des Amigo-Systems beugen würde.

Nur eines war jetzt klar: Er durfte sich fortan nicht den geringsten Fehler leisten. Sollte es trotzdem schiefgehen, dann war dies für den gläubigen Katholiken eben eine Schicksalsentscheidung. Aber auf diese Situation hatte er sich gedanklich schon eingestellt: »Schlimmstenfalls«, sagte er gelegentlich zu seiner Frau Ulrike, »mache ich meine eigene Anwaltskanzlei auf. Das würde mir wohl nicht soviel Spaß machen, aber wir werden immer unser Auskommen haben.«

Zu Hillingers Zuversicht trug zu dieser Zeit bei, daß sich mit Winfried Maier ein junger Spitzenjurist zur Staatsanwaltschaft nach Augsburg hatte versetzen lassen, auf den er große Stücke hielt. Ihm würde er nach einer Einarbeitungszeit den Fall Schreiber übertragen. Es war abzusehen, daß der bisherige verantwortliche Ermittler, Klaus-Jochen Weigand, befördert und als Vorsitzender Richter ans Landgericht wechseln würde. Da schien Maier der ideale Nachfolger für den loyalen Weigand, der immer konsequent an dem Fall gearbeitet hatte.

Obwohl erst 37 Jahre, hatte sich Maier bereits einen Ruf als kompromißloser Ermittler in Wirtschaftsstrafsachen erworben. Nach der Wende war es ihm gelungen, einen Ring von Alkoholschmugglern auffliegen zu lassen, der einen Steuerschaden von 180 Millionen Mark angerichtet hatte. Er verfügte zudem auch über Erfahrung im Umgang mit heiklen politischen Fällen, da er zeitweilig in Thüringen für einen Untersuchungsausschuß gearbeitet hatte, der sich mit Bestechungsvorwürfen gegen einen CDU-Minister auseinandersetzen mußte.

Maier, nur 1,65 Meter groß, wirkte mit seinem beinahe bubenhaften Gesicht auf den ersten Blick nicht wie der hartnäckige Ermittler, doch er ging höchst präzise zu Werke. Hillinger mochte ihn sofort. Er glaubte sich in dem jungen Juristen in vielem wiederzuerkennen. Obwohl er äußerlich das genaue Gegenteil von ihm war. Hillinger überragte ihn um mindestens eine Kopfeslänge und wog vermutlich das Doppelte. Aber Maier war bodenständig wie er, stammte aus Unterbernbach, einem 600-Einwohner-Dorf bei Aichach, hatte in Augsburg studiert und wollte dort nun auch arbeiten und leben. Wie Hillinger blickte auch Maier auf eine juristische Blitzkarriere zurück, basierend auf einem Spitzenexamen. Von über 700 Absolventen hatte er die Platzziffer 28 belegt. Danach standen ihm zumindest für den Staatsdienst alle Türen offen. Wie Hillinger hatte auch Maier zuerst die Nähe der Macht gesucht und in der Bayerischen Staatskanzlei gearbeitet, im Referat »Richtlinien der Politik« Ministerratsvorlagen erstellt und dabei ganz schnell erkannt, daß Politik eigentlich nichts für ihn war. In der Staatskanzlei von Franz Josef Strauß erlebte Maier die festgefügten, patriarchalischen Strukturen, denen der parteilose Jungjurist nichts abgewinnen konnte. Vielmehr wollte er unabhängig sein und sich als Jurist beweisen – am liebsten als Richter. Für dieses Ziel mußte er zunächst Staatsanwalt werden. Weil er »Über den funktionalen Betriebsbegriff im Einkommensteuerrecht« promoviert hatte, verschlug es ihn in die Abteilung für Wirtschaftsstrafsachen. Nach seiner ersten Großrazzia mit 40 Steuer- und Zollfahndern war Maier, der ursprünglich von einem ruhigen Richteramt geträumt hatte, infiziert: Komplizierte Steuerstrafverfahren, die andere als »trockene Materie« abtaten, fand er so spannend wie manche Kollegen einen spektakulären Mordfall.

Und noch in einem weiteren Punkt ähnelten sich Hillinger und Maier. Wie sein Behördenleiter hatte auch Maier ein Hobby, das man einem Juristen im Staatsdienst nicht unbedingt zutraute. Während Hillinger unter Pseudonym Kinokritiken schrieb, spielte Maier leidenschaftlich gern Theater, am liebsten in Komödien wie »Das Königlich Bayerische Amtsgericht«, und dann in der Rolle des Angeklagten.

Als Maier über das Verfahren Schreiber unterrichtet wurde, das er später übernehmen sollte, wähnte sich der Laienschauspieler in einem schlechten Theaterstück. Klaus-Jochen Weigand, der bislang mit dem Fall betraut war, erzählte ihm die Geschichte vom kleinen Unternehmer aus dem oberbayerischen Kaufering, der sich tief in das internationale Waffengeschäft verstrickt hatte. Weigand berichtete auch von dem Verdacht, daß dabei hohe CSU-Politiker geschmiert worden seien. Er verheimlichte ebensowenig, welchem Druck die Augsburger Staatsanwaltschaft seitdem ausgesetzt sei. Maier war zunächst skeptisch. Sahen die Kollegen nicht überall Gespenster? Doch nachdem er sich gründlich in die umfangreichen Akten des Verfahrens Az 501 Js 127135/95 eingearbeitet hatte, mußte er feststellen, daß Weigand nicht übertrieben hatte, im Gegenteil. Soviel Korruption in der Politik hatte er nicht für möglich gehalten. Maier erkannte sofort, daß dies der Fall seines Lebens werden könnte – oder das Ende seiner jungen Karriere. Er beschloß, es als Chance zu sehen. Hier könnte er in Bereiche vorstoßen, die ihm sonst normalerweise verschlossen blieben. Als sich die Gelegenheit bot, zusammen mit Weigand den Strauß-Sohn Max zu vernehmen, mußte Maier nicht lange überlegen. Das wollte er sich nicht entgehen lassen.

Am Morgen des 28. November saßen Weigand und Maier im Vernehmungszimmer 333 der Staatsanwaltschaft München I. Die Augsburger waren in die Landeshauptstadt gekommen, damit dem vielbeschäftigten CSU-Kreisvorsitzenden die Anreise nach Augsburg erspart blieb. »Mindestens eine halbe Stunde wird der schon zu spät kommen«, frotzelte Maier, »schon um seine Bedeutung zu unterstreichen.« Und tatsächlich erschien zunächst nur der Rechtsbeistand von Max Strauß in der Tür. Er müsse seinen Mandanten entschuldigen, aber dessen Ehefrau Gabriele habe ins Krankenhaus begleitet werden müssen, die Ankunft könne sich etwas verzögern. Wenig später wurde die Tür zu dem biederen Zeugenraum mit Wucht aufgestoßen, und Max Strauß polterte ins Zimmer – ohne anzuklopfen, grußlos. Ohne die beiden erstaunten Fahnder eines Blickes zu würdigen, zog er seinen teuren Wintermantel aus und öffnete die Wandschränke, offensichtlich auf der Suche nach einer Ablage. Die fand er nicht, deponierte den Mantel immer noch wortlos in einem Nebenzimmer und arrangierte ein Tonbandgerät auf dem Tisch vor den Staatsanwälten. Weigand, der den Auftritt von Strauß bislang stumm beobachtet hatte, warf nun die Frage ein: »Grüß Gott Herr Strauß, sind Sie hier eigentlich zu Hause, weil Sie gleich die Schränke aufreißen?« »Mehr schon wie Sie«, soll der Sohn der bayerischen CSU-Ikone darauf geantwortet haben. Dann zückte er ein weißes Verlängerungskabel und erklärte, er gedenke die Zeugenvernehmung aufzuzeichnen. Die Zeit, in der Strauß nach einer geeigneten Steckdose suchte, nutzte Weigand für den Hinweis, hier handle es sich offenbar um die Erschleichung elektrischer Energie durch Unbefugte. Ob Herr Strauß denn eine Genehmigung für die Stromnutzung beim Gerichtspräsidenten erlangt habe? Nein, die hatte Strauß nicht, und deswegen nahm sein Gesicht bereits jene leicht rötliche Färbung an, die einem seiner legendären Zornausbrüche vorangeht. Dennoch war der Zeuge nicht verlegen. Er fingerte einen Satz Batterien aus der Tasche und steckte sie ins Tonbandgerät. Weigand war zu dem Zeitpunkt bereits gewillt, ihm den Streich durchgehen zu lassen, auch, wie er später in einem Vermerk schrieb, »um eine weitere Eskalation zu vermeiden«. Gelassen spielte nun Maier den Joker aus: Er belehrte den Zeugen Strauß, die Aufzeichnung der Vernehmung sei deshalb strafbar, weil es sich schließlich um ein Steuerverfahren handle, und dessen Inhalt müsse, wie jedem Juristen geläufig sei, geheim bleiben. Der Jurist Strauß machte einen Rückzieher, ohne zu erkennen, daß das von Maier zitierte Aufzeichnungsverbot überhaupt nicht existiert, denn letztlich handelte es sich lediglich um steuerliche Details des Zeugen selbst, die hier zur Diskussion standen.

Nach den offensichtlich erforderlichen Ritualen zu Beginn der Vernehmung entspannte sich die Atmosphäre dann allmählich. »Im Laufe der Vernehmung verbesserte sich die Laune des Zeugen erheblich ...«, schrieb Weigand später. Max Strauß begann zu plaudern, wollte sogar über seinen nächtlichen Besuch im Hause Riedl erzählen, doch da griff sein Anwalt ein und beharrte auf dem Auskunftsverweigerungsrecht seines Mandanten, schließlich sei er Beschuldigter. Zu den zwölf Fragen, die Maier und Weigand dann in der Sache formulierten, sagte Strauß nicht eine Silbe. Auch als man ihm die Zeugenvernehmung von Gertrud Riedl vorlas und um eine Stellungnahme bat, blieb er stumm. Dafür prägte sich Maier ein anderer Satz ein, den Max Strauß während einer kurzen Vernehmungspause äußerte, ohne daß ein unmittelbarer Sachzusammenhang erkennbar war: »Offensichtlich ist für Sie ja die Presse wichtiger als der Justizminister.« Eine Erläuterung dazu wollte er nicht geben.

Geheimdienstverbindungen
bis nach Mittelamerika
Erstmals gerät Kohl ins Visier der Fahnder

Na ja, dachte sich Maier, da hat sich Karlheinz Schreiber ja den Richtigen ausgesucht. Vor den jungen Staatsanwalt trat Giorgio Pelossi, der Kronzeuge im Verfahren Az 501 Js 127135/95. Ursprünglich hatte das Aktenzeichen für ein Steuerstrafverfahren gegen einen Unternehmer aus dem oberbayerischen Kaufering gestanden, mittlerweile war es in der Augsburger Behörde zur Chiffre für eine heimliche Staatsaffäre geworden. Da Winfried Maier in wenigen Wochen die Ermittlungen verantwortlich übernehmen sollte und sein Kollege Weigand gleichzeitig die Staatsanwaltschaft verließ, kam es Maier sehr gelegen, daß Steuerfahnder Kindler den Tessiner Finanzmakler Pelossi erneut zu einer Zeugenaussage in Augsburg hatte überreden können. Ihm fehlte noch der persönliche Eindruck. Der Staatsanwalt mußte wissen, ob er sich auf Pelossi auch vor Gericht würde verlassen können oder ob der Treuhänder im Kreuzfeuer von Schreibers Anwälten umkippen und seine Aussage womöglich zurückziehen würde.

Maier hatte ganz rote Wangen, und sein Haar war mühsam zu einem Scheitel gebändigt. Er würde wohl wieder wie ein Schuljunge und nicht wie ein Staatsanwalt wirken, der demnächst für eines der wichtigsten Ermittlungsverfahren in der deutschen Nachkriegsgeschichte verantwortlich sein sollte. Maier wußte um seine Wirkung und hatte aus der Not eine Tugend gemacht. Wie TV-Kommissar Columbo nutzte er geschickt die Tatsache aus, daß ihn seine Gesprächspartner meist für ein harmloses Bürschchen hielten. Selbst Leute, die ihn gut kannten, gingen ihm gelegentlich noch auf den Leim.

Auch Pelossi gab sich zu Beginn naiv und unbedarft. Er war mit Ehefrau Christa-Maria erschienen. Ihre Anwesenheit hatte der Finanzmakler für ein erneutes Treffen zur Bedingung gemacht, da sie seine Gedächtnisstütze sei.

Die Stimmung war zunächst angespannt. Die Vernehmung begann um neun Uhr morgens, und im Gegensatz zu Kindler war Maier ein Morgenmuffel. Aber der Staatsanwalt wurde an diesem 15. Januar 1997 sofort hellwach, als Pelossi vier Aktenordner auf den Tisch legte. Der Zeuge aus Lugano war plötzlich bereit, Originaldokumente zu präsentieren, die seine bisherigen Behauptungen, daß die Provisionszahlungen von Thyssen und Airbus Industrie persönlich an Karlheinz Schreiber gegangen waren, noch stärker belegen sollten.

Schließlich ging es auch Maier darum, endlich handfeste Beweise dafür zu bekommen, daß Schreiber tatsächlich der Inhaber der Liechtensteiner Briefkastenfirma I. A. L. war. Schreibers halbwegs erfolgreiche Verteidigung hatte bislang immer darauf basiert, daß er jeden Besitz an dieser Firma leugnete.

Der Zeuge aus dem Tessin erklärte den Augsburger Ermittlern nun die Hintergründe einer gerichtlichen Auseinandersetzung zwischen ihm und Schreiber 1995 in Liechtenstein. Schreibers damalige Klage fußte auf der angeblichen Preisgabe von Geschäftsgeheimnissen durch Pelossi. Bei diesem Verfahren mußte unter anderem bewiesen werden, wer der »Wirtschaftlich Berechtigte« der Schweizer Firma I. A. L. war. Für die Augsburger besaß dieser Teil des Liechtensteiner Verfahrens große Bedeutung, er war der Schlüssel zum gesamten Fall. Gespannt folgten Maier und Kindler der Beweiskette.

Als wichtigsten Beleg führte Pelossi ein Aktienzertifikat an, das Schreiber dem Liechtensteiner Gericht vorgelegt hatte. Das Papier wies ihn eindeutig als Inhaber der I. A. L. aus. 1988 sei Schreibers Kauferinger Firma, die Bayerische Bitumen-Chemie, in finanzielle Schwierigkeiten geraten, erklärte Pelossi. Ihre bei der Sparkasse Landsberg aufgenommenen Kredite mußten zurückgezahlt werden. Schreiber habe daraufhin ihn, Pelossi, angewiesen, den dortigen Sparkassendirektor zu beruhigen und ihm eine Absicherung der Kredite zu versprechen. Diese Absicherung würde über Provisionszahlungen gewährleistet, die auf einem Vertrag von 1985 zwischen der I. A. L. und Airbus Industrie über zwei Millionen Mark basierten.

Mit den vier Aktenordnern Pelossis verbrachten Maier und Kindler ihre Mittagspause. Der Steuerfahnder konnte speichern wie ein Computer, registrierte Maier bewundernd. Jedes neue Papier wußte Kindler sofort einzuordnen. Gemeinsam stießen sie in den Ordnern auf Dokumente und Verträge, die später zur Stütze des gesamten Verfahrens werden sollten. Pelossi hatte ausdrücklich erlaubt, Kopien anzufertigen, und sie machten davon reichlich Gebrauch. Doch letztlich mußten sie feststellen, daß alle Unterlagen immer noch nicht für eine Anklage Schreibers ausreichten. Die Beweise über tatsächliche Geldflüsse lagen anderswo: in den Banken in Zürich und Paris. Hier waren sie aber auf langwierige Rechtshilfeersuchen angewiesen.

Für Maier und Kindler brachten die neuen Einzelheiten jedoch wichtige Fortschritte beim Zusammensetzen des großen Puzzles. Aufgetaucht war unter anderem eine Notiz zum Bear-Head-Projekt, Schreibers Versuch in Nova Scotia (Kanada), eine Panzerfabrik für Thyssen Industries zu bauen. Pelossi hatte ihnen andere Vermerke dazu bereits im Februar 1996 zukommen lassen. Was es genaueres damit auf sich hatte, verstanden die Ermittler aber erst jetzt. Es ging um die Verteilung einer größeren Summe Geldes, 1,9 Millionen kanadische Dollar, die im Zusammenhang mit der Panzerfabrik geflossen war.

Um hinter die gesamte Struktur zu kommen, hatten die Ermittler Schreibers Vergangenheit rekonstruiert. Der Kauferinger Unternehmer war seit den frühen 80er Jahren in Kanada als Geschäftsmann tätig. Er pflegte dabei über einen längeren Zeitraum hinweg eine außergewöhnlich enge Beziehung zur kanadischen Konservativen Partei, auf daß sich dies irgendwann einmal auszahlen möge.

Nach über zehn Jahren der Vorbereitung gründete Schreiber 1985 in Kanada schließlich die Firma »Bear-Head Industries Ltd.«. Das Ziel des schwergewichtigen 58-Millionen-kanadische-Dollar-Projekts (87 Millionen DM) war es, Panzer (light armoured vehicles) für Regierungen im Nahen und Mittleren Osten zu bauen. Schreiber versprach dafür der Thyssen Industrie AG, die sehr am Bau einer solchen Fabrik interessiert war, die Zusage der kanadischen Regierung und auch die Bestellung etlicher Panzer für das dortige Militär.

Schreiber kannte den Druck, unter dem die Regierung Mulroney in der damaligen Rezessionsphase stand. Er überbrachte der kanadischen Regierung das hochwillkommene Versprechen von Thyssen, in einer wirtschaftlich unterentwickelten Region an der kanadischen Atlantikküste (Cape Breton in Nova Scotia) 400 bis 1 200 Arbeitsplätze zu schaffen.

Die Durchsetzung des Bear-Head-Projekts lief nicht so glatt wie gedacht. Das kanadische Militär schaltete sich ein. Die Oberbefehlshaber der Streitkräfte sahen es als erwiesen an, daß die leichten Panzer nicht für die eigene Heeresstruktur geeignet waren, weshalb sie sich statt dessen für den Kauf von Panzern von General Motors aussprachen. Der nächste Gegner des Projekts war die jüdische Gemeinde in Kanada. Sie vermutete (wohl nicht ganz zu unrecht), daß Thyssen nur deshalb in Kanada bauen wollte, weil das deutsche Kriegswaffenkontrollgesetz einen Bau der Panzer im eigenen Lande zum Zwecke der Ausfuhr verhinderte. Dieses Gesetz, das Waffenexporte in die Arabischen Staaten kontrolliert und limitiert, sollte offensichtlich umgangen werden, argumentierte die jüdische Gemeinde.

Um diesen vehementen Widerstand zu brechen und die kanadische Regierung auf seine Seite zu bekommen, engagierte Schreiber die kanadische Lobbyistenfirma GCI (Government Consultants International), die dem kanadischen Premier Brian Mulroney sehr nahe stand, sowie Greg Alford von der konservativen Partei. Auf deutscher Seite sollen nach Schreibers Angaben keine Geringeren beteiligt gewesen sein als Herr Bundeskanzler Helmut Kohl, Bundesverteidigungsminister Rühe, Bundeswirtschaftsminister Rexrodt, Staatssekretär Holger Pfahls und der frühere Nato-Generalsekretär Manfred Wörner. Worin die Beteiligung bestand, ließ Schreiber offen.

Im Falle einer Zusage der kanadischen Regierung versprach die Thyssen Industrie AG Schreiber ein Erfolgshonorar von vier Millionen kanadischen Dollar, also rund sechs Millionen Mark. Im Oktober 1987 stimmte dann die Provinzregierung in Nova Scotia dem Projekt tatsächlich zu, einen Monat später schloß sich die Bundesregierung in Ottawa mit einer Absichtserklärung an. Schreiber hatte sein Versprechen gehalten, das Projekt erfolgreich in die Wege zu leiten, und kassierte, auch wenn das Bear-Head-Projekt nie umgesetzt und Mitte der 90er ad acta gelegt wurde. Das Militär hatte sich bis zum Schluß erfolgreich quergestellt. Schreiber schleuste nun das Geld am Fiskus vorbei und ließ es nach Erkenntnissen der Augsburger Staatsanwälte auf das Konto seiner Scheinfirma I.A.L. in der Schweiz leiten. Er selbst erklärte später, das Projekt wäre nur deshalb gescheitert, weil gegen ihn ermittelt worden sei, was für ihn einen »Schaden zwischen 40 und 60 Millionen Dollar« bedeutet hätte.

Die neuen Bear-Head-Details erschlossen Kindler endlich auch einen anderen Zusammenhang. Bislang hatte sich der Steuerfahnder nie richtig erklären können, wofür eigentlich Walther Leisler Kiep, der frühere CDU-Schatzmeister, die eine Million Mark von Schreiber bekommen haben sollte. Kindler fiel ein, daß bei der Hausdurchsuchung Kiep ebenfalls ein Tagebuch beschlagnahmt worden war. Darin hatte Kiep notiert, daß er sich mit Schreiber in der Schweiz, in St. Margarethen, getroffen habe, »wegen Canada«. Maier war begeistert.

Am frühen Nachmittag setzten beide die Vernehmung Pelossis fort. Er erzählte von einer halben Million kanadische Dollar, die für den Thyssen-Manager Winfried Haastert vorgesehen gewesen seien. Der Betrag wurde von ihm persönlich, so erklärte Pelossi, an Schreiber in bar ausgehändigt. Auch diese Quittung konnte er zur Zufriedenheit der Fahnder vorlegen. Das Geld war dann in einem Vaduzer Schließfach deponiert worden, um, so habe ihm Schreiber erklärt, in den nächsten Tagen von Haastert dort abgeholt zu werden.

Auch für die übrigen Thyssen-Gelder verfügte Pelossi über eine Empfängerliste, die er am 23. Dezember 1987 während eines Telefongesprächs mit Schreiber geschrieben hatte. Die Verteilung lief dann immer nach dem gleichen Muster. Auf diese Weise ließen sich die Spuren der Scheine leicht verwischen. Pelossi konnte aus eigener Praxis davon anschaulich berichten.

So ging von der Thyssen-Zahlung eine Million kanadische Dollar an die Merkur Handels- und Industrie- AG, eine weitere Tochter von Schreibers Holding, der Kensington Anstalt. Von dort wiederum floß das Geld als Darlehen an eine kanadische Firma Schreibers, der Bitucan Holding in Calgary, um letztlich wieder nach Bayern zu seiner Bitumen-Firma zu gelangen.

Das Geld war in ständiger Bewegung. Und Bewegungen hinterlassen eben mitunter auch Spuren, die Pelossi nun den Ermittlern sichtbar zu machen versuchte. Als nächsten Vorgang auf dem Notizzettel mit den Bear-Head-Millionen hatte Pelossi 100 000 kanadische Dollar vermerkt, die an einen gewissen Max gegangen wären. Wieder wurde das Geld über die Merkur umgeleitet, um schließlich, so habe Schreiber angewiesen, gemäß den Wünschen von Herrn Max Strauß verwendet zu werden. So kamen die 100 000 kanadischen Dollar als »Darlehen« an das Münchner Unternehmen Klein Elektronik. Der Besitzer, Dieter Klein, war ein Bekannter von Max Strauß. Pelossi betonte, daß der Betrag seines Wissens nie an die I. A. L. zurückgezahlt worden sei.

62 500 Schweizer Franken schließlich kassierte Schreiber selbst, der Rest sei für die Bezahlung von Anwälten und offenen Rechnungen vorgesehen gewesen. Und in der Tat deckten sich die Äußerungen von Pelossi mit Schreibers Kalendereintragungen. In Augsburg hegte niemand mehr Zweifel an den Aussagen des Treuhänders.

Maier und Hillinger entschlossen sich, Rechtshilfeersuchen an Frankreich und die Schweiz zu richten, um ihre These zu belegen und an die niedergeschriebene Spur der Geldbewegungen zu gelangen. Obwohl die Ermittler im Besitz von harten Bestechungsvorwürfen, unter anderem im Bear-Head-Projekt, waren, entschieden sie sich, vorerst nur beim Verdacht des Steuerbetrugs zu bleiben, denn dies war bislang das einzige, was sie gesichert in den Händen hielten. Parallel dazu verfolgten sie jedoch finanzielle Delikte von Schreibers politischen Freunden. Sie erhofften sich, so an weitere Namen von Schmiergeldempfängern zu gelangen.

Für Jörg Hillinger standen bei dem Rechtshilfeersuchen an die Schweiz zwei Punkte im Vordergrund: Erstens wollte er die Kontobelege Schreibers, die beim Schweizerischen Bankverein und der Credit Suisse (Schweizer Kreditanstalt) zu finden waren, haben. Dort sollten, nach Pelossis Aussage, die Schmiergeldzahlungen über sogenannte Rubrikkonten unter den Code-Namen der Begünstigten angelegt worden sein. Gleichzeitig wollte er Schreibers Haus- und Hofbankier André Strobel in Ötwil sowie einen Banker in Zürich und einen in Pontresina vernehmen. Hillinger begründete dies ausführlich. Er legte den Schweizer Behörden den genauen Sachverhalt der Vorwürfe gegen die Beschuldigen dar und fragte nach Schließfächern sowie nach den Namen der Kunden, die gewisse Konten eröffnet bzw. über diese Konten verfügt hatten. Hillinger war klar, daß an diese Unterlagen wegen des Schweizer Bankgeheimnisses nur unter großen Schwierigkeiten heranzukommen sein würde und daß sich das Verfahren im Ausland womöglich über viele Jahre hinziehen könnte, doch er wollte nichts unversucht lassen.

Zweitens bat Hillinger das Schweizer Bundesamt für Polizeiwesen um die Durchsuchung von Wohnungen des deutschen Finanzklüngels in der Schweiz sowie um die Beschlagnahme von belastenden Dokumenten. Hillingers Zielobjekte waren die Adressen von Karlheinz Schreiber in Pontresina, Winfried Haasterts Appartement Residenzia Costa del Sole in Lugano-Castagnola, die Schweizer Niederlassung von Jürgen Maßmann in der Chesa Quatterlains in Zuoz sowie die Villa von Leisler Kiep in Lenzerheide.

Nach drei Monaten des Wartens meldete sich endlich ein Schweizer Untersuchungsrichter, der für die Anträge der Augsburger verantwortlich war. Telefonisch teilte er mit, daß die gewünschten Durchsuchungen der Wohnungen nur nacheinander erfolgen könnten. Die Staatsanwälte verwiesen darauf, daß dann die ganze Aktion verpufft sei, weil alle anderen gewarnt wären. Sofort schrieben sie ein ergänzendes Rechtshilfeersuchen, das jedoch zunächst über den Tisch von Generalstaatsanwalt Froschauer mußte. Obwohl diesem Brisanz und Dringlichkeit des Falls bekannt waren, wurde das Gesuch erst drei Wochen später auf den Weg gebracht.

Im Ergebnis dessen kam es dann immerhin doch zur gleichzeitigen Durchsuchung der Wohnungen von Schreiber, Maßmann und Haastert. Seltsamerweise war keiner der Beschuldigten am entsprechenden Tag zu Hause. Schreiber kehrte, nachdem er vom Untersuchungsrichter von der Durchsuchung erfahren hatte, in seine Wohnung zurück und öffnete den dort befindlichen Tresor. Der Kauferinger Unternehmer verschaffte den Schweizer Beamten überraschenderweise auch Zugang zu dem in Maßmanns Wohnung stehenden Wertschrank, womit er noch einmal unter Beweis stellte, wie eng die Beziehung zwischen ihm und Maßmann tatsächlich war. Die Ermittler entdeckten in den Safes zahlreiche Hinweise, die belegten, daß Maßmann bei weitem mehr Geld ausgab, als er offiziell verdiente. Allein sein dort vorgefundener BMW 850 CSI hatte den stolzen Neupreis von 212 464 Mark.

Das Rechtshilfeersuchen an Frankreich führte ebenfalls zu interessanten Erkenntnissen. Die dort beschlagnahmten Dokumente ließen deutlich werden, wie die Schmiergeld-Millionen der Airbus-Deals über Liechtenstein an Schreiber in der Schweiz geflossen waren. In diesem Zusammenhang wollten die Augsburger Ermittler auch Geldströme in Richtung Max Strauß nachvollziehen, weshalb sie ein Rechtshilfeersuchen an Liechtenstein aufsetzten. Doch das bayerische Justizministerium verweigerte im Januar 1997 die Weiterleitung, Begründung: »das Fürstentum Liechtenstein würde die Leistung von Rechtshilfe in fiskalischen Strafsachen ausnahmslos, d.h. auch bei Fällen des Abgabebetruges«, grundsätzlich ablehnen.

Das letzte, für Hillinger ebenso bedeutende Gesuch ging wegen eines dubiosen Airbus-Geschäfts und des Bear-Head-Projekts am 18. September 1997 an Kanada. Die Ermittler hatten entdeckt, daß Schreiber, der seit 18 Jahren die kanadische Staatsbürgerschaft besaß, dort über diverse Bankkonten verfügte. Hillinger wollte auch dort Finanzbelege und Kontobewegungen einsehen.

Während die Staatsanwälte in Augsburg saßen und auf den Rückruf warteten, nutzten sie die Zeit, die alten Akten nochmals durchzulesen. Mit zeitlichem Abstand und den Detailkenntnissen aus anderen Quellen war dies oft eine völlig neue und spannende Lektüre. Das galt auch für den ursprünglichen Fund aus Schreibers Villa in Kaufering. Plötzlich bekamen Unterlagen, die zunächst als uninteressant gegolten hatten, eine ungeheure Bedeutung. So ging es Steuerfahnder Kindler beispielsweise mit dem Aktenordner, der die Aufschrift trug: »Costa Rica neu – Ströhlein Mexico«.

Bisher war Schreiber den Ermittlern nur als ein Vermittler für private Industriebetriebe wie Thyssen oder Airbus aufgefallen. Nun begegneten sie in ihm auch einem Vertreter der bayerischen und bundesdeutschen Politik. Die Akten enthielten ein verwirrendes Puzzle von Schreibers Aktivitäten in Lateinamerika in den 80er Jahren.

Zahlreiche Papiere davon wiesen zu einem dubiosen Projekt. Durch einen im Oktober 1988 verhängten Finanzierungsstopp der Bundesregierung – Costa Rica war zu diesem Zeitpunkt hoch verschuldet und hatte mehrere Auflagen des Internationalen Währungsfonds nicht erfüllt – kam es zum Stillstand der Auftragsvergabe für den Straßen- und Hafenausbau in Costa Rica. Der Baumaschinenhersteller Liebherr schaltete Schreiber ein und versprach ihm 5% Provision, wenn es ihm gelänge, den Auftrag mit einem Volumen von 14,5 Millionen Dollar durchzusetzen. Es lockte also eine dreiviertel Million US-Dollar, und dafür ließ sich Schreiber etwas einfallen. Wie seinem Kalender zu entnehmen war, wurde dazu Werner Ströhlein, BND-Resident in Costa Rica, eingeschaltet, der ein Vierteljahr nach der Verhängung des Finanzierungsstopps einen Sonderantrag auf Eröffnung der Kreditlinie von 14,5 Millionen Dollar beim Bundesfinanzministerium unterstützend begleitete. Tatsächlich kam es zu einer Aufhebung des Finanzierungsstopps. Die Auftragsausschreibung gewann wenig später die Firma Liebherr.

Welche Rolle dabei Schreiber und Ströhlein im einzelnen gespielt hatten, wollten die Augsburger Staatsanwälte nun genauer wissen, denn sie vermuteten, daß die von der Firma Liebherr an Schreiber gezahlte Provision wieder einmal am Fiskus vorbeigewandert war.

Die Kalendereintragungen Schreibers erhärteten den Verdacht und ließen zugleich ein eigentümliches Beziehungsgeflecht erkennen. Dazu gehörten mehrere bundesdeutsche Politiker und die langjährige BND-Mitarbeiterin Rita Santalla, die zugleich Lobbyistin für Schreiber in Costa Rica war. Die Staatsanwaltschaft Augsburg sah gute Gründe, bei Ströhlein eine Hausdurchsuchung durchzuführen.

Maier war zudem zu Ohren gekommen, daß Ströhlein (alias Palme) unter Ausnutzung seiner Stellung als BND-Agent Nebengeschäfte betrieben hatte, die Pullacher Beamten eigentlich untersagt sind. Doch darum ging es nur nebenbei.

Das Hauptaugenmerk galt den Geschäftsverbindungen zwischen Schreiber und Ströhlein, die bis weit in die 80er Jahre zurückreichten. Während Schreiber über gute Kontakte zur deutschen Industrie verfügte, hatte es Ströhlein zu weitverzweigten Verbindungen in Süd- und Mittelamerika gebracht. Hohe Staatsangestellte waren ihm persönlich bekannt, auch zu Vertretern der CSU-nahen Hanns-Seidel-Stiftung (HSS) hatte er einen heißen Draht. Sie wollte er gern zur Beförderung weiterer Exportgeschäfte einsetzen, was der HSS-Auslandsleiter Reiner Gepperth nach eigenen Aussagen aber nicht unterstützte.

Am 1. März 1997 übernahm Winfried Maier das Verfahren gegen Karlheinz Schreiber als verantwortlicher Ermittler. Seine erste Amtshandlung führte ihn zwölf Tage später zu einer Hausdurchsuchung bei Ströhlein. Sein Kollege Klaus-Jochen Weigand hatte die Augsburger Staatsanwaltschaft verlassen und war Vorsitzender Richter am Landgericht geworden.

Doch als Maier am frühen Morgen das geräumige Wohnzimmer in Ströhleins Haus betrat, fand sich im Kamin nur noch ein großer Berg Asche. Maier beschlich der Verdacht, der BND-Unterabteilungsleiter könnte gewarnt worden sein, und zwar von Kollegen. Denn der Spitze der Pullacher Behörde hatte die Aktion einen Tag zuvor gemeldet werden müssen – gesetzlicher Auftrag für die Staatsanwaltschaften. Die Fahnder zogen mit nahezu leeren Händen ab.

Das wenige, was sie gefunden hatten, waren Faxe von Ströhlein an Schreiber. Große Textstellen waren geschwärzt, was Maiers Verdacht nur noch erhärtete. Aber Maier ließ sich davon nicht abschrecken. Er wußte, daß man geschwärzte Textstellen zum Teil wieder lesbar machen konnte. Das Verfahren war zwar mühsam und auch nicht ganz billig, aber das war Maier egal. Er wollte sehen, was hier verborgen werden sollte. Und die Mühe lohnte sich letztlich. Wie Maier vermutete, hatte Ströhlein ein geschicktes Händchen, um Geschäfte jeglicher Art einzufädeln. Mal ging es um 5000 Sack Kaffee, die Schreiber an den Mann bringen sollte, oder um Säfte. Andere Projekte dagegen hatten gewinnträchtigere Größenordnungen. So wurde von Ströhlein ein Geschäft mit Venezuela im Bereich »Stahl und Aluminium« angeboten, ebenso ein Auftrag zur Röhrenlieferung, was prompt einem Manager von Thyssen Industrie angeboten wurde. Hauptsächlich aber waren Schreiber und Ströhlein mit dem Verkauf von Airbussen beschäftigt: »Ich werde die Beziehung in Deinem Sinne pflegen«, schrieb der BND-Mann dazu. Darüber hinaus versuchte Ströhlein, für lateinamerikanische Politiker eine Audienz bei Franz Josef Strauß zu bekommen, die Schreiber vorzubereiten hatte. Für Maier dokumentierten diese Briefe noch einmal, daß der Waffenhändler aus Kaufering stets direkten Zugang zu dem CSU-Oberen gehabt hatte und mit diesem eng verbandelt war.

Neben den geschäftlichen und politischen Verquickungen von Schreiber und Ströhlein diente das Netzwerk offensichtlich auch dazu, bedrängten Partnern aus der Patsche zu helfen. Als Rita Santalla, eine frühere Ex-BND-Mitarbeiterin und Schreiber-Sekretärin, einmal in Probleme geriet, schrieb Ströhlein: »Ihre finanziellen Schwierigkeiten sind beängstigend. Wenn die monatliche Überweisung von Dir ausbleibt, steht sie praktisch auf der Straße und ist zu jeder möglichen und unmöglichen

Dummheit fähig. Um größeres Unheil zu verhindern, erhebt sich die Frage, ihr für gewisse Zeit weiterhin finanziell unter die Arme zu greifen, um sie dann im Rahmen einer möglichen Provision im Zusammenhang mit der sich abzeichnenden Realisierung des 14,5 Mio. Projekts definitiv abzufinden.«

Mit dem Komplex Costa Rica stießen die beiden Augsburger Behörden jedoch bald an ihre Grenzen. Die Rolle deutscher Außenpolitiker in Schreibers Costa-Rica-Geschäften konnten sie nie aufklären. Auch die Ergebnisse der Vernehmungen des Auslandsleiters der Hanns-Seidel-Stiftung Gepperth tendierten gegen Null. BND-Mann Ströhlein war vermutlich vorgewarnt und deckte Schreiber eher noch. Den Ermittlern stellte sich die Frage, ob Schreiber womöglich auch im Auftrag – oder zumindest mit Wissen – des Geheimdienstes in Lateinamerika unterwegs war.

Maier beschloß, die Spur Ströhlein vorerst nicht weiter zu verfolgen, hier waren die Erfolgschancen einfach zu gering. Allerdings fand er die Frage spannend, ob Schreibers Arm tatsächlich bis in die BND-Zentrale nach Pullach reichte. Vorerst aber mußte er sich auf das Hauptverfahren konzentrieren, und hier galt es, endlich einen spürbaren Schritt voranzukommen. Für den jungen Staatsanwalt dümpelte das Verfahren schon zu lange vor sich hin. Er entschloß sich, einen Haftbefehl gegen Karlheinz Schreiber wegen des Verdachts auf Steuerhinterziehung zu beantragen.

Die Kollegen waren skeptisch, ob ein Haftbefehl durchzusetzen sei. Zu viele merkwürdige Entscheidungen hatten sie in den vergangenen zwei Jahren hinnehmen müssen, angefangen bei der Ablehnung des Durchsuchungsbeschlusses für Max Strauß bis hin zu der Zwangsrazzia bei den eigenen Kollegen der Steuerfahndung. Maier kannte diese Vorgänge nur aus Erzählungen, er hatte die Niederlagen nicht einstecken müssen und war deshalb voller Elan. »Wir müssen Farbe bekennen«, appellierte er an die Kollegen bei der alltäglichen Kaffeepause um 14 Uhr, bei der es ohnehin meist nur um den Schreiber-Fall ging. »Wir müssen einfach wissen, ob es für einen Haftbefehl reicht.« Hillinger war einverstanden. Das couragierte Vorgehen des jungen Mitarbeiters gefiel ihm offensichtlich.

Am 7. Mai 1997 erließ das Gericht auf Maiers Antrag hin einen Haftbefehl gegen Schreiber. Statt Kaffee sollte es Sekt geben. Aber Maier lehnte ab: »Erst wenn wir ihn haben!« Er wußte, daß dies noch Jahre dauern könnte, denn Schreiber war in der Schweiz vorerst ziemlich sicher. Die eidgenössische Justiz würde ihn wegen Steuerhinterziehung kaum ausliefern. Aber Schreiber mußte nun klar werden, daß es die Augsburger Staatsanwaltschaft ernst meinte, und auf die Dauer würde es der Lebemann Schreiber in seinem goldenen Käfig wohl doch nicht aushalten. Man mußte nur Geduld haben.

Durch diesen Etappensieg gestärkt, ging Jörg Hillinger nun daran, auch die höhergestellten Unionspolitiker ins Visier zu nehmen. Am 26. September 1997 schrieb er an Generalstaatsanwalt Hermann Froschauer und beantragte die Vernehmungen der politischen Entscheidungsträger im dubiosen Panzer-Deal. »Zur Aufklärung der näheren Umstände der Entscheidungsfindung des Bundessicherheitsrates ist beabsichtigt, Staatssekretär a.D. Dr. von Würzen sowie in Übereinstimmung mit entsprechenden Beweisanregungen des Beschuldigten Dr. Riedl, die Bundesminister a.D. Genscher und Möllemann sowie den Vorsitzenden des Bundessicherheitsrates, Bundeskanzler Dr. Kohl, als Zeugen zu vernehmen.«

Hillinger war sich im klaren darüber, daß dies wohlbegründet sein müßte, doch er verfügte über Belege, die eindeutig waren: Bundesminister a.D. Möllemann hatte die »Beschlußvorlage des Bundeswirtschaftsministeriums, wonach eine Genehmigung gemäß Antrag der Firma Thyssen Henschel empfohlen wurde«, unterzeichnet, und ein Zeuge gab an, daß dem vermutlich »Entscheidungen in der politischen Spitze des Hauses« vorangegangen waren.

Doch Generalstaatsanwalt Froschauer wollte dies im Detail gar nicht wissen. Er lehnte das Ansinnen generell ab. Statt wie üblich Hillinger brieflich oder telefonisch zu antworten, fuhr er am 8. Oktober 1997 persönlich nach Augsburg. Im Gespräch machte er Hillinger unmißverständlich klar, daß dieser von Möllemann, Genscher und Kohl vorerst die Finger zu lassen habe. Hillinger war nicht überrascht, doch er bestand darauf, Kanzler Kohl zu dem Komplex vernehmen zu dürfen. Verärgert und ohne eine Einigung fuhr Froschauer wieder nach München zurück.

Auch wenn eine direkte Vernehmung Kohls untersagt worden

war, gingen die Ermittlungen gegen die Bonner Polit-Prominenz weiter. Bereits am 2. Oktober 1997 hatte Maier einen Brief an das Bundeskanzleramt abgeschickt und die Aushändigung des Protokolls des Bundessicherheitsrates vom 29. Februar 1991 beantragt. Damals hatte die exklusive Polit-Runde entschieden, daß trotz anfänglicher außen- und sicherheitspolitischer Bedenken Saudi-Arabien die 36 Spürpanzer des Typs »Fuchs« bekommen sollte.

Maier war sich sicher, daß das Bundeskanzleramt sein Ansinnen als Affront empfinden würde, schließlich war er in deren Augen nur ein kleiner Staatsanwalt aus der bayerischen Provinz, der sich etwas viel anmaßte. Doch wie sollte er sonst vorankommen? Er zwang sich dazu, das Geschehen ganz nüchtern mit den Augen eines Schachspielers zu betrachten. Zu Hause beherrschte er diese Kunst nicht so richtig. Er war viel zu ungeduldig für das Brettspiel, agierte meist zu hastig und entschied sich dadurch mitunter für den falschen Zug – zur Freude seiner Frau. Ganz anders im Beruf. Hier achtete der Staatsanwalt penibel darauf, in jeder Phase die Kontrolle über das Verfahren zu behalten. Maier ließ sich nicht unter Zeitdruck setzen, überschlief wichtige Entscheidungen, um dann am nächsten Morgen mit einer wohldurchdachten Strategie schlagkräftige Aktionen zu starten.

So war es auch jetzt geschehen. Das Protokoll des Bundessicherheitsrates war notwendig, da das Panzergeschäft eigentlich den Grundsätzen der Bundesregierung widersprach, Kriegswaffen nicht in Spannungsgebiete zu liefern, zumal damit das sensible Verhältnis zu den Israelis gefährdet wurde, die für eine Waffenlieferung aus Deutschland an ihren alten Feind kaum Verständnis aufbringen würden. Deshalb hatte sich wohl auch der damalige Außenminister Genscher lange gegen die Panzerlieferung ausgesprochen. Wieso dann plötzlich die andere Entscheidung?

Maier hoffte, im Protokoll etwas zu finden, was die Gründe erkennen ließ. Es war für ihn wichtig zu wissen, wie die Mitglieder des Sicherheitsrates argumentiert hatten. Daraus ließe sich womöglich erkennen, ob auf die Entscheidung – eventuell durch eine finanzielle Zuwendung – Einfluß genommen worden war.

In seiner Ferienwohnung in Pontresina griff zur gleichen Zeit Karlheinz Schreiber zur Feder. Entgegen seinen Erwartungen hatten die alten politischen Seilschaften nicht gut genug gehalten, das Verfahren in Augsburg nahm kein Ende, im Gegenteil, die Ermittler wurden hartnäckiger, nun gab es sogar schon einen Haftbefehl. Dabei nahm der Kauferinger Waffenhändler für sich in Anspruch, immer nur im Dienste des Landes gehandelt zu haben. Eine Beschwerde bei der CSU-Spitze schien ihm daher geboten, verbunden mit kleinen Erinnerungen an gemeinsame Stunden und an gute Bekannte. Schreiber adressierte seine Protestnote am 9. Oktober 1997 an den bayerischen Ministerpräsidenten Edmund Stoiber, um ihn gehörig in die Pflicht zu nehmen. In dem 17 Seiten langen Brief ließ sich Schreiber auch über die Geschäftätigkeiten der CSU, der Hanns-Seidel-Stiftung sowie des Bundesnachrichtendienstes aus und rühmte sich gemeinsamer Taten gegen das sandinistische Nicaragua. Es »wird der groteske Versuch unternommen, eine Schmiergeldaffäre zwischen mir und BND-Mitarbeitern zu konstruieren und das Ganze gleichzeitig auch noch mit der Plutonium-Affäre zu verknüpfen«, nahm Schreiber Bezug auf den Ströhlein-Fall. »Die Geschichte wird aus Unterlagen entwickelt, die bei mir bei der Hausdurchsuchung beschlagnahmt wurden. In Wahrheit betrifft die ganze Angelegenheit Costa Rica während der Nicaragua-Krise. (...) Aus den wenigen beigefügten Anlagen können Sie entnehmen, daß der verstorbene Fritz Prikl und ich bemüht waren, hilfreich zu sein.« Am Geschehen beteiligt sollen auch Bundesminister Jürgen Warnke, Staatssekretär Sigi Lengl, der Auslandsleiter der Hanns-Seidel-Stiftung, Dr. Reiner Gepperth, und Wolfgang Held gewesen sein. Worin diese angebliche Beteiligung aber bestanden haben soll, erklärt Schreiber allerdings nicht.

Der Waffenhändler schilderte in seinem langatmigen Bericht dem Strauß-Nachfolger auch die Panzergeschäfte und Airbuslieferungen. Schreiber schrieb von »nützlichen Aufwendungen«, erwähnte die Beteiligungen der Herren Kohl, Stoltenberg, Möllemann, Waigel und Kinkel. Auf Seite sieben muß es Stoiber warm geworden sein, denn nun war Schreiber bei der Firma Ward Air angekommen, die als trojanisches Pferd den Airbus-Verkauf an Kanada verwirklichen sollte. Dabei habe es der Mitarbeit einer ganzen Reihe von Persönlichkeiten bedurft. »Auf deutscher Seite waren am Gelingen beteiligt: Franz Josef Strauß, Dr. Edmund Stoiber, Dr. Erich Riedl und Rolf Siebert, der frühere Geschäftsführer der deutschen Airbus GmbH ... Davor waren weiter involviert der bayerische Wirtschaftsminister Anton Jaumann und Finanzminister Dr. Ludwig Huber.« Diesen Satz hatte Schreiber dick unterstrichen, ohne jedoch deutlich zu machen, worin die Beteiligung jeweils bestand. Die genannten würden vermutlich ohnehin jede Zusammenarbeit bestreiten. Auf Seite 15 gelangte der Verfasser zum Thema »F.J.-Strauß-Freunde«. Schreiber empörte sich darüber, daß er der Presse entnehmen mußte, »daß Sie, sehr geehrter Herr Ministerpräsident, mit der Vergangenheit brechen und mit dem Strauß-Milieu aufräumen wollen«. Deshalb erinnerte Schreiber »gerne an die vielen fröhlichen Stunden, die wir gemeinsam mit Franz Josef Strauß in München, in Kreuth und in Südfrankreich verbringen durften. Miteingeschlossen in die Erinnerungen sind Namen wie Flick, Diehl, März, Pückler, Holzer, Haastert, Zwick und der stets zu Späßen aufgelegte Karli Dersch.«

Das Schreibersche Munitionslager schien also gut gefüllt. Edmund Stoiber hatte dagegen stets betont, zu Lebzeiten von Strauß Beratungen über diverse Auslandsgeschäfte eventuell in Teilen mitgehört, von geheimen Provisionen, Steuerhinterziehung oder gar Schmiergeldern jedoch nichts gewußt zu haben.

Noch deutlicher wurde Schreiber unter dem Stichwort Erich Riedl. Niemals, schrieb der Waffenhändler, habe Riedl, wie die Staatsanwaltschaft behaupte, 500 000 Mark von ihm privat bekommen. »Das ganze Thema Riedl ist für mich, auf gut deutsch gesagt, eine Riesensauerei.« Das folgende eröffnete aber eine ganz neue Spur und las sich zugleich wie ein Erpressungsversuch: »Sollte es jedoch um Parteispenden an Dr. Erich Riedl gehen, bin ich gerne bereit, eine Aufstellung zu fertigen, die alle meine Spenden an die CSU und CDU wie auch einzelner Abgeordneter der Parteien ausweist. Über einen Zeitraum von ca. 32 Jahren angelegt, dürfte es ein interessantes und umfangreiches Werk werden.« Schreiber beendete seinen Brief mit der Hoffnung, daß es Stoiber »doch noch gelingt, einwandfreie rechtsstaatliche Verhältnisse in Augsburg herzustellen«.

Deutlicher konnte man die Aufforderung zur politischen Einflußnahme auf rechtsstaatliche Verfahren nicht formulieren. Doch damit nicht genug: Schreiber fügte in einem dicken Ord-

Bayerns Ministerpräsident Edmund Stoiber;
offizielles Foto der Staatskanzlei in München

ner Unterlagen zu den heiklen Waffen- und Flugzeuggeschäften bei. Stoiber sandte das Konvolut an das bayerische Justizministerium, wo es jahrelang unbeachtet blieb. Es enthielt Dokumente, die die Augsburger Staatsanwaltschaft dringend suchte und sich erst viel später durch komplizierte Rechtshilfeersuchen auf anderen Wegen besorgen konnte. Hätten die Ermittler diese Unterlagen eher besessen und hätten sie wichtige Zeugen aus dem Bonner Beamtenstab dazu vernehmen können, wäre das Verfahren wesentlich zügiger vorangekommen. Doch daran gab es offensichtlich kein politisches Interesse.

Am 28. Oktober 1997 bekam Maier Post aus Bonn. Gespannt öffnete der Staatsanwalt das Couvert. Es enthielt ein Schreiben von Friedrich Bohl, Chef des Bundeskanzleramtes. Darin bezog sich dieser auf Maiers Antrag von vor drei Wochen, das Kanzleramt möge ihm doch bitte das Protokoll des Bundessicherheitsrates aushändigen. Die Antwort fiel kurz und bündig aus: »Leider sehe ich mich nicht in der Lage, Ihrer Bitte zu entsprechen.«

So wenig wie Maier war auch Hillinger überrascht, als er zwei Tage später Post aus München bekam. Nachdem er nicht von seiner Forderung abgewichen war, Kanzler Kohl und andere hochrangige Bonner Politiker vernehmen zu wollen, erklärte nun sein Vorgesetzter, Generalstaatsanwalt Froschauer: »Der beabsichtigten Sachbehandlung wird nicht entgegengetreten, soweit Staatssekretär von Würzen und sodann Möllemann vernommen werden sollen. Über die Vernehmung der weiter benannten Zeugen (Kohl, Genscher, Wieczorek) soll eine Entscheidung erst nach Auswertung des Ergebnisses der Vernehmungen der o.g. Zeugen getroffen werden.« Eine Absage zweiter Klasse. Froschauer spielte offensichtlich wieder mal auf Zeit.

Maier ließ sich nicht entmutigen. Zusammen mit Kindler nahm er erneut die Spur des BND-Agenten Ströhlein auf. Eine weitere Hausdurchsuchung stand auf dem Programm. Die Räume des Baumaschinenherstellers Liebherr sollten überprüft werden, denn es gab den Verdacht, daß im Zusammenhang mit den Costa-Rica-Geschäften im Komplex Schreiber/Liebherr/Ströhlein ebenfalls Steuern hinterzogen worden waren.

Die anhaltenden Ermittlungen der Augsburger Fahnder, nun gegen seinen alten Kumpel Ströhlein, empörten Schreiber erneut in seinem Schweizer »Exil«, weshalb er abermals zur Feder griff. Wenn schon Stoiber nicht helfen konnte, dann vielleicht der Dienst in Pullach. Und wie mit dem umzugehen war, wußte Schreiber, schließlich war er bis 1987 selbst dort unter dem Decknamen »Hunne« als Mitarbeiter geführt worden. Der gelernte Teppichhändler hatte unter anderem einen getarnten Geheimdienstler als Mitarbeiter seiner Kauferinger Firma auf Geschäftsreisen nach Zentralamerika mitgenommen. »Meine Verbindung zu Ihrem Hause geht zurück auf die Zeit, als noch General Reinhardt Gehlen an der Spitze Ihrer Institution stand«, schrieb Schreiber am 2. Dezember 1997 an den BND-Präsidenten Hansjörg Geiger.

Er verwandte sich sodann für Werner Ströhlein, dessen unzulässige Nebengeschäfte aufgeflogen waren und der nun bei Zahlung einer Abfindung dem Dienst den Rücken kehren sollte. Aber Ströhleins finanzielle Vorstellungen deckten sich nicht mit denen des BND.

Wenn die Angelegenheit nicht anständig geregelt werde, drohte Schreiber deshalb dreist dem Präsidenten, riskiere der BND einen Skandal, der dem Dienst »unermeßlichen Schaden bescheren könne«. Die Affäre sei in ihrer »internationalen Tragweite nicht abschätzbar«, drohte der Kauferinger und deutete an, die »bayerische Staatsregierung« und die CSU-nahe »Hanns-Seidel-Stiftung« seien darin genauso verwickelt wie die »CSU-Parteiführung und einige andere Personen und Organisationen, die ich im Moment nicht nennen möchte«.

Aber Schreiber blieb in seinem Brief an den BND-Präsidenten nicht nur im Vagen. Er nannte Namen und Dienstrang von Abteilungs- und Unterabteilungsleitern in Pullach sowie von Mitarbeitern des Leitungsstabes, die angeblich in eine geheimnisvolle Aktion »auf der Höhe der Nicaragua-Krise« involviert gewesen waren. In dem lateinamerikanischen Land hatte Ende der 70er Jahre die linksgerichtete »Sandinistische Front der nationalen Befreiung« (FSLN) die Macht übernommen. Rechtsgerichtete Contra-Rebellen führten daraufhin mit massiver Unterstützung westlicher Geheimdienste einen blutigen Krieg gegen die neue Regierung Nicaraguas. Der BND habe dabei 1983, schrieb Schreiber, »aufgrund von Vereinbarungen« zwischen Franz Josef Strauß und dem damaligen Außenminister Henry Kissinger den Vorstellungen der beiden Herren entsprechend gehandelt. »Ich selbst bin Zeuge hierfür«, setzte er noch hinzu. Im BND begannen daraufhin fieberhafte Aktivitäten. Im Archiv ließ man nach Belegen für Waffenlieferungen an die Contras suchen, konnte aber für diese Art der Unterstützung nichts finden. Trotzdem wurde die Drohung begriffen und veranlaßt, mit Schreiber Kontakt aufzunehmen, zumal sich dieser auch noch an den Geheimdienstkoordinator Schmidbauer in Bonn gewandt hatte. Doch schon allein seine Freundschaft mit dem Agenten Werner Ströhlein war Grund genug zur Besorgnis, denn Ströhlein war in die Plutonium-Affäre verwickelt gewesen, eine der größten Schlappen des Geheimdienstes überhaupt. An Bord einer Lufthansa-Maschine hatten im August 1994 Mitarbeiter des Dienstes 363 Gramm Plutonium geschmuggelt. Die Maschine flog von Moskau nach München, wo das LKA dank eines vermeintlich heißen Tips die Beschlagnahmung des Stoffs für Atombomben als großen Sieg gegen die Russen-Mafia feierte – bis die Geschichte als eigene Inszenierung aufflog.

BND-Chef Geiger konnte nicht ausschließen, daß Schreiber von Ströhlein bislang unbekannte Details der unappetitlichen Geschichte mitbekommen hatte und damit dem Dienst weiteren Ärger bereiten konnte. Offensichtlich befürchtete Geiger das Schlimmste. In der Person von Volker Foertsch machte sich wenig später der Leiter der BND-Abteilung 5, Sicherheit und Spionageabwehr, höchstselbst auf den Weg zu dem Waffenhändler nach Pontresina. Foertsch war zugleich Erster Direktor und damit einer der wichtigsten Beamten des BND überhaupt.

Aber Schreiber blieb ihm gegenüber reserviert. Vielmehr deutete er ihm sybillinisch an, daß er sich nicht auf einen Mann einlasse, der im BND keinen Rückhalt mehr habe. Der altgediente Geheimdienst-Mann konnte sich zunächst keinen Reim darauf machen. Doch Monate später war seine Karriere beim BND nach über 30 Jahren plötzlich beendet. Er wurde verdächtigt, als Doppelagent jahrelang in Pullach für den KGB-Nachfolgedienst FSB als »Maulwurf« tätig gewesen zu sein. Foertsch, der später als Opfer einer Intrige rehabilitiert wurde, fragt sich noch heute, wie Schreiber das hatte voraussehen können.

Die Aktivitäten Schreibers blieben offensichtlich nicht ganz folgenlos. Ab Ende 1997 stieß die Augsburger Staatsanwaltschaft nur noch ins Leere bzw. an Mauern. Der Antrag auf Einziehung des Passes von Karlheinz Schreiber blieb trotz mehrfacher Nachfrage bei der Gemeinde Kaufering unbeantwortet. Ein Rechtshilfeersuchen an Kanada kam im Bundesministerium der Justiz auf mysteriöse Weise abhanden und tauchte erst nach einem dreiviertel Jahr wieder auf. Parallel dazu gelangte das Vorhaben der Augsburger, Durchsuchungen in Kanada vornehmen zu lassen, an die Presse, so daß Schreiber und seine Freunde gewarnt waren.

Und noch etwas höchst Mysteriöses geschah: Schreiber legte Beschwerde in Augsburg ein, weil im Polizeicomputer fälschlicherweise wegen Betrugs nach ihm gefahndet werde. Anfangs hielt Maier dies für einen weiteren schlechten Witz von Schreibers Anwälten, doch als er den Eintrag im Fahndungscomputer überprüfte, mußte er tatsächlich feststellen, daß dort statt »Steuerhinterziehung« als Grund für die Fahndung nach Schreiber »Sonstiger Betrug« vermerkt war. Maier wunderte sich weniger über die fehlerhafte Eintragung als über die Tatsache, daß Schreiber davon erfahren hatte. Für den Staatsanwalt bedeutete das schlicht, daß Schreiber, ein mit Haftbefehl gesuchter Waffenhändler, Zugang zum deutschen Polizeicomputer hatte.

Bei der Anzahl von unerklärlichen Ereignissen konnten weder Maier noch Hillinger an Zufälle glauben. Ganz offensichtlich wirkten hier Kräfte, die in der Hierarchie weit über einer bayerischen Staatsanwaltschaft standen und deren Waffen kaum zu schlagen waren. Das enge Verhältnis der Beschuldigten zum Geheimdienst in Pullach wurde zum Thema der täglichen Kaffeerunde in der Augsburger Behörde.

Die Fahnder begannen sich gegenseitig darauf aufmerksam zu machen, daß nicht nur Schreiber als Ex-BND-Mitarbeiter beste Kontakte zum Geheimdienst hatte. Schließlich ermittelten sie auch gegen Holger Pfahls, der sogar einmal Präsident des Inlandsgeheimdienstes, des Bundesamtes für Verfassungsschutz, gewesen war. Diese Schlapphut-Seilschaften der Beschuldigten durfte man nicht unterschätzen. Schließlich waren die Verbindungen der Münchner CSU zum BND seit langem bekannt. Dort hatten Strauß-Anhänger einst einen »Freundeskreis zur Durchsetzung der CSU-Interessen« gegründet und ihre Partei-Spezi mit exklusivem Geheimdienstmaterial versorgt.

Maier wurde zunehmend mißtrauisch. Wenn er etwa mit Steuerfahnder Kindler neue Fahndungsmaßnahmen besprechen wollte, griff er kaum noch zum Diensttelefon. Statt dessen traf man sich in der Mittagspause zu einem kleinen Spaziergang oder zu einer Tasse Kaffee. Um Schreiber in Bedrängnis zu bringen, mußten sie offensichtlich äußerst vorsichtig und bedacht agieren, hatten sie es doch mit Gegnern an mehreren Fronten zu tun. Maier formulierte alsbald ein neues Rechtshilfeersuchen an die Schweiz. Diesmal begründete er es nicht mehr nur mit Steuerhinterziehung, sondern mit »Bestechung und Beihilfe zur Untreue«, ein Delikt, bei dem selbst die Eidgenossen gern auslieferten.

Das Unterfangen war dennoch riskant, denn Maiers Beweiskette mußte den Behörden in Bern nicht unbedingt schlüssig erscheinen. Aber er setzte darauf, daß Schreiber wieder davon erfahren würde und sich allmählich in die Defensive gedrängt fühlte. Mit dieser »Taktik der Nadelstiche« wollte er Schreiber so lange provozieren, bis dieser in seinem vermeintlich sicheren Schweizer Nest einen Fehler machte.

Der mysteriöse Tod des Chefermittlers

Generalstaatsanwalt verzögert Haftbefehle
gegen Politiker und Manager

Der 25. Januar 1999 war ein Montag. Winfried Maier saß in seinem Büro, Zimmernummer 31, im dritten Stock in der Prinzregentenstraße 3 und kämpfte mit schlechter Laune. Er war gerade von einer Dienstreise aus Italien zurückgekommen, wo er sich mit italienischen Kollegen getroffen und über die Verfolgung eines international operierenden Rings von Zigarettenschmugglern ausgetauscht hatte. Die Reise war eine willkommene Abwechslung gewesen, zumal Maier Italien liebte. Vor seinem Jurastudium hatte er drei Monate lang in Perugia gelebt. Seitdem sprach er fast perfekt italienisch, liebte die dortige Küche und die eingängigen Schlager.

Aber nun saß er wieder in Augsburg, in seinem grauen Amtszimmer, das er plötzlich mit anderen Augen sah: Eine angegraute Perserimitation bedeckte den lädierten Linoleumboden, der nach einem Wasserschaden üble Verwerfungen aufwies. Das Zimmer fiel so sehr zur Mitte ab, daß er seinen Schreibtisch hatte unterkeilen müssen, damit die Schubladen nicht von allein aus den Schienen rollten. Obwohl er schon viele Aktenordner aus Platzgründen in Pappschachteln auf den Gang ausgelagert hatte, quollen die Regale immer noch über. Die meisten Ordner trugen das Geschäftszeichen 501 Js 127135/95 für das Verfahren gegen Karlheinz Schreiber.

Der Anblick der Akten half nicht gerade, seine Stimmung zu heben. Die Ermittlungen zu diesem Fall zogen sich zäh dahin, es wollte einfach nicht vorangehen. So langsam drohte die Verjährung, und Maier wurde bei diesem Gedanken richtig wütend. Da klingelte das Telefon. Er nahm ab und bellte mißmutig: »Maier!«

Am anderen Ende der Leitung vernahm er einen freundlichen Singsang: »Grüzzi, Herr Maier.« Es war Albert Largradér, Untersuchungsrichter in Chur im Schweizer Kanton Graubünden.

Er hatte vor fast zwei Jahren auf Antrag der Augsburger Staatsanwaltschaft die Schweizer Domizile von Schreiber, den beiden Thyssen-Managern Maßmann und Haastert sowie von den Unions-Politikern Kiep und Pfahls durchsucht. Bei den Geldhäusern Credit Suisse in Pontresina und dem Schweizerischen Bankverein in Zürich war es ihm gelungen, Kontounterlagen Schreibers zu konfiszieren. Gegen die Herausgabe der Bankdokumente hatte Schreiber jedoch Beschwerde eingelegt. Seitdem lag die Angelegenheit auf Eis. Largradér waren die Hände gebunden.

Doch nun hatte er plötzlich gute Nachrichten. Schreibers Beschwerde war in der letzten Instanz vom Bundesgericht in Lausanne abgelehnt worden. Drei Richter hatten sich mit der Angelegenheit »Betreff Rechtshilfeersuchen aus Deutschland« beschäftigt und eine 18 Seiten lange Begründung abgegeben. Maier konnte es kaum glauben, denn der Antrag lag beinahe drei Jahre zurück und er hatte ihn innerlich fast schon aufgegeben.

Für das internationale Rechtssystem hatte Maier ohnehin nur ein Kopfschütteln übrig. Das Schengener Abkommen, das die grenzübergreifende Arbeit der Ermittlungsbehörden eigentlich erleichtern sollte, war in der Praxis ein Witz. Sobald ein Fall eine politische Dimension bekam, konnte der Staatsanwalt nicht einfach ein Rechtshilfeersuchen von seinem Behördenleiter unterzeichnen lassen und es dann nach Frankreich oder in die Schweiz schicken. Weil er mit einem solchen Rechtshilfeersuchen im weitesten Sinne eine Art Außenpolitik betrieb, wie es umständlich in einer Ergänzungsverordnung hieß, mußte es allein in Deutschland mehrere Instanzen durchwandern. Das Ersuchen, gespickt mit Ermittlungsinterna, ging zuerst an die Generalstaatsanwaltschaft, dann an das Bayerische Staatsministerium der Justiz und von dort zu den entsprechenden Bundesministerien in Bonn bzw. Berlin. Bevor es überhaupt deutsche Lande verließ, war in der Regel schon reichlich Zeit verlorengegangen.

Kam nach Jahren dann endlich eine Antwort, ging das Procedere meist wieder von vorne los. Wenn Maier beispielsweise bestätigt bekam, daß auf einem bestimmten Schweizer Konto verdächtige Zahlungen eingegangen waren, mußte er ebenfalls zur Kenntnis nehmen, daß das Geld gleich am Tag des Eingangs weitertransferiert worden war, nach Kanada etwa oder in irgendeinen anderen Zipfel dieser Erde. Also blieb ihm nichts anderes übrig, als ein erneutes Rechtshilfeersuchen zu stellen, um dann nach zwei weiteren Jahren womöglich zu erfahren, daß das Geld nach Liechtenstein weitergewandert war. Bevor ein Rechtshilfeersuchen überhaupt formuliert war, hatten Weiße-Kragen-Kriminelle ihr schmutziges Geld bereits mehrmals um die Welt geschickt und gründlich gewaschen. Die Beteiligten wußten, daß die Sache spätestens nach fünf Jahren verjährte, weshalb in der Regel drei Stationen ausreichten, um die Ermittler ins Leere laufen zu lassen.

Als Maier ein paar Tage später die angekündigten Unterlagen aus der Schweiz auf seinen Schreibtisch bekam, knüpfte er keine großen Erwartungen daran. Fast gleichgültig blätterte er in dem Aktenkonvolut aus Bankauszügen und Einzahlungsbelegen. Der Name Schreiber stand gleich mehrfach auf den ersten Blättern. Davon war Maier nicht überrascht, schließlich belegte das nur, was sie schon wußten: Karlheinz Schreiber verfügte in der Schweiz über etliche Konten.

Aber auf den nächsten Blättern machte Maier dann doch noch eine Entdeckung. Er begegnete »Holgert«, »Maxwell«, »Winter« und »Jürgland« wieder, die er bereits aus Schreibers Tischkalender kannte und für Tarnnamen von Pfahls, Strauß, Haastert und Maßmann hielt. Sie alle befanden sich nun also auch in den Bankunterlagen, dienten offensichtlich als Code für prall gefüllte Rubrikkonten in der Schweiz. Teilweise stimmten die Zahlen, die Schreiber in seinem Kalender hinter die jeweiligen Tarnnamen gekritzelt hatte, mit dem Kontostand überein. Maier konnte es kaum fassen. Das war der Durchbruch. Bevor er sich weiter in die Unterlagen vertiefte, griff er zum Telefonhörer und wählte die Dienstnummer von Winfried Kindler, dem Augsburger Steuerfahnder: »Grüß Gott, Herr Kindler«, bemühte sich Maier um Gleichmut in der Stimme. »Kommen Sie doch bittschön mal rüber in mein Büro und bringen Sie etwas Zeit mit, es lohnt sich!«

Maier atmete erleichtert durch. Seit Beginn des Ermittlungsverfahrens gegen Schreiber vor vier Jahren stützten sich die Ermittlungen fast ausschließlich auf die Aussage von Giorgio Pelossi, dem früheren Treuhänder Schreibers. Dessen Angaben waren zwar sehr detailliert gewesen, doch wußte niemand, was passierte, wenn dem Kronzeugen plötzlich zwei Millionen auf den Tisch gelegt würden. Kippte er dann um? Ohne unabhängige Beweise konnte die Staatsanwaltschaft nicht wagen, Anklage zu erheben, schon gar nicht wegen Bestechung oder Untreue.

Nun ließen die Schweizer Bankunterlagen den Verdacht für ihn zur Gewißheit werden. Karlheinz Schreiber hatte offensichtlich dem früheren Staatssekretär im Verteidigungsministerium Holger Pfahls alias »Holgert«, 3,8 Millionen, dem Strauß-Sohn Max alias »Maxwell« 500 000, dem CDU-Schatzmeister Walther Leisler Kiep alias »Waldherr« eine Million und den Thyssen-Managern Winfried Haastert alias »Winter« 1,2 Millionen sowie Jürgen Maßmann alias »Jürgland« 4,125 Millionen Mark zukommen lassen, auch wenn diejenigen selbst es immer wieder bestritten.

Die von Kindler vollzogene Entschlüsselung der Kalendereintragungen war durch die Schweizer Bankunterlagen bestätigt worden, und das Puzzle konnte weiter vervollständigt werden. Klar wurde jetzt, daß Schreiber Anfang der 90er Jahre regelmäßig in der Niederlassung des Schweizerischen Bankvereins am Paradeplatz 6 in Zürich üppige Bargeldsummen abgehoben hatte: Am 11. Juni 1991 etwa 50 000 Mark, am 1. Juli noch einmal denselben Betrag, am 24. Juli 100 000 Mark.

Als Kindler die Daten der Bargeldabhebungen mit Eintragungen in Schreibers Kalender sowie den Reisekostenabrechnungen von Haastert und Maßmann verglich, wurde aus den vielteiligen Bausteinen ein geschlossenes Bild.

Der junge Staatsanwalt Maier war wieder einmal fasziniert von dem Kombinationsgeschick des Steuerfahnders. Alle relevanten Daten und Fakten hatte Kindler offensichtlich im Kopf und konnte sie blitzschnell mit den neuen Unterlagen abgleichen. Ihm fiel sofort auf, daß, kurz nachdem Schreiber Bargeld von der Schweizer Bank geholt, Maßmann bei ihm vorbeigeschaut hatte, oft noch am gleichen Tag. Manchmal hatte Maßmann kurz darauf in Deutschland hohe Rechnungen bezahlt. Sämtliche Daten stimmten verblüffend überein. Maßmann war von Schreiber offensichtlich mehr Geld zugeflossen, als die Fahnder bisher angenommen hatten. Elf Millionen Mark fanden sich im Laufe der Zeit auf dem Unterkonto PO 46.341.1 beim Schweizerischen Bankverein in Zürich, das Schreiber of-

fenbar für seinen Spezi unter dem Codenamen »Jürgland«
treuhänderisch verwaltete.

Ähnlich verhielt es sich in den Fällen Haastert und Pfahls. Der
frühere Staatssekretär beispielsweise hantierte auffällig mit hohen Bargeldsummen. Als Pfahls am 12. September 1994 nach
einem Ehekrieg seiner Frau die Villa am Tegernsee für 1,87 Millionen Mark abkaufen wollte, legte er ihr 470 000 Mark bar auf
den Tisch. Zwei Tage zuvor hatte er sich mit Schreiber getroffen. Maier wunderte sich über den Leichtsinn des früheren
Chefs des Inlandsgeheimdienstes. Aber große Gauner schienen
sich nicht wesentlich von kleinen Taschendieben zu unterschei-
den. Letztlich ließ die Gier sie unvorsichtig werden.

Nur die Unterlagen über Geldbewegungen auf dem Unterkonto 18 679.7 mit dem Codenamen »Maxwell« waren nicht
so ergiebig. Auf dem Konto, das sie Max Strauß zuschrieben,
waren wohl Millionen aus Airbus-Provisionen eingegangen.
Aber von Barabhebungen und anschließenden Geldübergaben
wie im Fall Maßmann alias »Jürgland« war den Unterlagen
nichts zu entnehmen. Vielmehr verlor sich die Spur der Millionen um die Jahreswende 1994/95. Maier beantragte deshalb
am 19. März 1999 ein weiteres Rechtshilfeersuchen, um für die
Jahre 1994 und 1995 die Geldflüsse nachvollziehen zu können.
Früher oder später würde er auch noch dem Strauß-Filius auf
die Schliche kommen, da war sich Maier sicher. Ärgerlich war
nur, daß er wieder lange warten mußte.

Vorerst wollte er sich auf den früheren Staatssekretär Pfahls
und die beiden Thyssen-Manager Maßmann und Haastert konzentrieren. Hier deutete für ihn alles darauf, daß sie nicht nur
Steuern hinterzogen hatten, sondern daß sie womöglich auch
bestochen worden waren bzw. Gelder veruntreut hatten. Doch
das Unterfangen, sie dafür auf die Anklagebank zu bringen, ge-
staltete sich schwierig.

Noch abends, als Maier bereits im Bett lag, grübelte er darüber nach, wie er einen Haftbefehl wegen Bestechung erwirken
konnte. Seine Frau Ulla lag neben ihm und las derweil einen
Krimi von Donna Leon. Deren Held ist Guido Brunetti, ein
Commissario aus Venedig. Er löst zwar in der Regel seine Fälle,
aber meist wird danach nur den kleinen Vollstreckern der Prozeß gemacht, und die eigentlichen Drahtzieher, politisch einflußreiche Persönlichkeiten, kommen ungeschoren davon. Als

seine Frau ihm den Ablauf der Handlung kurz erzählte, mußte Maier lächeln: »Du liest Krimis, ich erlebe die Schweinereien live.«

Ehefrau Ulla ist ebenfalls Juristin. Gleich zu Beginn des Studiums hatten sie sich kennengelernt, aber erst kurz vor dem Staatsexamen waren sie sich nähergekommen. Zwei Jahre später heirateten sie und freuten sich über die Geburt des ersten Sohnes. Sie gab ihren Job als Anwältin auf. Er begann seine Beamtenkarriere im Bayerischen Staatsministerium für Wirtschaft und Verkehr. Im Augsburger Stadtteil Hammerschmiede erwarben sie eine Doppelhaushälfte mit Garten und kleinem Teich. Manchmal träumte das Ehepaar davon, eine gemeinsame Kanzlei zu eröffnen. Maier wußte schließlich, was man als Wirtschaftsanwalt verdienen konnte. Sein Beamtensold war im Vergleich dazu ein Almosen. Dabei arbeitete er oft bis spät in die Nacht.

Wenn Maier abends pünktlich nach Hause kam, brachte er die Kinder zu Bett und betete mit ihnen. Danach verzog er sich ins Nebenzimmer und legte Musik auf, meist Verdi oder Mozart, manchmal auch Wagner. Und während seine Frau neben ihm einen Krimi nach dem anderen verschlang, lauschte Maier den klassischen Tönen und dachte über die Entwicklungen in seinem schwierigsten Fall nach.

Aber es war kein angestrengtes Grübeln. Vielmehr genoß Maier die wenigen Stunden an der Seite seiner Frau. In dem stillen Nebeneinander fand er Erholung und Inspiration zugleich. Entspannt gliederte er in Gedanken die Haftbefehle, manchmal formulierte er dabei auch ganze Passagen. Er nannte dies den Prozeß der Überzeugungsfindung. Wenn eine Idee wirklich gut ist, vergißt man sie nicht bis zum nächsten Morgen, war seine feste Überzeugung.

Besonders kompliziert schien es ihm, einen Haftbefehl für die Thyssen-Manager Maßmann und Haastert zu erwirken. Daß die beiden Geld von Schreiber bekommen und nicht versteuert hatten, konnte er leicht belegen. Aber einen Beweis für den Betrugsverdacht zu erbringen war wesentlich schwieriger. Dabei war ziemlich klar, daß sie sich aus der Geldschatulle von Thyssen bedient hatten, indem sie Schreiber Provisionen bezahlten, die teilweise in ihre privaten Portemonnaies wieder zurückflossen. In der Branche nennt man dies kickbacks. Derartige Vergehen konnten oft deshalb nicht angeklagt werden, weil die betroffenen Firmen auf Öffentlichkeit keinen Wert legten und die Sache lieber intern bereinigten.

Maier rechnete damit, daß auch Thyssen kein Aufsehen wollte und auf eine Anzeige gegen seine Manager verzichten würde. Also mußte er sich etwas anderes einfallen lassen. Schließlich kam ihm die Idee, daß auch Betrug zum Nachteil des Staates Saudi-Arabien vorlag. Der Vertrag vom 17. Januar 1991 zwischen dem arabischen Staat und Thyssen über die Lieferung von 36 Spürpanzern enthielt einen Passus, wonach Provisionszahlungen verboten waren. Bei Zuwiderhandlung sollten die Saudis in Höhe der vertragswidrigen Zahlungen entschädigt werden. Also hatten sich Maßmann und Haastert des Betrugs schuldig gemacht – und zwar im doppelten Sinne, denn es waren entgegen den vertraglichen Absprachen erhebliche Provisionen gezahlt worden und via Schreiber auch an sie geflossen. Damit hatte Maier auch Thyssen ausgetrickst. Der Konzern konnte somit nicht in Versuchung kommen, aus Imagegründen seine Mangager zu decken und nachträglich den Kickbacks zuzustimmen. Auf diese Weise würde Thyssen einen Vertragsbruch zum Nachteil Saudi-Arabiens einräumen und eine hohe Konventionalstrafe riskieren.

Maier war ein bißchen stolz auf diesen juristischen Kniff. In einem Entwurf formulierte er etwas verklausuliert, daß der »Verdacht des Betrugs zu Lasten des Königreichs Saudi-Arabien durch Verschweigen der Provisionszahlungen an A.T.G. trotz entsprechenden Verbots im mit Saudi-Arabien geschlossenen Vertrag in Betracht kommt mit der (zivilrechtlichen) Folge der Schadensersatzpflicht der Fa. Thyssen Industrie AG Henschel«.

Seinem Behördenleiter Jörg Hillinger war das zu umständlich: »Wenn es Betrug ist, ist es Betrug. Also schreiben Sie das auch in den Haftbefehl hinein. Aber denken Sie dran: Das teilen wir erst nach Erlaß der Haftbefehle der Generalstaatsanwaltschaft mit.«

Froschauer sollte also vor vollendete Tatsachen gestellt werden. Das war riskant. Maier bewunderte Hillinger für seinen Mut. Vorsichtshalber verfaßte er am 15. April 1999 aber zu seiner eigenen Sicherheit einen Vermerk für die Handakte.

Einfacher schien die Sache mit Pfahls. Maier glaubte genug Indizien dafür zu haben, daß der frühere Staatssekretär im Verteidigungsministerium bestochen worden war, um das Panzergeschäft gegen alle Widerstände im Wirtschafts- und Verteidigungsministerium durchzuboxen. Für einen Zwischenbericht am 18. April 1999 hatte Maier inzwischen rekonstruiert, bis wann welche Behörde und welche Politiker in Bonn gegen das Panzer-Geschäft gewesen waren. So hatte sich die Bundeswehr, bei der die Panzer erst geborgt werden mußten, vehement dagegen gesträubt und sogar eine entsprechende Expertise verfaßt. Pfahls, damals noch Staatssekretär im Verteidigungsministerium, war kaltschnäuzig darüber hinweggegangen. Damit habe er die Heeresführung vor vollendete Tatsachen gestellt, um sich so »den zugesagten Bestechungslohn« sichern können, formulierte Maier. Dadurch sei »eine Gefährdung der Einsatzbereitschaft der Bundeswehr« eingetreten.

Pfahls dürfte auf der Hardthöhe auch Maßmann den Boden geebnet haben. Der Thyssen-Manager soll in mindestens zwölf Fällen Bundeswehrunterlagen bekommen haben, die eigentlich dem Dienstgeheimnis unterlagen. Dies war um so bemerkenswerter, als Maßmann damals bei der Bundeswehr auf einer schwarzen Liste stand, sozusagen eine persona non grata war, und an Geschäften mit der Bundeswehr eigentlich nicht hätte mitwirken dürfen. Pfahls trommelte trotzdem in Bonn für den Deal und sorgte nebenbei noch dafür, daß sich Maßmann wieder auf der Hardthöhe blicken lassen durfte. Am 13. September 1990 endete seine Aussperrung auf wundersame Weise.

An den Haftbefehlen arbeitete Maier oft bis in die Nacht. Er tat es gern, denn erstmals hatte er das Gefühl, im Fall Schreiber auf die Zielgerade zu kommen. Am Tage mußte er sich vor allem um andere Fälle kümmern, darunter ein Großverfahren vor der 10. Wirtschaftskammer des Augsburger Landgerichts. Dort war ein Freiherr angeklagt, der auf dem grauen Kapitalmarkt bereits über 2 500 Anleger um 94 Millionen Mark gebracht hatte. Ihnen war zehn Prozent Rendite versprochen worden, wenn sie in eine Firmengruppe namens »Clean« investierten, die eine aus der Wand klappbare Sitztoilette sowie ein wasserloses Urinal auf den Markt bringen wollte.

Zwei Mal in der Woche wurde deswegen vor Gericht verhandelt. Die Zeit fehlte Maier für das Schreiber-Verfahren. Er nahm deshalb den Rohentwurf des Haftbefehls mit in den Prozeß. Während sich der Anwalt des Freiherrn in belanglose Ausführungen über Toilettendetails verstrickte, arbeitete Maier an

dem Entwurf für die Haftbefehle weiter. Der Prozeß selbst bereitete ihm wenig Kopfzerbrechen, mit dem Anwalt der Gegenseite konnte man sich auch verständigen. Nach 17 Prozeßtagen
wurde der adlige Betrüger zu fünfeinhalb Jahren Haft verurteilt.
Maier fand das angemessen.

Inzwischen versuchte Jörg Hillinger, des anwachsenden Zornes
über die Vorgesetzten in München auf seine Art Herr zu werden. Wenn er abends gegen 19 Uhr die Wohnungstür in München aufschloß und ohne viel zu reden in seinem Zimmer verschwand, wußte seine Frau, daß es wieder Ärger gegeben hatte.
Jörg Hillinger bearbeitete dann eine Weile seine Schreibmaschine, bis er sich wieder beruhigt hatte. Unter seinen beiden
langen Zeigefingern wuchs Stück für Stück ein kleiner Roman.
Die Absurditäten seines Alltages konnte er so am besten bannen. Während er als Behördenleiter wie Don Quichotte um
mehr Schreibkräfte, mehr Platz und vor allem um mehr Laptops
kämpfte, hatte das Ministerium keine anderen Sorgen, als das
alte Gebäude vor Anschlägen zu schützen. Es sollte ohne erkennbare Not so umgebaut werden, daß es den allgemeinen Sicherheitsrichtlinien für öffentliche Gebäude entsprach. Was
könnte man mit den vielen hunderttausend Mark alles an Arbeitserleichterungen schaffen! Wie dringend wäre eine Sanierung im Innern!
   Dies und vieles mehr versuchte er in eine Geschichte zu pakken. Es war lediglich nötig, ein paar Namen zu ändern und einen Helden zu finden, um den herum sich die dramatischen
Abläufe entwickeln konnten. Hillinger schuf den Justizhauptsekretär beim Landgericht Josef Bempflinger. Dieser durchschritt
mit bissiger Ironie und schwarzem Humor alle Abgründe des
Augsburger Justizalltags. Der Weg des Josef Bempflinger durch
Berge von Vorschriften endet für diesen tödlich. Ein bedauerliches Versehen. Der Staatssekretär eilt eigens aus der Landeshauptstadt herbei, um eine schöne Grabrede zu halten, ein Vorgesetzter liest aus der letzten dienstlichen Beurteilung vor, der
Friedhof kann die Trauergemeinde kaum fassen.

Als am 22. April 1999 die für Maier erfreuliche Nachricht kam,
ein Ermittlungsrichter vom Amtsgericht Augsburg habe die
Haftbefehle gegen Pfahls und die beiden Thyssen-Manager un-

terschrieben, war er selbst gar nicht im Büro. Er hatte an diesem
Tag seinen 40. Geburtstag und sich deshalb einen Tag Urlaub
genommen. Weil er seine Familie in den letzten Monaten oft
vernachlässigen mußte, wollte er in aller Ruhe mit seiner Frau
Ulla und den drei Kindern feiern. Aber daraus wurde nichts. Zuerst kam eine Abordnung von der Kripo und der Steuerfahndung zum Gratulieren, danach folgten die Kollegen aus seiner
Abteilung. Sie wollten ihm zum Geburtstag unbedingt die Nachricht vom Haftbefehl überbringen. Wieder war er mitten in den
dienstlichen Problemen.

Am nächsten Tag wollte er zur Tat schreiten, doch es zeigte
sich, daß Holger Pfahls inzwischen als Repräsentant des Daim-
ler-Konzerns nach Singapur gegangen war. Wieder mußte ein
umständliches Rechtshilfeersuchen eingeleitet werden, von dem
unnötig viele Personen notgedrungen Kenntnis bekamen.

Und Maier befürchtete, daß der frühere Chef des Inlandsgeheimdienstes noch immer genügend einflußreiche Freunde besaß, die von der geplanten Aktion erfahren und ihn warnen
würden. Aus diesem Grund bereitete Maier auch die anderen
Verhaftungen geradezu konspirativ vor. Er verzichtete darauf,
wie in solchen Fällen sonst üblich, die Verhaftungen im Polizeicomputer auszuschreiben. Schließlich hatte auch Schreiber offensichtlich Zugang zu diesem Fahndungsinstrument wie andere Leute zum Internet. Maier wandte sich deshalb direkt an
die Polizeistationen am Wohnort der Beschuldigten. Sollte trotzdem etwas durchsickern, ließe sich wenigstens der Personenkreis einengen, in dem der Maulwurf zu suchen wäre.

Ähnlich agierte Hillinger. Am 23. April 1999 diktierte er einen
Brief an Hermann Froschauer, den Generalstaatsanwalt. Darin
teilte er ihm mit, daß gegen Pfahls, Maßmann und Haastert vom
Amtsgericht Haftbefehl erlassen worden war, und legte die Be-
fehle in Kopie bei. Nachdem seine Sekretärin den Brief getippt
hatte, entschied Hillinger jedoch, ihn vorerst nicht abzuschik-
ken. Er strich das Datum durch und schrieb handschriftlich daneben: »Ab am 26. April 1999.« Je später Froschauer von der
geplanten Verhaftung erfuhr, desto weniger Zeit hatte er, dagegen etwas zu unternehmen.

Am 26. April, das Fax an Froschauer war kurz zuvor abgeschickt worden, klingelte um neun Uhr das Telefon. Hillinger

Eines der letzten Fotos von Chefermittler Jörg Hillinger,
kurz vor dessen ungeklärtem Tod am 26. April 1999

ahnte, wer am anderen Ende der Leitung war: Froschauer. Er fragte Hillinger, wie eilig es mit dem Vollzug der Haftbefehle sei, und bat darum, vom Vollzug bis Anfang nächster Woche Abstand zu nehmen. Er wolle die Angelegenheit erst »sorgfältig prüfen«. Froschauer schien unter einem enormen Druck zu stehen, daß er zu diesem Zeitpunkt die Aktion stoppen ließ und sich damit dem Vorwurf der Strafvereitelung im Amt aussetzte.

Hillinger mußte sich beugen. Ihm blieb nichts anderes übrig, als Maier zurückzupfeifen. Die Bitte des Generalstaatsanwaltes kam einer Anordnung gleich. Er versuchte Maier zu erreichen. Als ihm dies nicht gelang, hinterließ er ihm eine kurze Nachricht: »Haftbefehl bis Mitte nächster Woche nicht vollziehen! Bitte vom General.«

Maier war inmitten der Vorbereitungen und hielt sich deshalb bei der Kriminalpolizei Augsburg auf, als er um 9.30 Uhr die Nachricht bekam. Irritiert meldete er sich telefonisch im Vorzimmer von Hillinger und hinterließ eine Nummer, unter der er zu erreichen wäre. Hillinger rief sofort zurück.

»Das nehme ich nicht auf meine Kappe«, sagte Maier, nachdem Hillinger ihm die Forderung Froschauers mitgeteilt hatte. Maier verwies darauf, daß die Haftbefehle bereits bei den Polizeidienststellen vorlägen und somit Verdunklungs- und Fluchtgefahr bestünde. Er verlangte von Hillinger eine schriftliche Anweisung. Sonst werde er die geplanten Verhaftungen nicht abblasen. »Diejenigen, die das veranlassen«, erklärte Maier, »sollen dafür geradestehen, auch in der Akte.« Obwohl er wußte, daß Hillinger dafür der falsche Adressat war, betonte Maier, daß »Haftbefehle grundsätzlich zu vollziehen sind, um sich nicht dem Vorwurf der Strafvereitelung im Amt auszusetzen«. Aber das wußte Hillinger selbst. Er versprach, nochmals mit dem Generalstaatsanwalt darüber zu reden.

Als um 12.18 Uhr das Telefon klingelte, hob Maier sofort ab. Er dachte, es sei Hillinger. Aber am anderen Ende der Leitung war nicht sein Behördenchef, sondern Peter Witting, der Anwalt von Holger Pfahls, und fragte wie beiläufig nach dem Verfahrensstand, insbesondere ob die Ermittlungen gegen seinen Mandanten fortgeführt würden.

Ein eigenartiger Zufall, dachte sich Maier. Aber nun saß er in der Klemme. Das Gesetz verbot ihm, einem Anwalt des Beschuldigten bezüglich des Verfahrens eine unwahre Auskunft zu geben. Andererseits konnte er Witting nicht über den Haftbefehl informieren. Da könnte er gleich persönlich bei Pfahls anrufen und ihm empfehlen abzutauchen. Was also tun? War das vielleicht eine Falle? Jedenfalls kam es Maier seltsam vor, daß sich Witting just in dem Augenblick nach dem Stand der Dinge erkundigte, als darüber entschieden werden sollte, ob Pfahls verhaftet wird. Maier antwortete vielsagend: »Derzeit ist noch nichts entschieden, wir müssen abwarten.«

Wenig später klingelte erneut das Telefon. Diesmal war es Hillinger und teilte ihm mit, der Generalstaatsanwalt bestehe auf seinem Standpunkt. Die Aktion solle sofort gestoppt werden. Maier dachte nicht daran. Der Anruf von Pfahls' Anwalt hatte ihn mißtrauisch genug gemacht. Zuerst wollte er eine »schriftliche Anweisung« in Händen halten. Er fuhr deshalb sofort ins Justizgebäude und ging zu Hillinger ins Büro.

Der Behördenleiter hatte bereits eine entsprechende »Verfügung« vorbereitet. Auf einer DIN-A4-Seite schilderte er darin den gesamten Ablauf der Geschichte und die Rolle Froschauers: »Nach erneuter Rücksprache mit dem Herrn Generalstaatsanwalt bestand dieser darauf, daß die Haftbefehle derzeit nicht vollzogen werden.« Hillinger vermerkte auch, eine entsprechende »Anordnung« sei »an Staatsanwalt Maier« ergangen.

Maier nahm das Papier und rief die Kriminalbeamten in Kassel, Essen und Miesbach an. Die wunderten sich über den plötzlichen Stopp und fragten nach den Hintergründen. Maier sagte lediglich: »Anordnung vom Generalstaatsanwalt beim Oberlandesgericht München.« Den Rest konnten sich die Beamten denken. Danach ging Maier in seine Amtsstube im Nebengebäude und legte die »Verfügung« zur Schreiber-Akte. Für sich selbst fertigte er einen zweiseitigen Vermerk: »Ich wies ferner darauf hin, daß ich insbesondere beim Vollzug dreier zusammenhängender, auf Verdunklungs- und Fluchtgefahr gestützter Haftbefehle nicht die Verantwortung übernehmen könne für einen eventuellen Mißerfolg der Maßnahme aufgrund eines Aufschubs der Verhaftung und der insoweit nicht mehr beeinflußbaren und beherrschbaren Gefahr von Warnhinweisen an die Beschuldigten. Insoweit bat ich, daß in der Akte schriftlich klargestellt wird, wer die Verantwortung für die Maßnahme trage.«

Zur gleichen Zeit verließ Hillinger sein Büro im ersten Stock des Augsburger Justizgebäudes. Er mußte nach Dillingen zu einer Tagung. Gegen 13 Uhr stieg er in seinen weißen Opel Astra. Der Wagen war auf den Tag genau vier Wochen alt und hatte gerade einmal 1 200 Kilometer auf dem Tacho. Das Auto war als Dienstwagen deklariert, weil Hillinger im Gegensatz zum Behördenleiter des Amtsgerichts aus Kostengründen kein Dienstwagen mit Chauffeur zugestanden worden war.

Als Hillinger am Steuer seines neuen Opel vom Innenhof des Justizgebäudes fuhr, können ihm die Ereignisse der vergangenen vier Stunden noch schwer zu schaffen gemacht haben. Er hatte hoch gepokert und vielleicht alles verloren. Er wollte Froschauer vor vollendete Tatsachen stellen und war von diesem hart zurückgepfiffen worden. Froschauer würde vermutlich jetzt noch stärker Einfluß nehmen auf die weiteren Ermittlungen und ihn noch penibler kontrollieren.

Außerdem hatte er letztlich auch Maier in die Sache mit hineingezogen, denn auf sein Anraten hin hatte dieser die Haftbefehle gleich bei Gericht beantragt und die zuständigen Polizeibehörden eingeschaltet, ohne, wie sonst üblich, zuvor die Generalstaatsanwaltschaft zu informieren. Zugleich ärgerte er sich womöglich über Maier, weil dieser mit Vehemenz auf einer schriftlichen Weisung bestanden hatte, womit der Schwarze Peter bei ihm gelandet war. Aber vermutlich richtete sich sein ganzer Zorn auf München, von wo aus ihm so kurz vor dem Etappenziel wieder mal ein Bein gestellt worden war.

Hillinger fuhr auf der kerzengeraden Strecke zwischen Wertingen und Dillingen plötzlich Schlangenlinien. Panisch verlangsamte der Pkw hinter ihm das Tempo. Dessen Fahrer dachte zuerst, vor ihm wäre ein Betrunkener. Hillinger bekam seinen weißen Opel nicht mehr unter Kontrolle, geriet auf die Gegenfahrbahn und prallte frontal mit einem entgegenkommenden Lkw zusammen. Er war auf der Stelle tot.

Sofort kam der Verdacht auf, daß es vielleicht kein Unfall gewesen war, sondern Mord. Bei der Brisanz der Fälle, die Hillinger verantwortlich bearbeitete, gehörte zu dieser Vermutung nicht viel Phantasie. Spezialisten von der Spurensicherung des Landeskriminalamtes untersuchten das Autowrack umgehend. Aber sie stellten keine Manipulation fest. Ebenso fand der Gerichtsmediziner bei der Obduktion der Leiche keine Hinweise auf Fremdeinwirkung. Die Ursachen für Hillingers Tod blieben ein Rätsel.

Ex-Staatssekretär auf der Flucht

Rechtshilfeersuchen verschwinden
auf dem Weg nach Kanada

Winfried Maier saß an seinem Schreibtisch, als ihm gegen 13.30 Uhr ein Kollege die Nachricht vom Tod Hillingers überbrachte. Maier war wie gelähmt. Geistesabwesend ließ er sich den Unfallhergang schildern, stand danach auf und ging nach Hause.

Er machte sich bittere Vorwürfe. Hatte er Hillinger zu stark zugesetzt, indem er auf der schriftlichen Anweisung bestanden hatte, daß die Haftbefehle vorerst nicht vollstreckt werden sollten? Immer wieder rief er sich den Gesichtsausdruck Hillingers ins Gedächtnis, als er ihm das Schreiben ausgehändigt hatte. Beide waren angespannt, niedergeschlagen und wütend gewesen. Aber die Wut hatte sich nicht gegen den anderen gerichtet, sondern gegen den Generalstaatsanwalt Hermann Froschauer, der sie letztlich gezwungen hatte, die geplante Aktion abzublasen. Das hatte nicht ausgesprochen werden müssen, es war zwischen ihnen klar. Trotzdem bereute Maier, nichts zu Hillinger gesagt zu haben, vielleicht nur: »Haben Sie bitte Verständnis, daß ich für die Aussetzung der Haftbefehle eine schriftliche Anweisung benötige, das Mißtrauen ist nicht gegen Sie persönlich gerichtet.«

Jetzt war es zu spät. Bei der Vorstellung, mit welcher Gemütsverfassung sich Hillinger hinters Steuer gesetzt hatte, schauderte es Maier. Hillinger galt sowieso als ein schlechter Autofahrer, dazu noch diese extreme Anspannung. Vermutlich war Hillinger nur einen kurzen Moment abgelenkt gewesen, oder er hatte einen Black-out gehabt und konnte dann das schlingernde Fahrzeug nicht mehr abfangen. Was auch immer, der Ausgangspunkt dieses Dramas war offensichtlich im Fall Schreiber zu suchen.

Maiers Mißtrauen war berechtigt gewesen. Hillinger war gerade zwei Tage tot, als der stellvertretende Behördenleiter Reinhard Nemetz am 30. April 1999 von Maier verlangte, Hillingers letzte Verfügung aus der Hauptakte zu entfernen. Maier konnte sich denken, was Nemetz dazu veranlaßt hatte. Die Ermittlungsakte würde irgendwann einmal auf dem Tisch eines Richters landen, und auch die Anwälte der Beschuldigten würden Einsicht nehmen können, und damit war die Gefahr groß, daß ebenso die Öffentlichkeit von der Münchner Weisung erfuhr.

Hillingers Verfügung war der einzige Beweis dafür, daß Generalstaatsanwalt Froschauer die Verhaftungen ausgesetzt und damit womöglich Strafvereitelung im Amt begangen hatte. Maier selbst war nur Zeuge vom Hörensagen, wie es im juristischen Fachjargon heißt. Er hatte ja die Anweisung von Hillinger bekommen und nicht direkt von Froschauer. Was Nemetz verlangte, war im weitesten Sinne Aktensäuberung, aber Maier konnte nichts dagegen machen. Er legte Hillingers Verfügung nunmehr in die Handakte und schrieb handschriftlich dazu einen Vermerk: »Herr Behördenleiter Hillinger erklärte auf meine ausdrückliche Frage, daß dieser Vermerk in der Hauptakte abgeheftet wird. Herr Oberstaatsanwalt Nemetz äußerte die dringende Bitte, diesen Vermerk in der Handakte als eine dienstliche Angelegenheit zu führen.«

Maier empfand es wie Hohn, daß noch am selben Tag der Generalstaatsanwalt seine Zustimmung zu den Haftbefehlen erteilte. Froschauer hatte an Maiers Vorlage nichts zu bemängeln gehabt, nicht einmal ein Komma war geändert worden. Am 3. und 4. Mai 1999 wurden nun die beiden Thyssen-Manager Haastert und Maßmann verhaftet. Der frühere Staatssekretär und Ex-Geheimdienstchef Pfahls war im Ausland unauffindbar.

Am 4. Mai 1999 fand auch die Beerdigung von Jörg Hillinger statt. Die St.-Peter-Kirche in München war überfüllt mit seinen Freunden und Verwandten sowie den Kollegen. Justizminister Alfred Sauter hielt die Trauerrede: »Ein tragischer Verkehrsunfall hat seinem Leben ein jähes Ende gesetzt, einem Leben, das getragen war von unserem christlichen Glauben und geprägt von höchstem Pflicht- und Verantwortungsbewußtsein, unermüdlicher Schaffenskraft und größter Hingabe an die schwierige Aufgabe, den Rechtsfrieden in unserem Land zu wahren.«

In seiner Rede zitierte der Minister auch aus Hillingers erster Beurteilung als Justizbeamter: »Er kann die Bedeutung einer Sache richtig einschätzen und ist sich der menschlichen und rechtlichen Tragweite seiner Entscheidungen bewußt.« Generalstaatsanwalt Froschauer war ebenfalls anwesend und mußte mit anhören, wie der Justizminister über Hillinger sagte: »Für ihn war die der Staatsanwaltschaft gesetzlich zugewiesene Aufgabe der Strafverfolgung Richtschnur seiner Arbeit, wobei er die rechtsstaatlichen Schranken und das rechte Maß nie aus den Augen verlor.« Vom *Münchner Merkur* auf Hillinger angesprochen, äußerte Froschauer später: »Wir haben eng zusammengearbeitet. Erst hinterher mußte ich feststellen, daß das Vertrauensverhältnis in letzter Zeit einseitig geworden ist. Aber über Tote redet man nur Gutes.«

Unter den 700 Trauergästen war auch Wolfgang Held, Ministerialdirektor im Bayerischen Staatsministerium der Justiz und gelegentlicher Empfänger von Präsenten des Waffenhändlers Karlheinz Schreiber. Da Ministerialbeamte wie Held immer im Dienst sind, auch bei der Beerdigung eines Kollegen, nahm Held Hillingers Stellvertreter Nemetz kurz zur Seite mit den Worten: »Wir müssen mal miteinander reden«.

Der Einfluß Helds auf Entscheidungen in Personalfragen innerhalb der bayerischen Justiz war allgemein bekannt, deshalb vermutete Nemetz, daß er im Ministerium als Nachfolger Hillingers im Amt des Augsburger Behördenleiters im Gespräch war. Für den 48jährigen wäre das ein Karrieresprung. Nemetz galt als zuverlässiger und verschwiegener Arbeiter. Alle Stationen seiner beruflichen Laufbahn hatte er in Augsburg absolviert. Hier verlief sein Tagesablauf immer nach dem gleichen Rhythmus: Er begann seinen Dienst zwischen 8.15 Uhr und 8.30 Uhr und arbeitete meist bis 21 Uhr. Frühestens um 12 Uhr, spätestens um 12.30, machte er eine Stunde Mittagspause, meist in einem Café in der Innenstadt, meist mit denselben Personen, einem Landgerichtsarzt, einem Rechtsanwalt und zwei Oberstaatsanwälten. Während seine Bekannten manchmal eine Kleinigkeit aßen, trank Nemetz nur eine saure Apfelschorle und einen Cappuccino. Erst abends aß er etwas. »Mein Job ist eines meiner Hobbies«, sagte Nemetz, der als kleiner Junge beim Spielen mit einem Luftgewehr sein rechtes Auge verloren hatte. In seiner spärlichen Freizeit sammelte er Mineralien und Taschenuhren.

Schon im Vorgriff auf seine Beförderung zum Behördenleiter

nahm Nemetz gedanklich ein paar Personalrochaden vor. Er bestellte auch Maier zu sich. Bislang lautete Maiers Rang »Staatsanwalt als Gruppenleiter«. Nemetz fragte ihn, ob er sich vorstellen könne, künftig als Abteilungsleiter in der Behörde zu arbeiten. Damit würde Maier zum Oberstaatsanwalt ernannt und monatlich rund 300 Mark mehr verdienen. Ein verlockendes Angebot, wie Nemetz dachte. Doch Maier wies das Ansinnen zurück: »Diese Frage stellt sich mir nicht.«

Er hatte die Finte gleich durchschaut. Mit der Beförderung sollte er elegant vom Schreiber-Verfahren abgezogen werden. Denn als Abteilungsleiter war es ihm nicht mehr möglich, sich vorwiegend auf einen Fall zu konzentrieren. Auf einen derartigen Kuhhandel wollte er sich nicht einlassen, nicht nach dem, was gerade passiert war. Er fühlte sich Hillinger gegenüber in der Pflicht, das Verfahren konsequent voranzutreiben und bis zur Anklage zu bringen.

Maier machte sich an die Arbeit, nach den beiden Thyssen-Managern möglichst auch Holger Pfahls hinter Schloß und Riegel zu bringen. Der Beschuldigte war schließlich dringend verdächtig, ein »Vergehen der Bestechlichkeit in Tatmehrheit mit Einkommensteuerhinterziehung« begangen zu haben. Denn nach Maiers Erkenntnissen hatte Pfahls von Schreiber für die Hilfe beim Einfädeln des Panzerdeals mit Saudi-Arabien 3,8 Millionen Mark erhalten und davon 1 960 378 Mark an Steuern hinterzogen. Viel Geld, dachte sich Maier, selbst für einen Aufsteiger wie Pfahls. Für das Jahr 1991, als das Panzergeschäft über die Bühne ging, hatte Pfahls als beamteter Staatssekretär ein zu versteuerndes Jahreseinkommen von 176 918 Mark angegeben. Das war für einen Beamten mit teurer Villa am Tegernsee und mit Vorlieben für extravagante Reisen und schöne Frauen offensichtlich nicht genug. Mittlerweile verdiente er als Leiter der DaimlerChrysler-Niederlassung in Singapur jährlich rund 600 000 Mark.

Zu Maiers Überraschung wollte Pfahls nach Deutschland kommen und sich stellen. Über seinen Münchner Anwalt Peter Witting ließ er am 7. Mai 1999 mitteilen, daß er drei Tage später, am 10. Mai 1999, um 8.35 Uhr in München ankommen werde. Maier glaubte nicht daran und ließ Pfahls vorsichtshalber zur weltweiten Fahndung ausschreiben. Maiers Skepsis war

Leiter der Staatsanwaltschaft Augsburg Reinhard Nemetz

begründet. Alsbald meldete sich der Anwalt wieder: »Entgegen meiner Ankündigung vom vergangenen Freitag konnte Herr Pfahls nicht nach Deutschland kommen.«

Maier hatte nun genug und setzte Zielfahnder des BKA auf den früheren Geheimdienstchef an. Die ersten Fahndungsergebnisse nährten den Verdacht, daß Pfahls vielleicht einen Tip bekommen und die Aussetzung des Haftbefehls zur Vorbereitung seiner Flucht genutzt hatte. Am 6. Mai 1999 jedenfalls war der frühere Geheimdienstchef in Singapur in der deutschen Botschaft aufgetaucht und hatte per Generalvollmacht seine Immobilien in Deutschland auf seine Töchter überschrieben, darunter seinen gesamten Grundbesitz in Tegernsee.

Tags darauf, am 7. Mai 1999, sollte Pfahls ein Treffen der Asien-Manager von Daimler in Singapur leiten. Statt dessen tauchte er im Transitbereich Hongkongs auf und kaufte sich nach klassischer Geheimdienstmanier sieben Flugtickets zu sieben unterschiedlichen Zielen. Letztlich flog er nach Taipeh, um sich wegen einer angeblichen Kreislauf- und Herzschwäche ins Veteran General Hospital zu begeben. Der Deputy Director des Krankenhauses schrieb ihm das gewünschte Attest: »Ausdrücklich wird von uns eine längere Behandlung ohne jegliche Form von Nervenbelastung (einschließlich Reisetätigkeit) für mindestens drei Monate empfohlen.«

Als Maier von Pfahls mutmaßlichem Aufenthaltsort erfuhr, wußte er gleich um seine schlechten Karten. Taipeh war für Pfahls das ideale Pflaster, um unterzutauchen, denn mit Taiwan hatte Deutschland weder ein Auslieferungsabkommen noch diplomatische Beziehungen. Trotzdem machte sich Maier die Mühe und beantragte bei den taiwanesischen Behörden die Paßeinziehung Pfahls', um somit vielleicht die Abschiebung des Flüchtigen zu erreichen. Aber der Aufwand war umsonst. Maier bekam nie eine Antwort.

Zwei Monate später ließ Pfahls wieder etwas von sich hören. Über seinen Anwalt Witting teilte er mit, er werde nun nach Deutschland zurückkehren und sich stellen. Am 6. Juli 1999 wollte er mit der Swissair SR 550 aus Zürich in München ankommen. Um acht Uhr morgens warteten Birgit Pfahls, die Anwälte und die Polizei gespannt am Flughafen. Maier glaubte nicht an die Ankunft und fuhr erst gar nicht hin. Wie sich zeigte, lag er mit seiner Einschätzung ziemlich richtig. Statt nach

Deutschland war Pfahls von Taipeh nach Hongkong geflogen. Dort hatte er wieder die bewährte Masche angewendet und sechs Flugscheine zu verschiedenen Zielen gekauft. Zu guter Letzt benutzte er ein Ticket, dessen Daten nach 48 Stunden aus dem Computer gelöscht wurden. Der angeblich so herzkranke Pfahls hatte alle Beteiligten erneut an der Nase herumgeführt. Auf seiner Flucht nannte er sich »Fahls« oder »Holger Ludwig«, hatten die Zielfahnder des BKA herausgefunden. Aber schließlich verloren sie seine Spur auf Bali. Der ehemals angesehene CSU-Politiker lebte wie ein ordinärer Verbrecher im Untergrund. Gelegentlich tauchten Gerüchte auf, Pfahls würde gar nicht mehr leben. Aber Maier hielt dies nur für eine neue Legende.

Er konzentrierte sich nun wieder auf die übrigen Ermittlungen, denn im September 2001 drohten die meisten Taten im Schreiber-Komplex zu verjähren. Die Spuren führten in so viele Richtungen, daß sich Maier entschloß, Unterstützung anzufordern, obwohl er befürchtete, damit einen Fehler zu begehen.

Am 27. Mai 1999 wurde er zusammen mit dem inzwischen offiziell bestellten neuen Behördenleiter Nemetz überraschend zum Rapport zur Generalstaatsanwaltschaft nach München beordert. Der stellvertretende Generalstaatsanwalt Veit Sauter legte Maier »aus Fürsorgepflicht die zwingende Anregung« ans Herz, das Verfahren gegen die insgesamt sieben Beschuldigten in mehrere Einzelverfahren aufzuteilen und sie nach dem Wohnortprinzip an die entsprechenden Behörden abzugeben. Schließlich werde das ja alles sonst zuviel für ihn. Demnach sollten Riedl und Strauß von der Staatsanwaltschaft München I, Pfahls von München II und Kiep in Frankfurt bearbeitet werden. Das Verfahren gegen Schreiber wollte er sogar einstellen lassen, da dieser ja im Ausland und deshalb nicht greifbar sei. Maier und den Augsburger Kollegen war nur noch das Verfahren gegen die Thyssen-Manager zugedacht – die beiden einzigen Beschuldigten ohne parteipolitische Bindung.

Nemetz befürwortete den Vorschlag Sauters sofort. Maier wurde klar, daß es tatsächlich ein Fehler gewesen war, um Hilfe zu bitten. Offensichtlich hatte München darauf gewartet, daß er, wenn schon kein juristischer Fehler auftrat und auch die Gesundheit nicht versagte, irgendwann einfach der Belastung nicht

Die beiden ehemaligen Staatssekretäre im Verteidigungsministerium
Agnes Hürland-Büning und Holger Pfahls

mehr gewachsen war. Vermutlich wurde seine kollegiale Bitte noch als Schwäche ausgelegt.

Maier argumentierte energisch gegen eine Aufteilung des Verfahrens, gab zu bedenken, daß es angesichts der drohenden Verjährungsfristen zu lange dauern würde, bis sich vier Kollegen in diese komplizierte Materie eingearbeitet hätten. Abgesehen davon, stellte er weiter fest, wüßte er nicht, wer in Augsburg die Akten durchforsten und entscheiden sollte, welches Dokument man welchem Staatsanwalt zukommen lassen könnte, ohne das Steuergeheimnis zu verletzen.

Aber seine Vorgesetzten blieben dabei, die Verfahren aufteilen zu wollen. Und es wurde noch perfider. Sie forderten ihn auf, »einen Bericht an die Generalstaatsanwaltschaft in München in der Form zu erstellen«, daß Maier »von sich aus zuständigkeitshalber die Ermittlungsverfahren« abgeben wolle. Maier lehnte kategorisch ab. So einfach wollte er es ihnen nicht machen. Ihm war klar, daß dies einer Kriegserklärung gleichkam und er nun in der Behörde nichts mehr zu lachen haben würde. Schließlich ließ ihn die Generalstaatsanwaltschaft wissen, daß beim Oberlandesgericht der geeignete Arbeitsplatz für ihn wäre, denn dort könne er ihrer Ansicht nach wissenschaftlich arbeiten, was soviel hieß, daß man ihn in konkreten Ermittlungsverfahren nicht mehr dabeihaben wollte. Seine Tage dort waren also gezählt.

Bei all dem Ärger mit seinen Vorgesetzten kam vom BKA auch noch die Nachricht, daß Schreiber offensichtlich in der Schweiz der Boden zu heiß geworden und er ebenfalls untergetaucht war. Auf Anordnung Maiers hatte das BKA fast drei Jahre lang die Telefondaten von Schreibers Familienangehörigen in Deutschland ausgewertet und einen regen Kontakt zwischen Kaufering und Pontresina, Schreibers Schweizer Domizil, festgehalten. Aber nachdem die Schweizer Justiz öffentlich erklärt hatte, daß sie sich im Fall Schreiber beim Vorwurf der Bestechung einer Auslieferung nicht verweigern würde, war es vorbei mit den Telefonkontakten in die Schweiz.

Der Waffenhändler war offensichtlich nervös geworden, was Maier in seiner Taktik bestärkte. Er war sich sicher, daß Schreiber bald einen Fehler machen würde, und wies das BKA an, weiterhin die Telefondaten aus dem Kauferinger Verwandtenkreis Schreibers auszuwerten.

Im Sommer 1999 verzeichneten die BKA-Zielfahnder mehrere Anrufe aus Kaufering an eine Mobilnummer in Kanada. Die Beamten aus Wiesbaden erkannten auf einem Tonbandmitschnitt die Stimme von Schreibers Sohn. Der hatte einen gewichtigen Grund, alle Vorsichtsmaßnahmen außer acht zu lassen, denn Schreibers Mutter war schwer erkrankt.

Den Rest erledigten die High-Tech-Fahnder problemlos. Die Nummer des Mobiltelefons des Betreibers Bell Mobility Cellular ließ sich mit Hilfe der kanadischen Kollegen dem Geschäftsmann Greg Alford zuordnen – Schreibers Partner im Bear-Head-Projekt. Damit war für die Fahnder klar: Schreiber war in Kanada gelandet. Ganz offensichtlich hatte Alford, der Kumpel aus vergangenen Tagen, dem Gesuchten aus der Patsche geholfen und ihm sein Handy überlassen.

Am 27. August 1999, einen Tag nach dem Gespräch zwischen Kaufering und Kanada, bat das Wiesbadener BKA um Amtshilfe bei Interpol Ottawa: Schreiber solle festgenommen werden. Er sei 1,70 Meter groß, habe braune Augen und sei etwas korpulent. Vorsichtshalber schickten die Augsburger Ermittler Fotos von dem gesuchten Waffenhändler mit. Man wußte um seine Raffinesse. Als Begründung für die Bitte um Verhaftung gab das BKA an, Schreiber müßte in Deutschland eine ziemlich hohe Strafe verbüßen.

Sofort wurde Schreibers Haus in Ottawa von den kanadischen Ermittlern observiert. Unter einem Vorwand befragten sie die Nachbarn und erfuhren, daß der Deutsche seit Jahren nicht mehr gesehen worden war. Daraufhin fanden sie jedoch heraus, daß Schreiber nicht in Ottawa, sondern in Toronto, in der berühmten Bloor Street, abgestiegen war. Das Zielobjekt war ein Appartementhaus, in dem Wohnungen an Geschäftsreisende vermietet wurden. Fortan hatte man das Gebäude rund um die Uhr unter Kontrolle.

Die Fahnder mußten nicht lange auf der Lauer liegen. Schreiber, der sich noch nicht lange in Kanada aufhielt, kurbelte bereits neue Geschäfte an. In Ontario wollte er für die Firma Thyssen eine Fabrik zum Bau eines Spaghetti-Kochgerätes für Speiserestaurants errichten: »Spaghettissimo« hieß die Wunderwaffe. Das Gerät kochte angeblich zehn Kilogramm Pasta auf einmal. Gedacht war die Neuheit, laut einer Thyssen-Pressemeldung, vor allem für First-Class-Restaurants sowie für Autobahnraststätten und Flughäfen. Thyssen kalkulierte zunächst eine Fertigung von 1 000 Nudel-Automaten pro Jahr. Im Oktober 1995 hatte ein gewisser Winfried Haastert, damals Vorstandsvorsitzender von Thyssen Henschel, die revolutionäre Technik der Presse vorgestellt. Schreiber sollte nun den Vertrieb in Kanada managen.

Am 30. August 1999 um 10.17 Uhr, exakt drei Tage nachdem Interpol Ottawa eingeschaltet worden war, entdeckten die Fahnder erstmals den gesuchten Waffenhändler. Als er das Haus verließ, folgten ihm zwei Beamte. Unbemerkt hängten sie sich an seine Fersen. Am Spätnachmittag, so gegen halb sechs Uhr, kam Schreiber wieder zu seinem Appartement zurück. Der Beamte Joe Gareau folgte ihm in den Aufzug. Im fünften Stock stieg Schreiber aus, und Gareau sah noch, bevor sich die Aufzugtür wieder schloß, in welcher Suite Schreiber verschwand.

Die kanadischen Beamten beschlossen, auf einen günstigeren Moment zu warten. Zwei Tage darauf, am 1. September 1999, beobachteten sie, wie sich Schreiber gegen Mittag mit einem Mann traf, den sie für Alford hielten. Man wartete immer noch ab. Gegen 18 Uhr war es soweit. Die Fahnder bereiteten sich auf den Zugriff vor. Schreiber war im noblen Prince-Hotel mit dem Reporter Phil Mathias von der *National Post* verabredet, der eine Story über das Gerücht schreiben wollte, Schreiber habe auch in Kanada Politiker geschmiert. Die beiden saßen an einem Tisch in der Ecke des Restaurants, als um 18 Uhr Ortszeit zwei Beamte der RCMP das Lokal betraten. Sie setzten sich einfach zu Schreiber an den Tisch. Der Waffenhändler empörte sich über die Impertinenz der beiden Herren.

»Sie sind verhaftet«, sagte daraufhin einer der beiden Polizisten. Schreiber erwiderte gelassen, er glaube nicht, daß die deutschen Behörden in Kanada irgendwas gegen ihn unternehmen könnten. Der Fahnder ließ sich von soviel Arroganz nicht beeindrucken. Er verlas Schreiber seine Rechte und gestattete ihm zwei Telefonanrufe. Über Handy verständigte Schreiber seine Ehefrau Barbara in Toronto: »Nein Bärbel, ich mache keinen Scherz. Weine nicht, ich habe das ja irgendwann erwartet«, säuselte er ins Mobiltelefon. Anschließend rief er seinen Anwalt in Edmonton an.

Unauffällig wurde Schreiber aus dem Hotel geführt, keiner der anderen Gäste bemerkte den Vorfall. Erst auf der Straße legte ihm ein Beamter Handschellen an. »Ich habe doch nichts gegen Sie«, beschwerte sich Schreiber. »Das ist auch nicht unsere persönliche Angelegenheit, Sir«, antwortete der Officer. Sie brachten Schreiber ins Zentralgefängnis Toronto. Dort mußte er seinen Gürtel abgeben und die Taschen leeren. Die Beamten staunten nicht schlecht. Zum Vorschein kamen neben Mobiltelefon und Notizbuch über 40 000 Mark in bar.

In Deutschland verfaßte Maier einen erweiterten Haftbefehl gegen Schreiber. Er verarbeitete darin sämtliche neuen Beweismittel, die er zuvor über Rechtshilfeersuchen aus der Schweiz und Frankreich bekommen hatte. Damit erhoffte er sich eine baldige Auslieferung. Bewußt betonte Maier besonders den kanadischen Aspekt in dem Schreiber-Komplex, schilderte das Bear-Head-Projekt, den provisionsträchtigen Verkauf von MBB-Hubschraubern und Airbussen sowie den Export der »Fuchs«-Panzer. Er nannte die einzelnen Beschuldigten und ihre vermutlich erhaltenen Summen. Schreibers Rubrikkontensystem in der Schweiz konnte Maier anhand der Kontounterlagen von April 1988 bis Dezember 1993 belegen, die er über das Rechtshilfeersuchen aus der Schweiz bekommen hatte. Steuerfahnder Kindler führte die Daten der Gewerbesteuer und Einkommensteuer Schreibers auf und verglich sie mit den tatsächlichen Einnahmen durch die Thyssen- und Airbus-Provisionen. Maier verwies auf die extreme Flucht- und Verdunkelungsgefahr bei Schreiber: »Es besteht die konkrete Gefahr, daß der Beschuldigte bis zum Abschluß der Ermittlungen vor keinem Mittel zurückschreckt, um auf die Beweismittel unlauter einzuwirken. Konkret stehen weitere Einwirkungen auf den Zeugen Pelossi zu befürchten.« Maier hatte hier den Satz von Schreiber im Kopf: »Irgendwann wird irgend jemand für all das bezahlen.«

Nicht unerwähnt blieb auch, daß für die Vermittlungen von Airbussen nach Kanada und Thailand noch viel mehr Provisionsgelder geflossen seien, als bisher exakt belegt werden konnte. Die Steuerfahnder waren auf eine Summe von 40,78 Millionen Dollar gekommen, die Schreiber womöglich kassiert hatte. Von diesem Geld soll er ab 1988 mindestens 5,2 Millionen Mark auf ein Bankkonto mit dem Namen »Maxwell« überwiesen haben. Maier ließ auch nicht unerwähnt, daß neben Max Strauß und Schreiber der kanadische Staatsbürger Frank Moores (Deckname »Frankfurt«) und der Engländer Stuart E. Iddles (»Stewardess«) vermutlich ebenfalls Millionen für die Airbus-Vermittlung kassiert hatten. Sie selbst bestritten dies jedoch.

Der neue Haftbefehl war aber auch Sprengstoff für die bayerische Politik. Maier vermerkte: Die Aussage des Luganer Treuhänders Pelossi, wonach Provisionen an die Familie Strauß weitergeleitet worden seien, werde durch jetzt erst ausgewertete Dokumente bestätigt. Dieser Satz löste im Kabinett Stoiber eine handfeste Krise aus. Denn Strauß-Tochter Monika Hohlmeier war gerade zur jungen, dynamischen Vorzeigeministerin des Regierungschefs an die Spitze des Kultusministeriums aufgestiegen. Auf dem Kabinett lastete noch der Makel von Justizminister Alfred Sauter, der bald nach seiner salbungsvollen Rede auf Jörg Hillinger wegen der Affäre um eine halbstaatliche Wohnungsbaugesellschaft zurücktreten mußte. Der zweite Rücktritt eines Regierungsmitgliedes in so kurzer Zeit hätte Stoiber schwer angeschlagen. Deshalb mußte alles vermieden werden, was Monika Hohlmeier in die Affäre verwickeln könnte. Die Strauß-Tochter beschwerte sich im Justizministerim über die Augsburger Ermittler und wollte eine Entschuldigung. In der CSU-Fraktionssitzung im Landtag soll sie sogar in Tränen ausgebrochen sein. Danach erhielt Maier die Auflage, alle seine Schriftstücke zunächst Behördenleiter Nemetz vorzulegen, ehe sie das Haus verließen. Nemetz beeilte sich zu erklären, daß man nicht die geringsten Vorwürfe gegen Frau Hohlmeier erhebe.

Die Zielfahndung nach Schreiber, bei der sämtliche Telefondaten vom BKA ausgewertet worden waren, erbrachte noch eine weitere interessante Entdeckung: Der Waffenhändler hatte Kontakt mit dem untergetauchten Holger Pfahls gehabt. Alle gezielt lancierten Gerüchte, Pfahls habe mit einem Betonklotz an seinen Beinen auf dem Grund irgendeines Gewässers sein Leben ausgehaucht, waren damit hinfällig. Als alter Geheimdienstmann wußte Pfahls nur zu gut, wie man sich eine perfekte neue Identität zulegt. Vermutlich lebte er längst mit neuen Papieren und einem neuen Gesicht irgendwo an einem beschaulichen Ort. Es war alles nur eine Frage des Geldes. Und falls ihm dies auszugehen drohte, konnte er sich immer noch an millionenschwere Freunde wenden, wie zum Beispiel Schreiber. Vielleicht war er deshalb so leichtsinnig gewesen und hatte ihn angerufen.

Die Überprüfung der von Pfahls verwendeten Mobiltelefone mit Nummern aus den USA verlief leider ergebnislos. Das BKA schlug daraufhin vor, von den Mobilfunkanbietern die Einzelverbindungsnachweise auch für die Handys von den Lebensgefährten der beiden Pfahls-Töchter anzufordern. Man ging davon aus, daß hierüber der Familienkontakt lief.

Maier stimmte dem zu, sah er doch darin eine gute Chance, den verlorenen Faden wieder aufzunehmen. Mannesmann Mobilfunk Düsseldorf und die Hutchison Telecom GmbH wurden per Beschluß aufgefordert, Auskunft über die Mobilanschlüsse zu erteilen.

Parallel dazu ließ Maier die Wohnung von Pfahls in Beckenried in der Schweiz ein zweites Mal durchsuchen, um hier auf Hinweise nach dessen aktuellem Aufenthaltsort zu stoßen. Um 8 Uhr morgens läutete am 15. September 1999 Maiers Assistentin, die Augsburger Staatsanwältin Barbara Pöschl, zusammen mit Schweizer Kriminalbeamten aus Nidwalden an der Tür des Anwesens von Birgit und Holger Pfahls. Pöschl zeigte einen Durchsuchungsbeschluß vor. Die Beamten verteilten sich auf die einzelnen Zimmer des Hauses und begannen mit der Tiefenkontrolle. Überraschend gestand Birgit Pfahls der Augsburger Staatsanwältin, daß sie ihren Mann am 1. oder 2. Juli 1999 auf der Flucht getroffen habe. Pfahls hätte zu dieser Zeit in Taipeh im Krankenhaus gelegen und an starken Depressionen gelitten. Sie sei sich sicher gewesen, daß Holger nun mit ihr gemeinsam nach Deutschland zurückfliegen werde, um sich den Behörden zu stellen. Das sei fest abgesprochen gewesen. Birgit ließ ihren Angetrauten am 2. Juli nochmals in Taipeh allein, um nach Singapur zu fliegen. Dort mußte sie letzte Formalitäten wegen des aufgelösten Hausstandes erledigen und das Hausmädchen ausbezahlen. Zwei Tage später kehrte sie nach Taipeh zurück, wo sie sich mit ihrem Mann in einem Hotel treffen wollte, in dem Pfahls zwei Zimmer angemietet hatte. Doch sie wartete dort allein. Er selbst war wie vom Erdboden verschluckt. »Ich habe ihn seitdem nie mehr gesehen. Er war in einer so schlechten Verfassung, daß ich nicht denke, daß er es allein geschafft hat. Ich weiß nicht einmal, ob er noch lebt«, erzählte Birgit Pfahls der Staatsanwältin Pöschl und jammerte über ihre ungewisse Zukunft. Zu Pöschl sagte sie, daß die Beamten im Haus nichts finden würden, da sie alles Pfahls' Anwalt Peter Witting gegeben hätte, darunter zwei Kalender, auch einen von 1991. Der Anwalt habe Pfahls auch einmal in Singapur besucht und alles mögliche mit ihm vereinbart, was dann auf rosa Zettel notiert worden sei.

Eine Stunde später, beim offiziellen Verhör vor einem Richter des Kantons Nidwalden, verweigerte sie dagegen jede Aussage.

Anschließend beeilte sich Maier, einen Auslieferungsantrag an Kanada abzufassen. Die Zeit drängte. Wegen Schreiber stritten sich bereits die Rechtsexperten darüber, ob ein deutscher Haftbefehl nach kanadischer Rechtsprechung aufrechterhalten werden könnte. Denn danach durfte niemand verhaftet werden, wenn nicht zuvor Anklage gegen ihn erhoben worden war. Die kanadische Justiz setzte deshalb der Augsburger Staatsanwaltschaft eine Frist von 45 Tagen, in der sie einen überzeugenden Auslieferungsantrag einbringen mußte.

Während Maier fieberhaft an diesem Papier arbeitete, gewann Schreibers Anwalt Eddy Greenspan in Kanada die erste Runde. Bei einer Anhörung in Toronto gelang es ihm, seinen Mandanten gegen eine Kaution von 1,5 Millionen kanadische Dollar (ca. 2,25 Millionen Mark) aus dem Gefängnis zu holen. Das Geld zahlten Schreibers Frau Barbara, ein Mövenpick-Manager und Schreibers politische Freunde in Kanada, der ehemalige Finanzminister Marc Lalonde und Elmar MacKay, ein Vertrauter des früheren Premierministers Brian Mulroney. Neben der Kaution waren die Bedingungen für die Aussetzung des Haftbefehls, daß sich Schreiber täglich bei der Polizei melden mußte, Ontario nicht verlassen und nur drei bestimmte Telefone benutzen durfte, die überwacht wurden.

Am 15. Oktober 1999 lief die 45-Tage-Frist ab. Trotzdem riefen Beamte des Bundesministeriums der Justiz mehrmals in Augsburg an und teilten mit, es reiche, wenn die Unterlagen am 13. Oktober 1999 bei der zuständigen Abteilung des Ministeriums in Bonn vorlägen. Da Maier die Dokumente nicht mit der Post schicken wollte, sandte er seine Assistentin Barbara Pöschl. Mit dem Auslieferungsbegehren und einer 100 Seiten umfassenden Falldokumentation im Handgepäck flog sie am 13. Oktober 1999 nach Bonn, um die brisanten Materialien persönlich beim Bundesjustizministerium abzugeben.

Am Stichtag, dem 15. Oktober 1999, kam die Sendung gerade noch rechtzeitig in Kanada an. Aber die Papiere waren plötzlich unvollständig. Es traf lediglich das Auslieferungsersuchen ein, die umfangreiche Fallbeschreibung fehlte. Die Auslieferungsbestimmungen waren damit nicht erfüllt, und für einen neuen Antrag war es zu spät, die vorgegebene Frist somit verstrichen.

Wie sich herausstellte, hatten die Merkwürdigkeiten schon in Berlin begonnen. Im Bundesjustizministerium war das Paket mit den brisanten Dokumenten falsch adressiert worden. Statt an das kanadische Justizministerium hatte man es an das Außenministerium geschickt. Und dann war während des Flugs von Deutschland nach Kanada ein Teil der Unterlagen plötzlich verschwunden. Aber damit war es noch nicht genug an eigenartigen Zufällen. Kaum war die Frist für den Auslieferungsantrag verstrichen, tauchten die verlorenen Unterlagen in einem Hangar der Fluggesellschaft Air Canada wieder auf.

Maier tobte und versuchte, den Richter in Toronto davon zu überzeugen, den Auslieferungsantrag trotz der kleinen Verspätung doch noch zu akzeptieren. Er hatte Glück und stieß auf einen verständnisvollen Kollegen, dem die Begleitumstände auch höchst suspekt erschienen. Allerdings war die Panne für Schreibers Anwalt Eddy Greenspan ein willkommener Anlaß, Revision gegen die Auslieferung einzulegen. Er spielte mit allen Mitteln auf Zeit, denn er wußte, daß das Verfahren gegen Schreiber in Deutschland bald verjährte. Maier mußte dem machtlos zusehen.

Von der Panzer-Affäre zum Leuna-Skandal

Tatort Deutschland:
Niemand will die Ermittlungen übernehmen

Winfried Kindler war verdutzt. Unzählige Male hatte der Augsburger Steuerfahnder in den vergangenen zwei Jahren die kopierten Doppelseiten der Terminkalender von Karlheinz Schreiber durchgeblättert, jedes der rund 400 Blätter aus den Jahren 1991 und 1994 wieder und wieder gelesen, um die letzten nebulösen Treffen zu verstehen. Die Kalender des Waffenhändlers waren zu einer Art Schatztruhe geworden. Die Namen und Reisedaten, die Kontobewegungen und geheimen Treffvermerke führten nicht selten zu neuen, spannenden Geschichten. Als Kindler das Blatt vom 29. Juli 1994 erneut zur Hand nahm, blieb sein Blick wie gebannt an einer Notiz in der linken oberen Spalte haften. Schreiber hatte dort in, verglichen mit den übrigen Notizen, klarer Handschrift vermerkt: »Maxwell: Delta Int. EST. SBV LO/234-986-1 D. 200 St. Gallen«.

Maxwell meinte wohl das Rubrikkonto Schreibers für Max Strauß; Delta Int. EST. war den beiden Augsburger Fahndern auf Anhieb kein Begriff, obschon Maier das dumpfe Gefühl nicht los wurde, diesen Namen in einem anderen Zusammenhang schon mal gehört oder gelesen zu haben. Bisher, das schien sicher, gehörte er aber nicht zum Verfahren Schreiber. SBV war die offizielle Abkürzung für den Schweizerischen Bankverein, die nachfolgenden Ziffern und Buchstaben konnten eine Kontonummer darstellen. »D 200« bedeutete 200 000 Dollar oder DM, das ergab sich aus Schreibers üblichen Abkürzungen für Schmiergeldbeträge auf den Rubrikkonten seiner Begünstigten. St. Gallen war vermutlich die Zweigstelle der Bank, auf der sich das besagte Konto befand.

Die Notiz vom 29. Juli 1994 schien Schreiber also an die Überweisung von 200 000 D vom Maxwell-Konto auf ein Konto in St. Gallen zu erinnern. Doch wofür? Und welche Rolle spielte diese Delta Int. EST. dabei?

Es dauerte nicht lange, bis Staatsanwalt Maier wieder einfiel, woher der Name bekannt war: aus der allmorgendlichen Zeitungslektüre. Eine Firma Delta International Establishment tauchte seit Monaten immer wieder im Zusammenhang mit einem ganz anderen Skandal auf. Es ging dabei um Schmiergeldzahlungen des französischen Mineralölkonzerns Elf Aquitaine. Hochkarätige Manager des früheren Staatsunternehmens hatten für Geschäftsabschlüsse Provisionszahlungen in dreistelliger Millionenhöhe genehmigt, wobei ein Teil des Geldes über Mittelsmänner wieder zurückgeflossen war in ihre privaten Portemonnaies.

Seit 1994 ermittelte deswegen in Frankreich die Untersuchungsrichterin Eva Joly gegen Führungsmitglieder von Elf Aquitaine. Die Vorgänge hatten sich dort inzwischen zur Staatsaffäre ausgeweitet, weil herausgekommen war, daß auch hochrangige Politiker Schmiergelder vom Staatskonzern erhalten hatten.

Den Skandal in Frankreich hatten die Augsburger Ermittler stets verfolgt. Zum einen erinnerte er stark an den eigenen Fall: Schließlich waren in dem Verfahren Schreiber mit Holger Pfahls und Walther Leisler Kiep ebenfalls prominente Politiker involviert, und die beiden Thyssen-Manager Haastert und Maßmann hatten sich nach demselben Muster wie die Manager von Elf Aquitaine aus der Konzernkasse bedient. Zum anderen gab es von der französischen Affäre eine Querverbindung nach Deutschland. Am 19. März 1997 hatte der ehemalige Elf-Manager Maurice Mallet gegenüber der Pariser Untersuchungsrichterin Schmiergeldzahlungen ins Ausland angedeutet: »Im Hinblick auf Mittelsmänner und Geldverschwendungen könnten wir uns über die Raffinerie in Leuna und gewaltige Ausgaben unterhalten.«

Die ostdeutsche Raffinerie Leuna bei Halle war eines der größten Privatisierungsobjekte nach der Wende und außerdem ein persönliches Prestigeobjekt von Helmut Kohl. Der Kanzler hatte im Osten »blühende Landschaften« versprochen und dabei auch das Chemiekombinat mit seinen Tausenden Arbeitsplätzen als Standort garantiert. Auf einer Fläche von 400 Fußballfeldern sollte aus dem maroden ehemaligen Chemiekombinat »Walter Ulbricht« Europas modernste Raffinerie werden. Geplant war, hier jährlich zehn Millionen Tonnen Rohöl in

Methanol, Flüssiggas, Benzin, Diesel und leichtes Heizöl umweltschonend von 2550 Menschen verarbeiten zu lassen. Mit den angeschlossenen Betrieben sollten insgesamt 10000 Arbeitsplätze gesichert werden.

Nach monatelangen Verhandlungen hatte 1992 unter mehreren Bietern der französische Mineralölkonzern Elf Aquitaine den Zuschlag bekommen. Er war bereit, fünf Milliarden Mark in das Sanierungsprojekt »Leuna 2000« zu stecken, hatte sich jedoch bei den Verhandlungen rund 1,4 Milliarden Mark an Subventionen aus der deutschen Staatskasse zusagen lassen und zusätzlich auch noch das ostdeutsche Tankstellennetz Minol zugesprochen bekommen. Besonders die Rechte an den Minol-Autobahntankstellen bedeuteten eine sichere und besonders lukrative Einnahmequelle.

Bei diesem Geschäft soll der französische Konzern mindestens 80 Millionen Mark an Provisionen, mehrheitlich wohl Schmiergelder, gezahlt haben. Nach Gerüchten aus dem Umfeld eines früheren Elf-Präsidenten sind davon elf bis 13,5 Millionen Mark heimlich in die Kassen der CDU geflossen. Die CDU bestritt diesen Vorwurf sofort.

Aber beim Verfolgen der Spur nach Deutschland stieß die Pariser Untersuchungsrichterin Eva Joly auf ständig neue Ungereimtheiten und erhebliche Schwierigkeiten. Zuerst wurde am 20. April 1997 im Büro der französischen Finanzpolizei eingebrochen. Die heimlichen Besucher gingen professionell vor, kannten sogar das Codewort, um den Zugang zum Zentralcomputer zu öffnen, und stahlen schließlich nur jene Unterlagen, die die deutsche Spur im Schmiergeldskandal belegten. Der Hergang des Einbruchs ließ vermuten, daß irgendwelche Geheimdienste die Finger im Spiel hatten. Der Bundesnachrichtendienst (BND) teilte sogleich mit, daß er mit dieser Aktion nichts zu tun habe. Merkwürdig dabei war nur: Der Vorwurf, der BND stecke hinter dem Einbruch, war von niemandem erhoben worden.

Als Eva Joly kurz darauf, im Mai 1997, das Büro des Konzernchefs von Elf Aquitaine durchsuchen ließ, versuchte der Assistent des Konzernchefs eine als »vertraulich« klassifizierte Akte aus dem 43 Stockwerke hohen Elf-Turm im Pariser Wolkenkratzerviertel Défense hinauszuschmuggeln. Auf der Akte stand groß und deutlich »Minol«.

Maier kamen diese Geschichten irgendwie bekannt vor. Seit er in dem Fall Schreiber ermittelte, hatte er seine eigenen Erfahrungen machen dürfen mit dem Verschwinden von Akten und den Aktivitäten von Geheimdiensten. Nun interessierte ihn ein anderer Teil der deutsch-französischen Affäre, nachdem ihn Steuerfahnder Kindler auf den Vermerk »Maxwell: Delta Int. EST.« in Schreibers Kalender aufmerksam gemacht hatte.

Seiner französischen Kollegin Joly war es inzwischen gelungen, folgendes über die Schmiergelder im Zusammenhang mit dem Leuna-Deal in Erfahrung zu bringen: Am 21. September 1991, eine Woche bevor Elf sein Angebot für Leuna abgab, hatte der französische Mineralölkonzern einen Vertrag über 256 Millionen Franc mit der Liechtensteiner Briefkastenfirma Nobleplac geschlossen. Nobleplac gehörte dem gebürtigen Korsen André Guelfi, einem windigen Geschäftsmann und früheren Geheimdienstmitarbeiter, der den Grundstock seines Vermögens mit gefrorenem Fisch gemacht hatte und deshalb den Spitznamen »La Sardine« trug.

Am 24. Dezember 1992, Elf Aquitaine hatte zwischenzeitlich den Privatisierungsvertrag für Leuna abgeschlossen, überwies der Konzern 256 Millionen Franc auf das Konto von Nobleplac. André Guelfi leitete das Geld jedoch noch am selben Tag in zwei Tranchen weiter: 220 Millionen Franc davon gingen an die Tarnfirma Stand-By Establishment, die erst wenige Monate zuvor, am 4. Mai 1992, in Liechtenstein gegründet worden war und nach den Transaktionen im Februar 1993 wieder aufgelöst wurde. Gleich Anfang 1993 wurden die Millionen von Stand-By weitertransferiert. 152 Millionen Franc, also rund 50 Millionen Mark, gingen an jene Firma, auf die Kindler und Maier gestoßen waren: Delta International Establishment.

Die beiden Augsburger Ermittler konnten sich zunächst allerdings keinen Reim darauf machen, wie all diese Schmiergeldgeschichten um Leuna mit den dubiosen Geschäften des Waffenhändlers Karlheinz Schreiber und von Max Strauß zusammenhingen. Hatten die zwei auch hierbei ihre Finger im Spiel gehabt?

Im Sommer 1998 sollten die beiden Fahnder eine Antwort auf diese Frage erhalten. Hilfe wurde ihnen dabei unerwartet aus der Landeshauptstadt München zuteil. Dort hatte das Finanzamt bei den Firmen des Sicherheitsspezialisten Josef Pilapel eine

*Oben: Feierliche Vertragsunterzeichnung zum Verkauf der Leuna-
Werke inklusive des Minol-Tankstellennetzes 1992 an ein deutsch-
französisches Konsortium unter Führung von Elf Aquitaine
Unten: Ehemalige Minol-Tankstelle in Berlin-Prenzlauer Berg, 1999*

141

Betriebsprüfung veranlaßt. Man stieß auf einen sehr merkwürdigen Geldtransfer, der die Münchner Finanzbeamten stutzen ließ. Über zwei seiner Firmen hatte Pilapel in den Jahren 1994 und 1995 in jeweils zwei Tranchen insgesamt 400 000 Mark Darlehen von einer Firma Delta International Establishment aus Monaco erhalten und dieses Geld postwendend an einen anderen Münchner Unternehmer verliehen, der dem Finanzamt kein Unbekannter war: an Curt Niklas, einen damals wirtschaftlich gestrandeten Münchner CSU-Stadtrat. Die zentrale Figur in diesem grenzüberschreitenden Deal hieß jedoch Max Strauß, meldeten die Finanzbeamten nach Augsburg.

Maier und Kindler waren für den Tip äußerst dankbar, paßten die Informationen aus dem Münchner Finanzamt doch gut in ihre Ermittlungen. Sie vermuteten Geldwäsche und beschlossen, sich das Ganze einmal genauer anzuschauen.

Die Bedingungen dafür waren günstig, denn Josef Pilapel, über dessen Firmen die verdächtigen Gelder geflossen waren, hatte sich sowohl mit Curt Niklas als auch mit Max Strauß gründlich überworfen. Der Grund: Niklas war in finanzielle Bedrängnis geraten und hatte das Darlehen an Pilapel nicht zurückzahlen können. Pilapel wiederum stand deshalb bei der Delta International Establishment in der Kreide. So war das Geschäft nicht abgemacht gewesen. Pilapel war deshalb bereit, über den Geldtransfer zwischen Monaco und München auszupacken.

Wie Pilapel dann bei einer Befragung berichtete, sei Max Strauß mit schweißnasser Stirn und völlig außer Atem am 26. April 1994 im Büro des Rechtsanwaltes Werner Christ erschienen, der Pilapel juristisch beriet. In abgehackten Worten habe er erzählt, ein Freund brauche dringend Hilfe, und Pilapel solle ihm ein Darlehen über 300 000 Mark beschaffen, und zwar von dem Konto einer Firma namens Delta International Establishment mit Sitz im Fürstentum Liechtenstein. Das Geld dürfe aber keinesfalls direkt zu seinem Freund Curt Niklas laufen, deshalb solle Pilapel am besten gleich zwei seiner Firmen zwischenschalten. »Herr Max Josef Strauß machte mir dann deutlich, daß meine Firma dazu benutzt werden sollte, daß der tatsächliche Geldfluß an Niklas über ihn verschleiert werden sollte«, gab Pilapel offiziell zu Protokoll. »Es war also, anders formuliert, der Wunsch von Max Josef Strauß, die Herkunft der Zahlung an Niklas zu verschleiern.«

Sein Name, habe Strauß dem Anwalt und dessen erstauntem Mandanten eingeschärft, dürfe mit dieser Transaktion keinesfalls in Verbindung gebracht werden. Auch eine Verbindung zwischen Niklas und Delta International Establishment dürfe in der Öffentlichkeit nicht bekannt werden. Den Darlehensvertrag für Delta International Establishment, habe Strauß erklärt, unterzeichne deren Verwaltungsratsvorsitzender Werner Strub. Dieser Werner Strub residierte in Vaduz und war einer jener Liechtensteiner Treuhänder, der mehrere Briefkastenfirmen gleichzeitig verwaltete.

Strauß drängte, die Sache sei eilig, noch heute müsse alles über die Bühne gehen. Der Security-Mann Josef Pilapel, der sich von den Kontakten zu Max Strauß nicht zuletzt öffentliche Aufträge versprach, willigte ein. Die Verträge wurden aufgesetzt. Es blieb jedoch keine Zeit mehr, die bereits entworfene Schutzklausel zu unterzeichnen, die Pilapel aus der Affäre raushalten sollte, falls Niklas das Geld nicht zurückzahlen könnte.

Das Geld kam wenig später per Scheck bei Pilapel an. Es war aber nicht der bedürftige Curt Niklas, der den Scheck in Empfang nahm. Das erledigte dessen Parteifreund Max Strauß selbst. Neun Monate später meldete sich Strauß wieder bei Anwalt Werner Christ, so Pilapel. Das Spielchen, das mit den 300 000 Mark so gut geklappt habe, solle man doch noch einmal durchziehen. Diesmal ginge es um 100 000 Mark. Wieder willigte Pilapel ein, das Geld für Niklas kam am 23. Januar 1995 in München an. Ein gutes Jahr später wurde die Sache ärgerlich. CSU-Spezi Niklas zahlte nicht zurück, und Pilapel hatte beileibe keine Lust, die 400 000 Mark aus seiner eigenen Schatulle an Delta International Establishment zu überweisen. Der verärgerte Sicherheitsunternehmer wandte sich in seiner Not an Max Strauß. Doch erfolglos. Langsam wurde Pilapel der Fall verdächtig. Wer stand eigentlich hinter der Firma Delta, die ihn da bedrängte? Der Liechtensteiner Verwaltungsratsvorsitzende Werner Strub war mit Auskünften über die Firma Delta sehr zurückhaltend und beantwortete zahlreiche Schreiben von Werner Christ nur ausweichend. Der Anwalt und sein Mandant Pilapel gewannen den Eindruck, daß der Liechtensteiner Treuhänder nur ein Strohmann war und daß die Firma Delta International Establishment eigentlich Max Strauß gehörte: »Er hat mit uns gesprochen, als hätte er direkten Zugriff auf dieses

Konto von Delta. Bei uns kam das so an. Er vermittelte uns das in einer Art, als könne er über jede beliebige Summe von diesem Konto verfügen«, berichtete Christ später.

Kindler und Maier waren wie elektrisiert. Kurz nach dem brisanten Verhör nahmen sie sich noch einmal Schreibers Kalender vor. Was dort auf das Kalenderblatt des 2. Juli 1994 links oben hingekritzelt worden war, konnte der Durchbruch zu einem viel größeren Fall sein, als sie bisher angenommen hatten. Wenn Max Strauß tatsächlich etwas mit der Delta International Establishment zu tun hatte, waren sie mitten in ihren Ermittlungen um den Panzer-Deal in den Fall Leuna geschlittert, einen Skandal mit weit größerer politischer Brisanz als das schon politisch heikle Schreiber-Verfahren. Vielleicht waren die 400 000 Mark, die Strauß über die Firmen Pilapels gewaschen hatte, ein Teil der 80 Millionen Mark Bestechungsgelder, die für das Zustandekommen des Leuna-Geschäfts nach Deutschland geflossen sein sollen. Maier hatte inzwischen gelernt, daß man nichts mehr ausschließen dürfe.

Es gab aber nun ein formales Problem: Die Staatsanwaltschaft Augsburg war nach dem Standortprinzip für den Fall Leuna nicht zuständig. So überlegte Maier, ob es Mittel und Wege gebe, diesen Fall – wenigstens teilweise – an seine Behörde zu binden. Im Oktober 1998 startete er einen ersten juristischen Versuch in Sachen Delta und schrieb an das Justizministerium in München: »Aus weiteren Erkenntnissen, insbesondere aus Schriftstücken und Zeugenaussagen, ergibt sich dabei der Verdacht, daß ein Beschuldigter des hier geführten Ermittlungsverfahrens bezüglich zumindest einzelner Konten der Firma Delta International Est. eine Verfügungsberechtigung besitzt.«

Zwei Monate später, am 10. Dezember 1998, vernahmen Maier und Kindler einen weiteren Zeugen zum Thema Delta und Max Strauß. Es handelte sich um Manfred Albl, den früheren Assistenten Pilapels, der seit seiner Anwaltszulassung als Syndikus für Pilapels Unternehmensgruppe tätig war. Er bestätigte die Angaben seines Chefs. Auch Albl hatte den Eindruck gehabt, Max Strauß könne über das Delta-Konto frei verfügen. »Herr Strauß handelte in den Gesprächen mit mir für die Firma Delta immer, ohne mit irgend jemandem von der Firma Delta Rücksprache zu nehmen. Herr Strauß legte mir gegenüber auch immer großen Wert darauf, das heißt, er äußerte sogar den ausdrücklichen Wunsch, daß nichts geschrieben wird bzw. Schriftstücke anschließend vernichtet würden.« Manfred Albl mußte sich strikt an diese Vorgaben von Strauß halten, man sollte auch nicht mehr bei ihm anrufen. Strauß habe panische Angst gehabt, abgehört zu werden, erzählte Albl den Augsburger Ermittlern. Treffen mit Strauß hätten deshalb immer außerhalb von dessen Kanzlei stattfinden müssen. Als es zu immer größeren Auseinandersetzungen wegen des nicht zurückgezahlten Darlehens kam, mußte sich Albl mit Strauß auf dem Gehweg der Münchner Brienner Straße treffen. Man wanderte während der Besprechung vor den Kanzleien auf und ab. Strauß wähnte Abhörwanzen oder ähnliches in seinen Büros.

Maier mußte schmunzeln. Die Augsburger Staatsanwaltschaft hatte keinerlei Abhörmaßnahmen gegen Strauß eingeleitet. Aber offensichtlich fühlte sich Strauß durch ihre Ermittlungen in die Ecke gedrängt. Da würde ein Fehler nicht lange auf sich warten lassen.

Mittlerweile hatte die Affäre um Elf Aquitaine und den Kauf von Leuna/Minol auch Deutschland erreicht. Neben der französischen Justiz interessierte sich zumindest die deutsche Politik für die Umstände des Milliarden-Geschäfts. Der Bundestag hatte einen Untersuchungsausschuß »DDR-Vermögen« eingesetzt, der auch den Verkauf von Leuna und Minol aufarbeiten sollte. Gespannt verfolgte Maier die Arbeit des parlamentarischen Gremiums. Aber außer Streit zwischen den damaligen Regierungsparteien CDU, CSU und FDP auf der einen Seite und den Oppositionsparteien auf der anderen Seite war wenig Konstruktives aus dem Ausschuß zu vernehmen. Die Aufklärungsarbeit wurde noch dadurch erschwert, daß Regierungsstellen immer wieder unter fadenscheinigem Vorwand angeblich geheime Unterlagen zurückhielten.

Dennoch gelangten über den Ausschuß einige Unterlagen an die Öffentlichkeit, die im Zusammenhang mit dem Leuna/Minol-Deal einen Mann in den Mittelpunkt rückten: Dieter Holzer, deutscher Geschäftsmann und Lobbyist mit Wohn- und Geschäftssitz in Monaco, Villen in Paris und etlichen Immobilien in Berlin sowie exzellenten Kontakten zur Führungsebene der deutschen Unionsparteien.

Dieter Holzer stammte ursprünglich aus dem saarländischen

Quierschied. Sein Vater Claus hatte dort ein Monopol zur Beseitigung und Verwertung von Tierkadavern aufgebaut. Die Abdeckerei war für ihn zum einträglichen Millionen-Geschäft geworden. 1981 übernahm schließlich Dieter Holzer zusammen mit seinem Bruder den väterlichen Betrieb und baute ihn zu einem regelrechten Fettverwertungskonzern aus. Aber nach Ärger mit dem Fiskus, der Staatsanwaltschaft und der Öffentlichkeit wegen Ermittlungen in einem mutmaßlichen Millionen-Betrugsfall hatte Dieter Holzer von dem Geschäft mit Tierkadavern genug. Es hielt sich das hartnäckige Gerücht, die Holzers seien dafür verantwortlich gewesen, daß zur Vernichtung bestimmtes Tierfleisch in den Kantinen des Südwestfunks, des rheinland-pfälzischen Landtages und bei der Polizei in Offenburg gelandet war. Dieter Holzer jedenfalls verlegte kurzerhand seinen Wohnsitz von Quierschied nach Monte Carlo. Fortan nutzte er seine unzähligen Kontakte zur Politik und betrieb vom monegassischen Fürstentum aus diskrete Geschäfte als Lobbyist.

Zu seinen Kunden gehörte auch der französische Ölkonzern Elf Aquitaine, den Holzer beim Poker um die Raffinerie Leuna und das Tankstellennetz Minol tatkräftig unterstützte. Immer wenn in Bonn die Verhandlungen stockten, war Holzer zur Stelle, etwa als der Bundesverkehrsminister Günther Krause aus der Sicht von Elf Aquitaine Schwierigkeiten machte.

Mehr als für die marode Raffinerie Leuna interessierte sich nämlich Elf Aquitaine für das profitable Netz von mehr als tausend Minol-Tankstellen, das als Köder für den Käufer von Leuna erwogen worden war. Aber der CDU-Politiker Krause sperrte sich anfangs dagegen, die Leuna-Privatisierung an den Verkauf der Tankstellen zu binden. Der Verkehrsminister befürchtete dadurch Wettbewerbsverzerrungen und einen Verstoß gegen das Bundesfernstraßengesetz. Schriftlich gab Krause am 6. Mai 1992 zu bedenken, das geplante Vorhaben verbaue dem Mittelstand jede Chance im Autobahngeschäft.

Aber Krauses Vorbehalte währten nur drei Wochen. Am 30. Mai 1992 wurde er in Holzers Villa in Juan-les-Pins an der Côte d'Azur eingeladen. Zufällig befanden sich unter den Gästen auch Vertreter von Elf Aquitaine. Drei Tage später stimmte Krause im Bundeskabinett dafür, daß die Minol-Tankstellen-Kette im Privatisierungspaket verblieb. Seinen plötzlichen Sinneswandel erklärte Krause später so: Das Tankstellennetz sichere der neuen Raffinerie einen Teil ihres Absatzes und damit Arbeitsplätze. Daß bei seiner Entscheidungsfindung vielleicht Holzer und einige Elf-Vertreter mitgewirkt hätten, hielt Krause für ausgeschlossen. Die Herren hätten englisch und französisch gesprochen, versicherte der ostdeutsche CDU-Politiker. »Da bin ich mir mit meinem Russisch wie ein Exot vorgekommen.«

Aber Holzer löste noch ganz andere Probleme. Wenn die Verhandlungen über die Subventionszahlungen aus der Staatskasse mal wieder ins Stocken gerieten oder sich parlamentarische Kontrollgremien mit dem Leuna-Verkauf befaßten, war Holzer zur Stelle. Er schaltete dann seinen langjährigen Bekannten Manfred Carstens ein, der damals Staatssekretär im Bundesfinanzministerium war, und bat ihn »persönlich und vertraulich« darum, im Hintergrund für seine Sache zu wirken. Die Elf-Manager fühlten sich von der Treuhandanstalt in Berlin, die die Privatisierung des früheren DDR-Chemiekombinats abwickelte, getäuscht. Hier mußte nachgeholfen werden. Holzer schrieb, es falle ihm »in der Tat schwer, der französischen Seite zu erklären, wie unser parlamentarisches System funktioniert, insbesondere wie die Kontrollorgane funktionieren«.

Zur Not spielte Holzer auch geschickt über drei Banden. Als der Staatskonzern Elf Aquitaine ausgerechnet in Frankreich Probleme wegen der geplanten Investition von fünf Milliarden Mark in Deutschland bekam, intervenierte Holzer trickreich in Bonn. »Sehr geehrter Herr Bundeskanzler, lieber Helmut Kohl«, begann sein Brief, in dem er um Unterstützung bat. Und der Kanzler nahm die Sorgen des Elf-Lobbyisten sehr ernst. Umgehend schrieb Kohl an Frankreichs Premierminister Edouard Balladur und bat ihn, seinen »persönlichen Einfluß« zu nutzen, um den Weg frei zu machen für den Kauf der Leuna-Werke durch den französischen Staatskonzern.

Holzers Bittbriefe waren im Kanzleramt Chefsache. Kohl selbst nahm sich der Sachen stets an und schrieb handschriftlich Anweisungen für seine Beamten darauf, wie der Vorgang zu prüfen und zu bearbeiten sei. Jedoch war man im Kanzleramt dabei auf äußerste Geheimhaltung bedacht. Ein weiteres Schreiben Holzers bekam deshalb die Aufschrift: »Quellenschutz für Herrn Holzer – nicht zu den Akten.«

In Augsburg begann sich jetzt Staatsanwalt Maier für die Person Dieter Holzer zu interessieren. Über den verschwiegenen Elf-Lobbyisten sickerten immer mehr Informationen an die Öffentlichkeit, wodurch eine erstaunliche Querverbindung zwischen dem umstrittenen Panzergeschäft mit Saudi-Arabien und der Leuna-Affäre erkennbar wurde. In beiden Affären tauchten regelmäßig die Namen Kiep, Pfahls und Strauß auf.

Zusammen mit Holzer hatte sich der frühere CDU-Schatzmeister Walther Leisler Kiep beim Bundeskanzler für die Interessen von Elf eingesetzt. Holzer und der CDU-Politiker trafen sich deswegen auch in Kieps Heimatort, dem hessischen Kronberg. Holzer sowie einige seiner Firmen wurden Kunden der Versicherung Gradmann und Holler, an der Kiep Anteile hielt. Später, nach erfolgreichem Abschluß des Leuna/Minol-Deals, versicherte auch Elf Aquitaine die Raffinerie über die Kiep-Firma. Es ging dabei wieder einmal um eine Million Mark – diesmal als Versicherungsprämie.

Holger Pfahls, der frühere Geheimdienstchef und Ex-Staatssekretär, war Holzer beim Leuna-Deal ebenfalls behilflich gewesen. Pfahls, den Maier in der Panzeraffäre der Bestechlichkeit verdächtigte, hatte für seinen Bekannten aus Monaco seine vielfältigen Beziehungen ins Kanzleramt spielen lassen. Am 10. Juli 1992 war es daraufhin in Bonn zu einer vertraulichen Runde mit Kanzleramtsminister Friedrich Bohl und dem damaligen Elf-Präsidenten gekommen. Es ging um Investitionszulagen beim Raffinerie-Kauf. Mit am Tisch saß Holger Pfahls – und zwar als Berater von Elf Aquitaine. Wenige Monate zuvor, im Februar 1992, hatte der frühere Strauß-Intimus seinen Job als Staatssekretär auf der Hardthöhe verloren.

Wie intensiv bei der Lobby-Arbeit für Elf Aquitaine die Zusammenarbeit zwischen Holzer und Pfahls gewesen war, verdeutlichten Dokumente aus dem Kanzleramt. Etliche Faxe von Holzer an das Kanzleramt trugen als Absender die Kenunng von einem Anschluß, der auf Pfahls angemeldet war. Offensichtlich wickelte Holzer seinen Schriftverkehr mit dem Kanzleramt über den Ex-Staatssekretär ab. Aber die Faxe beinhalteten noch ein anderes pikantes Detail. Neben Pfahls Faxnummer stand auf der Absenderzeile: Delta International – jene dubiose Briefkastenfirma, auf deren Konten nach Recherchen der französischen Ermittlungsrichterin Eva Joly rund 50 Millionen Mark der Leuna-Schmiergelder verschwunden waren.

Wie sich nun herausstellte, repräsentierte Holzer seit 1988 in Monaco die Firma Delta International Establishment, wobei das Büro auf den Namen seiner Ehefrau lief. Registriert war die Firma allerdings als sogenannte Sitzgesellschaft in einem anderen Steuerparadies, nämlich in Liechtenstein. Bei der Gründung des Briefkastenunternehmens am 8. April 1987 wurde als Zweck angegeben »die Durchführung von Handels- und Finanzgeschäften aller Art, insbesondere der Handel und Vertrieb von Ölen, Fetten und deren Derivaten«. Obwohl dieser Geschäftszweig an die frühere Arbeit Holzers als Abdecker erinnerte, war der gebürtige Saarländer zumindest nicht offiziell der Inhaber von Delta. Als Verwaltungsrat mit Einzelzeichnungsrecht firmierte der Treuhänder Werner Strub in Vaduz.

Für Maier schloß sich somit wieder mal ein Kreis. Sowohl der Name des Verwaltungsrates als auch die Firma Delta waren ihm bereits bei seinen Ermittlungen gegen Max Strauß begegnet. Schließlich hatte der CSU-Mann mit Hilfe seiner Spezis 400 000 Mark von einem Delta-Konto nach Deutschland geschleust. Aber es gab noch einen anderen interessanten Zusammenhang: Dieter Holzer war auch persönlich mit Max Strauß in gutem Kontakt.

Im Büro von Strauß hatten die Augsburger Ermittler Disketten mit einem Briefwechsel zwischen ihm und Holzer aus den Jahren 1987 und 1989 beschlagnahmt. Unter anderem war darin von einer internen Besprechung zwischen der libanesischen und der deutschen Regierungsspitze die Rede. Es ging um ein Treffen von Bundespräsident Richard von Weizsäcker, Bundeskanzler Helmut Kohl und Außenminister Dietrich Genscher mit einer hochrangigen libanesischen Delegation. »Ihr Vater«, schrieb Holzer in diesem Zusammenhang an Max Strauß, »wird vom Ergebnis dieser Besprechungen unterrichtet.« Die Protokolle würden entweder direkt an Franz Josef Strauß weitergeleitet oder über den libanesischen Präsidentenpalast an die Bayerische Staatskanzlei geschickt.

Mit diesen Briefen hatte Maier anfangs nichts anfangen können. Aber nachdem über die Figur Dieter Holzer immer mehr bekannt geworden war, löste sich auch dieses Rätsel. Der saarländische Abdecker war mit der Libanesin Souade Sahyoun verheiratet, einer nahen Verwandten des ehemaligen Staatspräsidenten Amin Gemayel. Dies wiederum hatte Holzer für diverse

Geschäfte die Tür zum Nahen Osten geöffnet und den Titel eines Honorarkonsuls des Libanon eingebracht. Über den Gemayel-Clan war dann auch der Kontakt zu Franz Josef Strauß entstanden, der schnell Gefallen an dem umtriebigen, aber verschwiegenen Geschäftsmann fand. Zu den regelmäßigen Treffen brachte der CSU-Chef gelegentlich auch seinen besten Mitarbeiter mit, den heutigen Parteivorsitzenden und bayerischen Ministerpräsidenten Edmund Stoiber. Auf diese Weise baute Holzer zu dem Kronprinzen von Strauß auch einen persönlichen Kontakt auf. In den 80er Jahren machte Stoiber nach eigenem Bekunden »etwa sechs oder sieben Mal« mit seiner Familie in Holzers Villa Soussou an der Côte d'Azur Urlaub.

Über all die persönlichen Querverbindungen und Verstrickungen war Maier verblüfft. Sowohl in der Panzer- als auch in der Leuna-Affäre tauchte zum Teil nicht nur derselbe Personenkreis auf, sondern der Augsburger Staatsanwalt erkannte auch nahezu identische Muster. In beiden Fällen nutzten Lobbyisten ihre ausgezeichneten Kontakte zu Spitzen der damaligen Regierungsparteien, um undurchsichtige Geschäfte teilweise mit Milliarden-Volumen voranzutreiben. Und in beiden Fällen verloren sich horrende Provisionszahlungen in einem wirren Geflecht von Tarnfirmen in der Schweiz, in Luxemburg und Liechtenstein. Bei so vielen Parallelen fiel es Maier schwer, an Zufall zu glauben. Das ganze schien Methode zu haben. Demnach konnte man sich des Eindrucks nicht erwehren, daß eine Art Parallelgesellschaft aus Politikern und Wirtschaftsunternehmern nach eigenem Gutdünken und zum eigenen Nutzen Geschäfte abwickelte, die jedes Mal zu Lasten der Steuerzahler gingen. Auf dem Umweg über Provisionszahlungen funktionierte offensichtlich in Deutschland die Korruption. In Italien, dachte sich Maier, würde man von mafiosen Strukturen sprechen.

Aber all sein Wissen über die Zusammenhänge in der Leuna-Affäre half ihm nichts. Er hatte keine Zuständigkeit für den Fall. Es war zum Verrücktwerden. In Frankreich ermittelte die Untersuchungsrichterin Eva Joly seit Jahren in der Angelegenheit, auch in der Schweiz arbeiteten, aufgeschreckt durch Rechtshilfeersuchen aus Frankreich, Untersuchungsrichter aus Genf an dem Fall. Selbst in der Europäischen Kommission in Brüssel liefen Untersuchungen dazu, weil Elf nach der Angabe überhöhter

Investitionskosten auch von der EU enorme Subventionen für die Sanierung von Leuna bekommen hatte. Nur in Deutschland, dem eigentlichen Tatort, fühlte sich keine Staatsanwaltschaft dafür zuständig, den Spuren der Schmiergelder nachzugehen. Zwischenzeitlich hatte auch der Untersuchungsausschuß »DDR-Vermögen« durch Ablauf der Legislaturperiode seine Arbeit eingestellt, ohne vorher in Sachen Leuna/Minol zu einem nennenswerten Ergebnis gekommen zu sein. Die Parlamentarier hatten unter Zeitdruck gestanden, und ihnen waren »viele wichtige Unterlagen nicht zur Verfügung gestellt worden«, beschwerte sich die SPD in ihrem Abschlußbericht. So hatte die damalige Regierung unter Helmut Kohl erst nach dem Ende der Beweisaufnahme 90 Aktenordner aus mehreren Ministerien herausgerückt. Maier, der selbst reichlich Erfahrung mit solchen Beweisanträgen bei Ministerien gesammelt hatte, konnte sich genau vorstellen, wie die Ausschußmitglieder mit Verzögerungstaktiken mürbe gemacht worden waren.

Aber Maier fand wenigstens die Möglichkeit, sich um Dieter Holzer intensiver zu kümmern. Am 7. Mai 1999 war der Holzer-Freund Holger Pfahls in Asien untergetaucht, weil er offensichtlich zuvor erfahren hatte, daß wegen der Panzer-Geschichte ein Haftbefehl gegen ihn vorlag. Im Zuge der Fahndungsmaßnahmen prüften Maier und der Augsburger Steuerfahnder Kindler auch die Personalakte von Pfahls beim Automobilkonzern DaimlerChrysler, seinem letzten Arbeitgeber. Sie wußten zwar, daß die Ausführungen in Personalakten meist ein verzerrtes Bild abgaben, aber trotzdem fand man in solchen Firmenunterlagen oft interessante Indizien, die einem weiterhalfen. Auch in der Personalakte von Pfahls war das nicht anders, obwohl es nur ein winziger Vermerk war: »Holzer Arbv.«

Steuerfahnder Kindler übersetzte diese Notiz mit Arbeitsverhältnis bzw. Arbeitsvertrag. Weitere Recherchen ergaben tatsächlich, daß mit Dieter Holzers Sohn eine Art Arbeitsverhältnis bestanden hatte. Der junge Holzer hatte unter Pfahls in der Singapur-Niederlassung des Automobilkonzerns ein Praktikum absolviert.

Dieser kleine Vermerk in Pfahls' Personalakte versetzte Maier in die Lage, Erkundigungen über Dieter Holzer einzuholen – und zwar ganz offiziell im Zusammenhang mit seinen Ermittlungen im Panzer-Deal. Schließlich hatte die Familie Holzer nachweislich einen engen Kontakt zu dem mit internationalem Haftbefehl gesuchten Holger Pfahls. Dabei ging Maier insgeheim davon aus, bei dieser Gelegenheit – natürlich rein zufällig – auch noch so manches Detail über die Leuna-Affäre herauszufinden. Zudem hoffte er darauf, über Holzer auf die Spur des untergetauchten Pfahls zu kommen. Daß dies nicht einfach sein würde, war Maier klar, denn Dieter Holzer war bestens mit dem Geheimdienstmilieu vertraut. Unter dem Decknamen »Baumholder« hatte er jahrelang für den Bundesnachrichtendienst gearbeitet.

Maier begann seine Nachforschungen mit einem routinemäßigen Anruf beim Finanzamt Zweibrücken, zuständig für Quierschied, der Heimatstadt Holzers. Der Finanzbeamte dort meldete Maier, daß Dieter Holzer seit Jahren nicht mehr in Quierschied gemeldet sei. Zugleich verwies er darauf, daß Dieter Holzer bei der saarländischen Steuerverwaltung kein unbeschriebenes Blatt sei. Anfang der 90er Jahre habe es einen Verdacht gegen ihn wegen Steuerhinterziehung gegeben. Es sei um 360 000 Mark Einkommensteuer gegangen. Aber ein Vollstreckungsversuch sei fehlgeschlagen. Holzer habe sich zuvor nach Monaco abgesetzt. 1993 sei der Fall niedergeschlagen worden, nachdem Holzer 150 000 Mark gezahlt habe. Mehr wußte der Finanzbeamte nicht zu berichten.

Maier wollte sich schon für die Informationen bedanken und auflegen, als ihn eine abschließende Bemerkung des Finanzbeamten aufhorchen ließ. Das plötzliche Interesse an Dieter Holzer, meinte dieser, sei ja schon auffällig. Auf Nachfrage berichtete der Beamte, daß erst am Tag zuvor ein Zollfahnder aus Freiburg Informationen über Holzer eingeholt habe. Maier ließ sich sofort Name und Telefonnummer des Freiburger Kollegen geben und rief dort an.

Es meldete sich Franz Kohler von der Gemeinsamen Ermittlungsgruppe Polizei/Zoll des Landeskriminalamtes Baden-Württemberg. Maier mußte Kohler nicht lange bitten. Der Kriminalbeamte kam gleich zur Sache und erzählte Maier eine spannende Geschichte, gespickt mit jenen seltsamen Zufällen, die sich schon wie ein roter Faden durch Maiers Ermittlungsarbeit zogen.

Am 7. Mai 1999, eigenartigerweise der Tag, an dem Holger Pfahls verschwand, war am deutsch-schweizerischen Grenzübergang bei Bietingen gegen Mitternacht ein Mercedes Diesel angehalten worden. Es war eine routinemäßige Zollkontrolle. Aber der Fahrer des Mercedes raunzte die Zollbeamten an: »Ich bin Anwalt.« Kurz darauf baten ihn diese um seine Papiere. Der Mann hieß Alfred Holzer und war aus dem saarländischen Quierschied. Er war nach eigenen Angaben Patentanwalt bei einer SH Trading-Consult AG in Standstad und im Mercedes seines Onkels auf dem Weg zu seinem Zweitwohnsitz im schweizerischen Hergiswil.

Die Beamten durchsuchten das Auto und fanden einen an Dieter Holzer adressierten Umschlag mit der Aufschrift: Hotel de la Cigogne, 17 Place Longemalle, Genf. Mit dem Inhalt konnten die Zollbeamten nichts anfangen. Die darin enthaltenen Dokumente waren in französischer Sprache. Es waren irgendwelche Vermögensauflistungen von Liechtensteiner Firmen, ausgestellt am 3. Mai 1999, also vier Tage zuvor, von einem Liechtensteiner Treuhänder namens Werner Strub. Den Zollbeamten kam das alles reichlich merkwürdig vor, und sie beschlossen deshalb, von den Dokumenten vorsichtshalber Kopien zu machen. Danach ließen sie Alfred Holzer, nach eigenen Angaben der Sohn des Briefadressaten Dieter Holzer, weiterfahren.

Die Kopien kamen schließlich auf den Tisch von Franz Kohler von der Finanzermittlungsgruppe in Freiburg. Kohlers Französischkenntnissse reichten aus, um gleich zu erkennen, was er hier in seinen Händen hielt: den Hinweis auf Geldwäsche in ganz großem Stil. Werner Strub, Strohmann für eine Liechtensteiner Briefkastenfirma namens Delta International Establishment, hatte eine Finanzaufstellung für den wahren Inhaber des Tarnunternehmens gemacht – und der hieß Dieter Holzer.

Unter dem Titel »Kommissionen« informierte Strub seinen Klienten Holzer, daß im Jahre 1993 die Delta insgesamt 161 450 000 Franc eingenommen und zwei Jahre später, am 14. März 1995, in Liechtenstein versteuert hatte. Strub teilte Holzer auch mit, woher das viele Geld gekommen war: Am 3. Februar 1993 waren allein 152 Millionen Franc von einer Stand-By Establishment, Vaduz, eingetroffen.

Maier begriff sofort. Die Stand-By war exakt jene Tarnfirma, auf die Elf Aquitaine wiederum über die Briefkastenfirma Nobleplac des Strohmannes André Guelfi einen Großteil der

Schmiergelder für Leuna überwiesen hatte. Und der hier angegebene Betrag von rund 50 Millionen Mark stimmte auch mit dem überein, den seine französische Kollegin Eva Joly bereits ermittelt hatte. Der Freiburger Zufallsfund war eine Sensation. Erstmals gab es nun Beweise für die seit langem gehegten Vermutungen: Dieter Holzer steckte hinter Delta International Establishment und war auch Empfänger von Leuna-Schmiergeldern. Nun war die große Frage, an wen das Geld weitergereicht worden war. Maier mußte die Unterlagen unbedingt selbst einsehen. Sie konnten einen Durchbruch in der Leuna-Affäre bedeuten. Er vereinbarte sofort einen Termin mit dem Freiburger Zollfahnder.

Äußerlich war Franz Kohler das genaue Gegenteil von dem eher bubenhaft wirkenden Maier. Der zirka 1,80 Meter große Zollfahnder gab sich betont leger und hatte ein cooles und zielgerichtetes Auftreten. Trotzdem verstanden sie sich auf Anhieb. Denn auch Kohler schien mit der Einstellung an seine Arbeit heranzugehen, daß Vorschriften dazu da sind, kreativ angewendet zu werden. Ansonsten könnte man seinen Job als Ermittler in Wirtschaftsstrafsachen gleich an den Nagel hängen. Kohler hatte nach Erhalt der Kopien nicht lange gezaudert oder sich erst mit irgendwelchen vorgesetzten Behörden abgestimmt, sondern unter der Tagebuchnummer GFG/Z/99/99 gleich eine Ermittlungsakte gegen Dieter Holzer wegen des »Verdachts der Geldwäsche« angelegt.

Darauf deuteten auch weitere Papiere, die bei der Autorazzia beschlagnahmt worden waren. Der Treuhänder Strub bestätigte darin seinem Klienten Holzer, dieser habe bei diversen europäischen Banken rund 26 Millionen Mark liegen. Des weiteren schien Holzer über 40 Millionen Mark zu verfügen, die er im Nahen Osten geparkt hatte, »auf einem Ihnen bekannten Konto«, wie Strohmann Strub an Holzer schrieb. Auch dazu gab es Unterlagen, die Maier besonders interessierten. Es handelte sich um zwei Abbuchungen von Delta-Konten: 20 Millionen Mark und 11,278 Millionen Dollar.

Besonders das Dollarkonto fand die Aufmerksamkeit des Augsburger Staatsanwaltes. Wie sich herausstellte, war es ein Konto beim Schweizerischen Bankverein in St. Gallen. Genau von diesem Konto hatte Max Strauß in zwei Tranchen 400 000 Mark bekommen, die er über Firmenkonten seiner

Münchner CSU-Freunde vermutlich waschen wollte. Für Maier drängte sich immer mehr der Verdacht auf, daß Max Strauß offensichtlich aus dem Schmiergeldtopf von Elf Aquitaine profitiert hatte. Aber wofür? Und war Max Strauß vielleicht auch nur ein Mittelsmann, um die wahren Empfänger der Schmiergelder zu verschleiern?

Holzer jedenfalls schien mit allen Wassern gewaschen, wenn es darum ging, die eigentlichen Adressaten der Elf-Aquitaine-Gelder nicht erkennbar werden zu lassen. 40 Millionen Mark jedenfalls hatte er in den Libanon transferiert, wo deutsche Ermittler kaum je eine Chance haben dürften, über Rechtshilfeersuchen zu erfahren, wohin das Geld anschließend geflossen war. Nur soviel stand fest: Bei dieser Transaktion hatte sich Holzer mal wieder seiner Familienbande bedient. Denn das Geld von dem Dollarkonto beim Schweizerischen Bankverein in St. Gallen hatte er am 6. Oktober 1997 auf ein Konto bei der Amro Bank in Beirut/Libanon überwiesen. Inhaber des Kontos: Professor Dr. Ibrahim Sahyoun, ein naher Verwandter von Holzers Frau Souade, geborene Sahyoun, der Kusine des ehemaligen Staatspräsidenten Amin Gemayel, wie auch der Freiburger Zollfahnder zwischenzeitlich herausgefunden hatte.

Maier seufzte. Bis zu dem Beweis, daß die Schmiergelder nicht für Holzer allein, sondern womöglich auch für deutsche Politiker bestimmt gewesen waren, lag noch ein langer Weg vor ihm. Um hier ein Stück voranzukommen, mußte er sich auf die Leuna-Spur begeben, wofür ihm aber die Zuständigkeit fehlte. Ihm blieb nichts anderes übrig, als es mit einem kleinen Trick zu versuchen. Einem Bekannten bei der EU in Brüssel erzählte er beiläufig von dem Freiburger Fund. Schließlich wußte er, daß die Europäische Kommission selbst gegen Elf Aquitaine ermittelte. Die Wirkung blieb nicht aus. Kurz darauf erhielt Maier die notwendige Einladung nach Brüssel, da er von sich aus in dieser Angelegenheit keine Dienstreisen unternehmen durfte.

Am 2. Juli 1999 trafen sich Maier und Kindler in der belgischen Hauptstadt mit Conrado Tromp, einem leitenden Mitarbeiter der Generaldirektion IV (Wettbewerb) in der Europäischen Kommission. Mit am Tisch saß Harald Spitzer, zuständig für die Bekämpfung der Korruption innerhalb der Europäischen Kommission. Tromp erklärte in kurzen Worten, daß die EU- Kommission von Unregelmäßigkeiten bei den Subventionszahlungen für die ostdeutsche Raffinerie Leuna ausgehe. An subventionsfähigen Kosten seien fast 3,4 Milliarden Mark bezuschußt worden. Dies wäre nach Überzeugung der EU aber deutlich zuviel, denn die wirklich subventionsgemäßen Kosten dürften sich zwischen 2,4 Milliarden und höchstens 2,7 Milliarden bewegt haben. Der von Deutschland angegebene Betrag sei also mindestens um 700 Millionen Mark zu hoch berechnet worden. Daraus ergebe sich ein Zuviel an Subventionen von 240 Millionen Mark. Die EU habe deshalb 1997 ein Hauptverfahren eröffnet, was ein außergewöhnlicher Vorgang sei, da die EU normalerweise niemals bereits abgeschlossene Subventionsvorgänge prüfe. Weitere Verdachtsmomente hätten sich aber ergeben, da die Firma Elf Aquitaine das Bauvorhaben im Umfang von immerhin 3,3 Milliarden Mark ohne Ausschreibung durchgeführt habe. Es fiel auf, daß insbesondere die Stundensätze für Engineering und Beraterleistungen zu hoch bemessen waren. Aber in keinem anderen Fall, so Tromp, sei es so schwer gewesen, von den beiden beteiligten Nationen Frankreich und Deutschland Informationen zu erhalten. Maier lauschte gespannt. Selbst gab er wenig von seinem Wissen preis. Er entschuldigte sich dafür bei Tromp und erklärte, in diesem Fall sei er Steuergeheimnissen unterworfen. Aber er überließ den EU-Beamten zumindest Kopien von den beim Holzer-Sohn gefundenen Unterlagen. Tromp wußte dies zu schätzen und versprach, einen unbürokratischen Kontakt zwischen Maier und der Pariser Untersuchungsrichterin Eva Joly herzustellen. Wieder zu Hause machten Maier und Kindler eine kurze Aktennotiz: »Über das Treffen mit Tromp wird Vertraulichkeit vereinbart.«

Aber eine offizielle Dienstreise der bayerischen Ermittler nach Paris zum Gedankenaustausch mit Eva Joly schien ausgeschlossen. Schließlich erwog die Generalstaatsanwaltschaft in München genau zu diesem Zeitpunkt, das gesamte Verfahren gegen Max Strauß von den übrigen Augsburger Ermittlungen abzutrennen. Trotzdem traf Maier seine französische Kollegin Eva Joly, mehr oder weniger rein zufällig, auf einer Fachtagung in Brüssel, wo sich die beiden ebenso zufällig über die deutsch-französische Schmiergeldaffäre unterhielten. Joly jedenfalls zeigte großes Interesse an den gefundenen Holzer-Unterlagen. Ihre mutigen Ermittlungen hatten in Frankreich mittlerweile für erhebliches Aufsehen gesorgt, und die Presse berichtete Genaueres über diese »Nestbeschmutzerin«. Dabei wurde deutlich, daß sie keine gebürtige Französin ist. Als Gro Farseth war sie in Norwegen geboren worden und 1964 als Au-pair-Mädchen nach Frankreich gekommen, wo sie sich in den Sohn ihrer Gasteltern verliebt und ihn schließlich auch geheiratet hatte.

Als Joly Anfang der 90er Jahre als Untersuchungsrichterin die Abteilung für Finanzdelikte in Paris übernahm, fand sie in ihrem Büro statt modernen Equipments wie Computer und Fax lediglich eine elektrische Schreibmaschine vor. Joly wartete gar nicht lange, ob ihr irgendwann einmal Gelder für eine angemessene Büroausstattung genehmigt würden, sondern schleppte kurzerhand den ausrangierten Computer ihrer Tochter ins Büro und kaufte von ihrem Gehalt ein Faxgerät und ein Mobiltelefon.

Genauso entschieden ging sie auch als Untersuchungsrichterin zu Werke und verschaffte sich schnell Respekt. Kompromißlos ermittelte sie gegen Weiße-Kragen-Kriminelle und brachte etwa den früheren Minister und populären Sunnyboy Bernard Tapie wegen seiner windigen Geschäfte ins Gefängnis. Und bei ihren Ermittlungen in Sachen Elf Aquitaine kannte Madame Joly ebenfalls keinen Pardon. Sie steckte einfach den früheren Vorstandsvorsitzenden des Mineralölkonzerns in Untersuchungshaft und ließ auch Roland Dumas, immerhin früherer Außenminister und amtierender Präsident des Verfassungsrates, wie einen gemeinen Gauner von der Gendarmerie aus seiner noblen Wohnung holen und zum Verhör bringen. Denn auch der prominente Politiker, hatte Joly herausgefunden, stand im Sold von Elf Aquitaine – zumindest indirekt. Der verheiratete Dumas hatte sich von seiner Geliebten 3 000 Mark teure Maßschuhe spendieren lassen, die diese wiederum mit einer Kreditkarte von Elf bezahlt hatte. Aber das teure Schuhwerk war nicht alles. »Die Hure der Republik«, wie die Dumas-Geliebte später ihre Biographie betitelte, hatte von Elf auch noch 46 Millionen Franc zur Verfügung gestellt bekommen, um damit Dumas von der Notwendigkeit von Fregatten-Lieferungen an Taiwan zu überzeugen.

Maier bewunderte seine französische Kollegin für ihren Mut. Andererseits waren ihm die zwei Leibwächter nicht entgangen, die die Untersuchungsrichterin auf Schritt und Tritt begleiteten.

Seit Joly im Fall Elf Aquitaine ernst gemacht hatte, bekam sie ständig Morddrohungen.

Auch Maier entschloß sich, in Sachen Leuna endlich ernst zu machen. Am 21. Juli 1999 schrieb er einen ausführlichen Vermerk für seinen Behördenleiter Reinhard Nemetz. Darin nannte er das Kind erstmals aktenkundig beim Namen, sprach von der Vermutung, daß Max Strauß aus dem Schmiergeldtopf von Elf Aquitaine versucht hatte, insgesamt 400 000 Mark zu waschen: »Es besteht der Anfangsverdacht, daß über die Firma Delta International Bestechungsgelder beziehungsweise aus Subventionsbetrug erlangte Gelder gewaschen wurden.« Detailliert schilderte Maier auch den Weg, den das Geld vom französischen Mineralölkonzern Elf Aquitaine über mehrere Tarnfirmen wie etwa die Liechtensteiner Nobleplac bis zu Holzers Delta International Establishment genommen hatte.

Nebenbei notierte er: »Nach Aussage des Chefs der Firma Nobleplac wurden diese Gelder als Schmiergelder an deutsche Entscheidungsträger weitergeleitet. Andererseits ist bekannt, daß eine ehemalige Staatssekretärin aufgrund einer Vereinbarung mit der Firma Delta International Establishment Vaduz/Monaco im Zusammenhang mit Beratungsleistungen beim Verkauf der Leuna-Werke Provisionen erhielt.«

Es handelte sich dabei um Agnes Hürland-Büning, bis Anfang 1991 parlamentarische Staatssekretärin im Verteidigungsministerium, bei der Bundeswehr auch »Mutter der Kompanie« genannt. Über eine Anfrage beim Bundesamt für Finanzen, ob in Deutschland eine Delta International Establishment steuerlich irgendwann in Erscheinung getreten war, hatte Maier einen interessanten Hinweis erhalten: Die CDU-Politikerin Hürland-Büning stand in einer Geschäftsbeziehung mit Holzers Delta. Am 24. April 1991, also kurz nach ihrem Ausscheiden aus dem Verteidigungsministerium, hatte sie »unter Einhaltung strikter Vertraulichkeit« einen Beratervertrag mit Holzers Delta geschlossen. Holzer versprach darin, der Staatssekretärin a.D. Kunden und Projekte aus der Industrie zu vermitteln. Hürland-Büning wiederum verpflichtete sich, von ihren Provisionen 50 Prozent als sogenannte Finder's Fee an Holzers Delta abzuführen – für beide Seiten ein lohnendes Geschäft, denn Hürland-Büning kassierte unter anderem von Firmen wie Elf Aquitaine und Thyssen insgesamt 8,5 Millionen Mark.

Wofür genau die gelernte Pflegerin ihre Beraterhonorare bekam, war nicht ganz klar. Maier und Kindler reisten jedenfalls ins nordrhein-westfälische Dorsten, um sich einmal mit der früheren Staatssekretärin zu unterhalten. Schließlich tauchte sie – genau wie ihr damaliger Kollege im Verteidigungministerium Holger Pfahls – ebenfalls in Schreibers Kalender auf. »Den Herrn habe ich nie gesehen«, beteuerte Hürland-Büning gegenüber den Augsburger Ermittlern. Auch sonst gab sich die Millionärin selbstbewußt. »Ach, Sie sind Finanzbeamter?« fragte sie Kindler. »Mit so einem war ich einmal verheiratet. Ein Finanzbeamter, das ist das Allerschlimmste.«

Nach ihrem Ausscheiden aus dem Verteidigungsministerium hatte Hürland-Büning 280 000 Mark an Übergangsgeld bekommen. Zusätzlich erhielt sie noch aus der Staatskasse eine monatliche Pension von 13 000 Mark. Als schließlich ihre Millionen-Einkünfte als Beraterin von Holzers Gnaden bekannt wurden, gab Hürland-Büning über den Verbleib des Geldes bekannt: »Ich habe schließlich vier Kinder und sieben Enkelkinder. Da können Sie sich ja vorstellen, wo das Geld geblieben ist.«

Aber die Millionen kamen offensichtlich nicht bei allen Kindern und Enkeln an. Vom plötzlichen Reichtum der Agnes Hürland-Büning wußten Sohn Paulus und Enkel Heiko nur aus der Zeitung, wie das ARD-Magazin *Panorama* herausfand. Der Enkel lebte von Sozialhilfe. Dabei hatte Oma Hürland-Büning ihm zum Geburtstag viel Geld versprochen. Auch Enkelkind Silvia bekam seit acht Jahren Sozialhilfe, und eine weitere Enkeltochter lebte vergessen in einem Frauenhaus.

Maier nahm dies alles emotionslos zur Kenntnis. Die Auswertung der Unterlagen hatte ihm zumindest einen interessanten Aspekt geliefert: Hürland-Büning überwies Holzers 50prozentigen Anteil an den Beraterhonoraren auf das Delta-Konto beim Schweizerischen Bankverein in St. Gallen, just jenes Konto, von dem Max Strauß bedient worden war.

Am 10. August 1999 schickte Maier erneut ein Rechtshilfeersuchen an die Schweizer Kollegen, um weitere Geldbewegungen in der Panzeraffäre zu ermitteln. Aber der listige Staatsanwalt hatte diesmal auch die Leuna-Vorgänge im Auge und versteckte deshalb wie schon im Aktenvermerk für Nemetz den kleinen Satz: »Es besteht der Anfangsverdacht, daß über die Firma

Delta International Establishment Bestechungsgelder bzw. aus Subventionsbetrug erlangte Gelder gewaschen wurden.«

Vier Monate später bat der Genfer Untersuchungsrichter Paul Perraudin seinerseits die Augsburger um Amtshilfe im Fall Leuna. »In Anbetracht der Dringlichkeit«, entschuldigte er sich, »stelle ich Ihnen dieses Schreiben mit einer Übersetzung in deutscher Sprache per Fernkopierer zu.« Seit drei Jahren arbeitete Perraudin, ein Spezialist für internationale Wirtschaftskriminalität, bereits an der Sache. Nachdem bei Elf Aquitaine die Vorstandsriege gewechselt hatte, war den neuen Managern beim Kassensturz bewußt geworden, daß sich ihre Vorgänger offensichtlich dreist aus der Konzernkasse bedient und mit weit überzogenen Provisionen geradezu um sich geworfen hatten. Weil einige der verdächtigen Elf-Berater in der Schweiz wohnten, erstattete der neue Vorstand auch dort Strafanzeige. Seitdem versuchte Perraudin die Hintergründe des Milliardengeschäfts zu klären, das Elf die Übernahme der ostdeutschen Raffinerie und Tankstellenkette gesichert hatte. Im Frühjahr 1999 war es gelungen, die 50 Millionen Mark für die Liechtensteiner Delta International Establishment auf deren Konto bei der Luxemburgischen DSL-Bank zu verfolgen. Am 5. Mai des Jahres, zwei Tage bevor Holzers Sohn Alfred am deutsch-schweizerischen Grenzübergang mit Unterlagen erwischt wurde, hatte er dazu Holzer vernommen. Der deutsche Geschäftsmann versicherte dabei, keine Schmiergelder gezahlt zu haben. Die 50 Millionen Mark seien einzig Provision für die von ihm geleistete Arbeit gewesen. »Ohne provozieren zu wollen«, erklärte Holzer in der Vernehmung, »es war eine schlechte Bezahlung.«

Der Schweizer Untersuchungsrichter Perraudin wunderte sich seit drei Jahren darüber, daß in Deutschland keine Staatsanwaltschaft in dieser Angelegenheit ermittelte. Maiers kleiner Satz in dem Rechtshilfeersuchen war deshalb ein willkommener Hinweis. Endlich schien sich mal jemand dafür zu interessieren.

Offensichtlich um den Augsburger Kollegen eine Brücke zu bauen, ließ Perraudins Vorgesetzter über die Presse verlauten, die Schweizer Untersuchungen zum Panzer-Deal wiesen darauf hin, »daß manche Firmen und Personen dieselben sind, die auch im Leuna-Deal eine Rollen spielen«. Generalstaatsanwalt Bernhard Bertossa erwarte deshalb, daß »in Deutschland ein eigenes Ermittlungsverfahren« eröffnet werde. »Ich wünsche mir«, betonte er, »die deutsche Justiz würde sich für die ganze Angelegenheit wirklich interessieren.«

Das Rechtshilfeersuchen der Schweizer wurde mit dem Verdacht wegen Betrugs, Urkundenfälschung und Geldwäscherei im Zusammenhang mit dem Kauf der Leuna-Werke durch Elf Aquitaine begründet. Die Ermittlungen, so Perraudin in seinem Fax an die Augsburger, richteten sich gegen den Elf-Strohmann André »La Sardine« Guelfi, frühere Elf-Manager sowie gegen Dieter Holzer. Perraudin bezeichnete Holzer »als Vermittler« und »Strohmann der wirklichen Anspruchsberechtigten«. Er stütze sich dabei auf »eine umfangreiche Sammlung von Bankunterlagen, die den Fluß der Gelder« belegen, »welche gegenwärtig als Ertrag eines Betruges betrachtet werden«. Holzer habe sich, meint Perraudin, bei seiner Lobbyarbeit in Deutschland auf »Helfershelfer« verlassen können. In diesem Zusammenhang listete er folgende Personen auf: den früheren CDU-Schatzmeister Walther Leisler Kiep, den Ex-Verkehrsminister Günther Krause, die frühere Staatssekretärin im Verteidigungsministerium Hürland-Büning, den früheren sachsen-anhaltinischen Ministerpräsidenten Werner Münch, den früheren Finanzstaatssekretär Manfred Carstens sowie den einstigen Kanzleramtsminister Friedrich Bohl. (Die Betreffenden wiesen später die Vorwürfe empört zurück.)

Die Staatsanwaltschaft Augsburg wurde gebeten, vor allem Agnes Hürland-Büning zu vernehmen. Die frühere Staatssekretärin sollte dabei »ihre berufliche und finanzielle Beziehung, die sie zu Herrn Dieter Holzer und/oder zur Firma Delta International Establishment« hatte, erklären wie auch die »Überweisungen, die sie von Elf Aquitaine« bekommen habe. »Falls Frau Agnes Hürland-Büning wünschen sollte, unmittelbar in Genf einvernommen zu werden, steht meines Erachtens dem nichts im Wege«, schrieb Paul Perraudin. Er garantierte Hürland-Büning sogar freies Geleit und versprach der mittlerweile in der Boulevardpresse als »Raffzahn« verschrieenen Ex-Staatssekretärin: »Ihre Reisekosten könnten übernommen werden.«

Am 17. Dezember 1999, zwei Wochen nach dem Eintreffen des politisch brisanten Rechtshilfeersuchens aus der Schweiz, wurde bekannt, daß Leuna-Akten aus dem Bundeskanzleramt verschwunden waren. Kein einziges Originaldokument war mehr auffindbar, in den völlig falsch beschrifteten Registermappen befanden sich Kopien, die jedoch unvollständig und größtenteils ungeordnet waren. Niemand konnte in diesem Durcheinander feststellen, welche Papiere fehlten. Nur wenige glaubten noch an Schlamperei der Verwaltung. Altkanzler Helmut Kohl und sein Kanzleramtsminister Friedrich Bohl wiesen alle Vorwürfe der Opposition zurück, die Akten seien nach der Wahlniederlage im Herbst 1998 gezielt vernichtet worden. Die Bundesregierung beauftragte schließlich den FDP-Abgeordneten Burkhard Hirsch mit Ermittlungen. Hirsch begab sich zusammen mit zwei Beamten des Bundeskriminalamtes auf die Spur der verschwundenen Dokumente.

Maier glaubte nun an einen günstigen Zeitpunkt, um mit seinem Behördenleiter Reinhard Nemetz darüber zu reden, ob man sich nicht endlich selbst verantwortlich um die Leuna-Affäre kümmern sollte. Am 21. Dezember 1999 ging er zu Nemetz und forderte, ein Verfahren wegen Strafvereitelung gegen Dieter Holzer und dessen Söhne einzuleiten. Er schlug auch vor, einen Haftantrag gegen Dieter Holzer wegen Verdunkelungsgefahr zu stellen. Das Bundeskriminalamt hatte Maier kurz zuvor mitgeteilt, die Zielfahndung nach Holger Pfahls habe den Verdacht genährt, daß Dieter Holzer sowie dessen Söhne dem früheren Geheimdienstchef bei der Flucht behilflich gewesen seien.

Weiter regte Maier bei Nemetz an, über den Generalstaatsanwalt prüfen zu lassen, welche Staatsanwaltschaft für Ermittlungen im Zusammenhang mit dem Verkauf der Leuna-Werke an die Firma Elf Aquitaine in Betracht käme. Doch der neue Behördenleiter wollte davon nichts wissen. Die politischen Probleme mit der Panzer-Affäre genügten ihm offensichtlich schon. Hinhaltend erklärte er, die Problematik mit seiner vorgesetzten Behörde besprechen zu wollen.

Auch der Freiburger Zollfahnder Franz Kohler war nicht sonderlich weit damit gekommen, für den Fall Leuna und Dieter Holzer eine zuständige Staatsanwaltschaft zu finden. Im ersten Anlauf scheiterte er in Saarbrücken. Kohler hatte diese Behörde gewählt, da sich in ihrem Einsatzbereich Holzers letzter Wohnsitz in Deutschland befunden hatte. Doch die Staatsanwälte lehnten ab. Die Tat, offensichtlich 1993 oder 1994 begangen, sei bereits verjährt, hieß es. Kohlers Einwand, die letzte vermeintliche Geldwäsche, nämlich die Überweisung in den Libanon, habe erst 1997 stattgefunden und damit sei dieses Datum auch der Stichtag für die letzte Tat, interessierte in Saarbrücken niemanden. Der Zollfahnder ging daraufhin nach Konstanz. Dort glaubte er einen Tatort aufweisen zu können, denn das Auto mit den aufschlußreichen Dokumenten war ganz in der Nähe, in Bietingen, gestoppt worden. Konstanz erklärte nur lakonisch: nicht zuständig, ebenso Mannheim, die Schwerpunktstaatsanwaltschaft für Wirtschaftskriminalität. Geldwäsche falle nicht unter ihr Aufgabengebiet, erklärte man dort. Kohler ging zum Bundeskriminalamt, denn dort gab es eine gemeinsame Ermittlungsgruppe der Bereiche Organisierte Kriminalität und Zollfahndung. Die Beamten zeigten anfänglich auch Interesse, doch dann wurde der Fall gestoppt. »Befehl von oben«, wie es in einer vertraulichen Mitteilung an Kohler hieß. Wer sich dahinter verbarg, war nicht herauszubekommen. Auch Berlin erklärte sich wenig später für nicht zuständig.

Als beim Dezernat in Freiburg die Jahrespressekonferenz stattfand, soll es zuvor einen Hinweis von der Oberfinanzdirektion gegeben haben: Das Thema Leuna und Holzer möge man bitte nicht erwähnen. Kohler war mehr als deutlich geworden, daß seine Ermittlungen nicht erwünscht waren. Er erstattete schließlich schriftlich Strafanzeige gegen Dieter Holzer wegen des Verdachts der Geldwäsche – und zwar bei der Staatsanwaltschaft in Augsburg. Aufgrund der guten Kontakte nach Zürich, Paris und Brüssel sowie der Verdachtsmomente gegen Max Strauß, begründete Kohler seine Strafanzeige, sei die Augsburger Staatsanwaltschaft wie keine andere in Deutschland vertraut mit dem Fall. Aber Nemetz lehnte dieses Ansinnen ab. Seine Behörde sei völlig überfordert und habe nicht das notwendige Personal. Auch der Tatort liege nicht in seiner Zuständigkeit.

Für Maier waren damit die Ermittlungsarbeiten in Sachen Leuna beendet, bevor sie überhaupt richtig begonnen hatten. Es gab offensichtlich keinen Verantwortlichen in Deutschland, der bereit war, in dieser Staatsaktion die Ermittlungen zu übernehmen. Da keine wirkliche Unabhängigkeit der dafür zuständigen Behörden existierte, war allen klar, daß sie Behinderungen »von oben« zu erwarten hätten und mit persönlichem Ärger rechnen müßten, was der eigenen Karriere nur schädlich sein konnte.

Schmiergeldzahlungen und schwarze Parteikonten

Aus Kieps Steuerstrafverfahren wird
der CDU-Spendenskandal

Es war kurz nach neun am Donnerstag morgen, als die Augsburger Staatsanwältin Barbara Pöschl und vier hessische Polizeibeamte in Kronberg in den Philosophenweg einbogen. Die Straße in dem Prominentenviertel war eine Sackgasse und so schmal, daß zwischen den Randsteinen lediglich für ein Auto Platz blieb. Barbara Pöschl sollte an diesem 4. November 1999 niemand Geringeren verhaften als einen der prominentesten Politiker der CDU: Walther Leisler Kiep.

Barbara Pöschl war erst seit vier Monaten bei der Augsburger Staatsanwaltschaft. Sie assistierte Winfried Maier bei den Ermittlungen im Schreiber-Komplex. Maier hatte vor über einer Woche den Haftbefehl formuliert und zur Genehmigung nach München zur Generalstaatsanwaltschaft geschickt. Bis »Frosch«, wie der Generalstaatsanwalt Froschauer intern genannt wurde, seinen Segen dazu geben würde, wollte Maier die Wartezeit für einen Kurzurlaub nutzen. Mit seiner Frau Ulla besuchte er deren Schwester in Hamburg. Aber kaum war Maier abgereist, bekam die Justiz in München einen Tip: Kiep plane eine längere Auslandsreise. Hektische Betriebsamkeit brach aus, und Barbara Pöschl, noch nicht lange von der Universität, wo sie beim Abschlußexamen von 1 000 Absolventen die Platzziffer 16 belegt hatte, fand sich auf einmal im Brennpunkt des Geschehens. Am 3. November 1999 stellte ihr ein Augsburger Ermittlungsrichter den Haftbefehl aus. Danach lag es an ihr, den früheren CDU-Schatzmeister hinter Schloß und Riegel zu bringen.

Als sie an der Tür des prominenten Politikers klingelte, öffnete Kieps Ehefrau Charlotte. Die 78jährige erfaßte sofort die Situation und fragte Pöschl, ob diese ihren Mann mitnehmen wolle. Die junge Staatsanwältin antwortete mit einer Gegenfrage und wollte von Charlotte Kiep wissen, ob ihr Mann zu Hause sei. Nein, ihr Mann sei den ganzen Tag unterwegs, irgendwo im Raum Stuttgart, und käme erst gegen 24 Uhr zurück. Charlotte Kiep weigerte sich, der Staatsanwältin die Handy-Nummer ihres Mannes zu geben. Barbara Pöschl blieb hartnäckig, bekam aber lediglich die Telefonnummer von Kieps Anwalt ausgehändigt und die Hiobsbotschaft, daß Kiep am nächsten Morgen nach Stockholm fliegen wollte und anschließend eine Reise in die USA geplant war.

Pöschl wußte, sie hatte nun keine Zeit mehr zu verlieren. In wenigen Minuten würde Kiep von seiner Frau gewarnt sein und sich vielleicht ins Ausland absetzen. Sie mochte sich gar nicht ausmalen, was das für eine Blamage wäre. Nach Karlheinz Schreiber, der in Kanada saß, und dem früheren Staatssekretär Holger Pfahls, der irgendwo in Asien untergetaucht war, wäre Kiep dann bereits der dritte Beschuldigte, der ihnen durch die Lappen ginge. Barbara Pöschl eilte zum Auto zurück und raste nach Bad Homburg ins Kommissariat 23, zuständig für Kieps Wohnort Kronberg. Sofort ließ sie Kiep zur Fahndung ausschreiben, telefonierte wie wild herum, fragte bei der Polizeidirektion Stuttgart an, ob dort irgendwelche politischen Veranstaltungen gemeldet wären, und erfuhr schließlich bei der Lufthansa, daß für den CDU-Politiker tatsächlich für den nächsten Morgen um 9.50 Uhr ein Flug nach Stockholm gebucht worden war. Danach wurden über das Bayerische Landeskriminalamt alle Grenzstationen aufgefordert, Leisler Kiep auf keinen Fall ausreisen zu lassen, sondern gleich zu verhaften.

Während Barbara Pöschl fieberhaft daran arbeitete, eine Großfahndung nach Kiep einzuleiten, kam der Leiter des Kommissariats 23 auf sie zu, um ihr direkt ins Gesicht zu sagen, daß er von ihrer Aktion, Kiep verhaften zu wollen, nichts hielte. Er kenne Kiep persönlich, und Fluchtgefahr könne bei diesem Mann ausgeschlossen werden. Kiep habe in der Gegend so viele Kontakte, sei so bekannt und politisch noch so aktiv, daß er seinen Ruf niemals durch eine Flucht aufs Spiel setzen würde. Auch die Summe, die Kiep an Steuern hinterzogen haben soll, sei für den CDU-Politiker ein Klacks. Kiep sei schließlich mehrfacher Millionär.

Die Staatsanwältin hatte eine solche Konstellation schon vorausgesehen. Zusammen mit dem Steuerfahnder Winfried Kindler war sie im Morgengrauen nach Bad Homburg aufgebrochen, ohne die dortige Polizei zu informieren. Es sollte ausgeschlossen werden, daß vorher von ihrem Vorhaben etwas durchsickerte. Pöschl war es ein bißchen peinlich gewesen, als sie und Kindler dann wie ein Überfallkommando beim Kommissariat 23 aufgetaucht waren und um die Bereitstellung von vier Polizeibeamten gebeten hatten. Mittlerweile hatte sie jedoch den Eindruck, daß diese Vorgehensweise ganz angebracht gewesen war. Schließlich hörte der leitende Kriminalbeamte gar nicht mehr auf, an der geplanten Verhaftung herumzunörgeln. Kein Gericht im Raum Bad Homburg, versicherte er Pöschl, würde je einen Haftbefehl gegen Kiep erlassen.

Mit der Prognose lag der Kriminalbeamte vermutlich gar nicht so falsch.

Pöschl hatte sich inzwischen dazu durchgerungen, Kieps Anwalt anzurufen. Günter Kohlmann war in der Szene kein Unbekannter. Er war Rechtsprofessor an der Kölner Universität und hatte Kiep schon beim Flick-Skandal aus der Patsche geholfen. Die Augsburger Staatsanwältin erreichte ihn erst Stunden später, gegen 13.40 Uhr. Zufälligerweise war Kieps Anwalt gerade in einer Besprechung beim Bayerischen Finanzministerium in München.

Der Rechtsanwalt gab sich überrascht, daß sein langjähriger Mandant verhaftet werden sollte. Er versicherte Pöschl, Kiep werde sich vielmehr freiwillig stellen. Er bat um einen Haftprüfungstermin vor dem Amtsgericht in Königstein, zuständig für Kieps Wohnort Kronberg. Pöschl willigte ein und versprach, sich um einen Termin für den nächsten Morgen zu kümmern.

Die Staatsanwältin fuhr nun zum Amtsgericht Königstein und legte der Ermittlungsrichterin den Haftbefehl vor. Diese zeigte sich bestürzt und erklärte bestimmt, bei Kiep bestünde doch keine Fluchtgefahr. Pöschl kam sich vor wie im falschen Film. Überall wurde sie attackiert, nur weil sie Kiep verhaften wollte. Als wäre es völlig normal, daß ein CDU-Politiker eine Million Mark Schwarzgeld von einem Waffenhändler zugesteckt bekommt. Verunsichert rief Pöschl bei ihrem Behördenleiter Reinhard Nemetz und beim Augsburger Ermittlungsrichter an, der den Haftbefehl erlassen hatte. Beide sagten ihr, daß eine Aufhebung des Haftbefehls nicht in Frage komme. Gegen die Hinterlegung einer entsprechenden Kaution könnte sie sich höchstens auf eine Außervollzugsetzung einlassen. Aber Kiep müßte dann seinen Reisepaß abgeben und sich wöchentlich bei der Polizei melden. Diese Forderungen teilte Pöschl Kieps Anwalt und der Königsteiner Ermittlungsrichterin mit. Für den nächsten Morgen wurde für sieben Uhr ein Termin vereinbart. Pöschl stellte noch schnell die Fahndungsmaßnahmen ein und veranlaßte auch, daß Kieps Haus nicht weiter observiert wurde.

Als die Fahndung nach ihm noch lief, weilte Kiep in München beim Vorstandsvorsitzenden von Siemens, Heinrich von Pierer. Danach fuhr er weiter nach Stuttgart, um dort im Haus des württembergischen Automobilclubs aus seinem neuen Buch zu lesen. Auf der Fahrt dorthin erreichte ihn seine Frau über Mobiltelefon und berichtete ihm, daß ihn die Polizei wegen des Verdachts der Steuerhinterziehung verhaften wolle. Trotzdem fuhr Kiep weiter nach Stuttgart, las dort vor 120 geladenen Gästen aus seinem Buch, das den mit einem Kommafehler behafteten Titel trug: »Was bleibt ist große Zuversicht«.

Das 444 Seiten starke Buch war keine klassische Autobiographie, sondern beinhaltete Auszüge aus seinen Tagebüchern, in denen er auch seinen größten politischen Wunsch festhielt, die »Option für Ziel 1«, eine eigene Kanzlerkandidatur. Mit preußischer Disziplin hatte Kiep über 50 Jahre lang Abend für Abend die Ereignisse des Tages in seinem Tagebuch notiert und dabei 52 ledergebundene Kladden vollgeschrieben. Sie enthielten peinlich Banales wie »Freitag, 11.1.1980 ... Massage. Gegen ½ 10 Uhr per Porsche nach Kreuth«, aber auch politisch Brisantes wie die Feststellung, die »Methoden« der Unionsparteien würden ihn zunehmend »an die Cosa Nostra« erinnern.

Die Nachricht, daß der frühere Schatzmeister der CDU per Haftbefehl gesucht wurde, war längst an die Presse durchgesickert. Sämtliche Agenturen vermeldeten es bereits. Währenddessen beendete Kiep seine Lesung in Stuttgart und signierte noch seelenruhig eine Reihe von Exemplaren. Da wußte der CDU-Schatzmeister noch nicht, daß er mit dem Tagebuch die Staatsanwaltschaft erst so richtig auf seine Spur gebracht hatte. Am 26. August 1991 ist dort beispielsweise notiert: »Mit Porsche nach St. Margarethen. Treffen mit Schreiber wegen Canada«. Jedoch allein die Tatsache, mit dem Porsche nach St. Margarethen zu fahren und dort einen Bekannten zu treffen, hätte weder für ein Ermittlungsverfahren noch für einen Haftbefehl ausgereicht.

Die fehlenden Puzzleteile der Geschichte ließen sich hingegen im Kalender des Waffenhändlers Karlheinz Schreiber nachlesen, denn dieser hatte in den ersten Monaten des Jahres 1991 ständig Notizen über die Verteilung der Provisionen gemacht, darunter auch mehrmals Vermerke zu »LK 1« oder »Waldherr«, woraus die Steuerfahnder schlossen: Walther Leisler Kiep hatte aus dem Schmiergeldtopf Schreibers reichliche Summen kassiert.

Die Art und Weise, wie »Waldherr« an das Geld gekommen war, entnahm Kindler der Kalendereintragung vom 26. August 1991. Schreiber vermerkte dort: »13 Uhr LK Dreiländereck«. Kurz zuvor hatte der Waffenhändler eine Million Mark in bar vom Schweizerischen Bankverein in Zürich abgeholt. Dies wiederum wußte Kindler aus der Lektüre der Kontounterlagen, die sie über ein Rechtshilfeersuchen Anfang 1999 von dort erhalten hatten. Die Übergabe des Geldes, kombinierte Kindler folglich, hatte also in St. Margarethen, im sogenannten Dreiländereck, stattgefunden.

Nach der Vorlesung fuhr Kiep nach Kronberg. Als er jedoch gegen Mitternacht in den Philosophenweg einbog, sah er im Scheinwerferlicht ein Auto quer vor dem Tor zum Park seiner Villa stehen. Kiep ging davon aus, daß es sich um Polizeibeamte handelte, die ihn verhaften wollten. Da er jedoch keine Lust hatte, die Nacht im Gefängnis zu verbringen, wendete er ohne Hektik seine Limousine und verschwand. Die Nacht verbrachte er in einer Frankfurter Firmenwohnung seiner Versicherungsagentur Gradmann & Holler.

Dort telefonierte Kiep erst einmal mit seinem Rechtsanwalt Günter Kohlmann im fernen Bad Münstereifel. Zu ihm hatte er seit dem Flick-Parteispendenprozeß 1991 absolutes Vertrauen. Damals drohten dem CDU-Schatzmeister wegen fortgesetzter Beihilfe zur Steuerhinterziehung 15 Monate Gefängnis und 300 000 Mark Geldstrafe. Kohlmann, Experte für Steuerstrafrecht, holte für Kiep eine Geldstrafe in Höhe von 675 000 Mark heraus. Nun besprachen sie die Strategie für den nächsten Morgen, an dem sich Kiep selbst stellen sollte.

Um 7.10 Uhr fuhr Walther Leisler Kiep in einer silberfarbenen Limousine vor dem Amtsgericht in Königstein vor. Er war nicht allein. Er brachte Horst Weyrauch, den Wirtschaftsprüfer der CDU, als Zeugen mit. Zunächst verlas die Ermittlungsrichterin den 14 Seiten langen Haftbefehl. Kieps erste Reaktion: Er werde niemals fliehen. Seine Familie lebe in Deutschland, sein Geld habe er ebenfalls hier. Allerdings mußte er einräumen, daß er auch ein Haus und Konten in der Schweiz habe. Kiep zog es daraufhin vor, zunächst nichts mehr ohne seinen Anwalt zu sagen: »Ich möchte zunächst einmal mit meinem Verteidiger, Herrn Professor Dr. Kohlmann, persönlich telefonisch Rücksprache nehmen.« Schließlich erklärte er noch: »Ich habe von Herrn Schreiber diese eine Million DM nicht bekommen, aus diesem Grund sehe ich auch nicht eine Verpflichtung, den Betrag versteuern zu müssen. Einzelheiten zu diesem Vorgang kann Herr Wirtschaftsprüfer Weyrauch erklären. Ich bitte darum, Herrn Weyrauch als präsenten Zeugen zu dieser Angelegenheiten zu hören. Zunächst möchte ich aber mit meinem Verteidiger telefonieren.«

Nach dem Telefonat erklärte Kiep: »Ich beantrage, den Haftbefehl aufzuheben. Geschieht dies nicht, käme dies einem Berufsverbot gleich. Ich habe noch heute eine Reise nach Schweden im Auftrag des Bundeskanzlers anzutreten und am Samstag um 10.40 Uhr nach Amerika zu reisen, wo ich einer Delegation von Abgeordneten des Bundestages, Vertretern des Auswärtigen Amtes und des Wirtschaftsministerium vorstehe. Zweck der Reise ist die Förderung deutscher Investitionen in Amerika. Es handelt sich um die dritte Reise dieser Art, die auf keinen Fall verschoben werden kann.«

Staatsanwältin Pöschl versuchte, sich von Kieps weltmännischem Getue nicht beeindrucken zu lassen. Sie schlug der Richterin vor, den Haftbefehl außer Vollzug zu setzen, verlangte aber als Sicherheit 500 000 Mark in bar oder eine Bankbürgschaft. Des weiteren sollte Kiep seine Ausweisdokumente abgeben und sich jede Woche bei der Polizei melden.

Kiep war damit nicht einverstanden. »Mir geht es in erster Linie sicher um die Aufhebung des Haftbefehls, weil ich das Geld nicht entgegengenommen habe und die, die es entgegengenommen haben, es ordnungsgemäß versteuert haben sollen. Dies ist nachprüfbar, wenn ich auch verstehe, daß das jetzt nicht auf die Schnelle geht. Sofern ich meine Reisetätigkeit im Auftrage der Regierung und des Bundestages fortsetzen kann, würde ich mich aber auch zunächst mit einer Außervollzugsetzung des Haftbefehls einverstanden erklären gegen Hinterlegung einer Sicherheitsleistung.«

Pöschl ahnte, worauf der Handel hinauslief, und forderte für den Fall, daß Herr Leisler Kiep seine Ausweispapiere nicht abgeben müßte, die Erhöhung der Sicherheitsleistung auf eine Million Mark.

Nun schaltete sich die Richterin ein. Sie warf Pöschl vor, der Antrag sei weit überspannt. Die Höhe der Sicherheitsleistung habe sich an der Höhe der hinterzogenen Steuer zu orientieren, also 500 000 Mark. Pöschl gab sich unbeeindruckt von der Maßregelung der Richterin. Um ihrer Forderung von einer Million Mark Kaution Nachdruck zu verleihen, verlangte sie, daß ihr Antrag zumindest ins Protokoll aufgenommen werde.

Für Kiep lief es günstig. Es war nicht zu übersehen, daß die Richterin ihm wohlgesonnen war. Keck forderte er: »Nun möchte ich aber unbedingt, daß Herr Weyrauch gehört wird.« Die Ermittlungsrichterin ließ daraufhin auch den CDU-Wirtschaftsprüfer zu Wort kommen. Der schüchtern wirkende Weyrauch erzählte ohne Umschweife, wie er für die CDU ein Treuhandkonto eingerichtet hatte. »Am 26. August 1991 in St. Margarethen ist mir ein Betrag von einer Million DM von Herrn Schreiber in einem verschlossenen Behältnis übergeben worden. Das Treffen mit Herrn Schreiber kam an diesem Tag zustande, weil Herr Leisler Kiep mich darum gebeten hatte. Er hatte den Kontakt zu Herrn Schreiber vermittelt und war auch bei dem Treffen anwesend.« Weyrauch versicherte, daß der Beschuldigte Kiep an diesem Tag kein Geld von Schreiber erhalten habe. »Mir wurde ein Behältnis übergeben mit den Worten, das Behältnis beinhalte eine Million DM. Ich bin mit diesem Behältnis nach Frankfurt gefahren, habe es dort geöffnet und festgestellt, daß der Betrag von einer Million DM in Geldscheinen im Behältnis war. Auftragsgemäß, damit meine ich, daß Herr Leisler Kiep uns beauftragt hat, habe ich dann das Treuhandkonto zugunsten der CDU errichtet und dieses Geld eingezahlt, und zwar auf ein Bankkonto des Bankhauses Hauck in Frankfurt am Main. Es handelte sich um eine sogenannte Parteispende.«

Für die Staatsanwältin war das alles sehr aufschlußreich. So also finanzierte sich die CDU: mit heimlich übergebenen Geldern dubioser Waffenhändler. Der CDU-Wirtschaftsprüfer gestand auch, wie willkürlich in der CDU mit derartigen Spenden umgegangen wurde: »Im Jahre 1992 zeichnete sich die Beendigung der Tätigkeit des Bundesschatzmeisters Leisler Kiep ab«, sagte Weyrauch. »Aus diesem Grunde verfügte Herr Leisler Kiep, daß der Generalbevollmächtigte Lüthje und die Weyrauch und Kapp GmbH Sonderabschlußvergütungen für die lange Zeit der Zusammenarbeit und für besondere Erschwernisse erhalten sollten.« Für die Sondervergütung von Weyrauch und dem Generalbevollmächtigten der CDU-Schatzmeisterei Uwe Lüthje wurde also einfach das Geld vom Treuhandkonto genommen, auf dem die Schreiber-Million gebunkert war. Weyrauch versicherte, daß sowohl er als auch Lüthje die Sondervergütung ordnungsgemäß versteuert hätten.

Die Richterin wandte sich nach Weyrauchs Ausführungen an Pöschl, ob sie noch irgendwelche Fragen stellen wollte. Aber der jungen Staatsanwältin fiel dazu nichts mehr ein. Bei der CDU konnte ein Schatzmeister wie Walther Leisler Kiep mit den Geldern der verschiedenen Treuhandkonten offensichtlich machen, was er wollte. Ohne Rücksprache oder Genehmigung durch irgendwelche Parteigremien schüttete er einfach Spenden als sogenannte Sondervergütung an Mitarbeiter seiner Gunst aus. Die Kassen der CDU waren anscheinend ein Selbstbedienungsladen für bestimmte Führungspersonen. Pöschl hatte keine weiteren Fragen.

Kurz vor zehn Uhr verkündete die Ermittlungsrichterin, daß gegen eine Kaution von 500 000 Mark der Haftbefehl ausgesetzt werde. Sie drückte Kiep noch eine lasche Meldepflicht auf. Alle drei Wochen mußte er bei der Polizei vorbeischauen. Seine Ausweispapiere durfte der CDU-Politiker behalten. Eineinhalb Stunden später, um 11.30 Uhr, legte Kiep die Kaution auf den Tisch. Länger brauchte er nicht, um 500 000 Mark in bar aufzutreiben. Um 12 Uhr mittags verließ Kiep das Königsteiner Gerichtsgebäude – als freier Mann.

Als Maier aus dem Urlaub zurück war, schilderte ihm Pöschl alle Einzelheiten. Für ihn war nun die alles entscheidende Frage: Hatte Kiep gelogen, oder erzählte der CDU-Politiker etwa die Wahrheit, und die Million war wirklich für die Partei bestimmt gewesen? In diesem Fall wäre Kiep persönlich aus dem Schneider. Die CDU wies jedoch dessen Darstellung empört zurück. Maier überraschte das überhaupt nicht. Wenn das Geld eine Parteispende gewesen war, hatte die CDU ein großes Problem, denn nicht nur Maier, sondern die ganze Republik würde sich fragen: Wofür erhält die Christlich-Demokratische Union eine Million Mark von einem Waffenhändler?

Maier beschloß, der Sache nun endgültig auf den Grund zu gehen. Er wußte auch, wie er das anstellen mußte. Kiep selbst hatte ihn auf die Spur gebracht. Die Lösung des Rätsels war vermutlich bei Kieps Entlastungszeugen, dem CDU-Wirtschaftsprüfer Weyrauch, zu finden. Maier besorgte sich schnellstens Hausdurchsuchungsbeschlüsse.

Am 11. November 1999 machte er sich auf den Weg zu Weyrauchs Steuerkanzlei. Zur gleichen Zeit klingelten ein paar Kollegen an dessen Wohnungstür in der Frankfurter Kurzröderstraße. Es öffnete Weyrauchs Frau. Der CDU-Wirtschaftsprüfer selbst war nicht zu Hause. Trotzdem begannen die Beamten mit der Razzia. Im ersten Stock des Reihenhauses machten sie auch alsbald einen interessanten Fund: In einer Klarsichtfolie fanden sie die Kopie eines Briefes an Alt-Bundeskanzler Kohl vom 4. November 1999, dem Tag, an dem Kiep verhaftet werden sollte. »Persönlich/Vertraulich. Nur vom Empfänger zu öffnen« hatte Weyrauch darübergeschrieben. Dem Brief beigelegt war ein Fax von Schreibers kanadischem Anwalt Eddy Greenspan. Der wiederum hatte seinem Anschreiben den Haftbefehl gegen seinen Mandanten und eine Chronologie des Panzerdeals mit Saudi-Arabien beigelegt. Weyrauch sollte die Unterlagen dem Alt-Bundeskanzler zukommen lassen. Unter dem Verweis »Panzerlieferung an das Königreich Saudi-Arabien in 1991 – Herren Dr. Pfahls, Schreiber u.a.« schrieb Weyrauch: »Sehr geehrter Herr Bundeskanzler. Ich erlaube mir, diese Faxschreiben unmittelbar an Sie weiterzureichen mit der höflichen Bitte zu prüfen, ob Sie die erbetene schriftliche Zeugenaussage zu den drei angesprochenen Sachverhalten abgeben könnten. Dies wäre außerordentlich sachdienlich und würde Ihnen überdies eine eventuelle persönliche Zeugenaussage an Ort und Stelle ersparen.«

Nach einer Stunde tauchte auch Weyrauch in der Wohnung auf. Den Beamten gegenüber mimte er den freundlichen unbedarften älteren Herrn, gab sich kooperativ und antwortete mit hessischem Zungenschlag auf alle Fragen. Horst Weyrauch hatte Kiep bereits 1964 kennengelernt, damals war Kiep Gesellschafter der Firma Gradmann & Holler mit Sitz in Stuttgart. Die Firma suchte zu jener Zeit einen Wirtschaftsprüfer, Kiep trat mit Weyrauch in Kontakt und war bald von den Fähigkeiten des unscheinbaren, stillen Steuerfachmanns beeindruckt. 1972 engagierte er ihn für die CDU. Kiep war kurz zuvor zum Bundesschatzmeister gewählt worden und nahm Weyrauch mit nach Bonn. 1977 eröffnete Weyrauch seine eigene Steuerkanzlei. 1982 wandelte er sie in die Weyrauch und Kapp GmbH um, die während der ganzen Jahre das Mandat für die Wirtschaftsprüfung und Steuerberatung der CDU behielt.

Weyrauch galt privat als eher scheu. Sein Reihenhäuschen, in dem er seit 30 Jahren mit Frau Elisabeth wohnte, wirkte geradezu klischeehaft bieder. In den Jahren seiner aufopfernden Arbeit für die Partei hatte der Wirtschaftsprüfer fünf Bypässe eingesetzt bekommen. Offensichtlich waren die Finanzen der CDU eine aufregende Angelegenheit. Verständlich, daß er sich da gern zurückzog und einen ruhigen Ausgleich suchte.

Bereitwillig gewährte Weyrauch den Beamten Einblick in seine Arbeit. Er überreichte ihnen auch Unterlagen zu einem Treuhandkonto mit der eigenwilligen Bezeichnung CBN 891 bei der Frankfurter Privatbank Hauk und Aufhäuser. CBN 891 stand für CDU Bonn 8/1991, erklärte er. Auf dieses Konto, sagte Weyrauch, habe er die Schreiber-Million vom August 1991 eingezahlt, und zwar in drei Teilbeträgen. Die Million wurde zunächst als Festgeld angelegt.

Die spätere Verwendung des Geldes schilderte Weyrauch so: Nicht nur er und der CDU-Generalbevollmächtigte Uwe Lüthje hätten eine Sondervergütung erhalten, sondern Kiep habe auch einen Teil des Geldes an sich selbst ausbezahlt. Man sei davon ausgegangen, erklärte Weyrauch, daß die CDU Kieps Verteidigerkosten für den Flick-Parteispendenprozeß übernehmen würde. Nach seinem Wissen habe keiner in der CDU eine Ahnung von der Schreiber-Spende gehabt. Auch im Rechenschaftsbericht würde das Geld sicher nicht auftauchen. Falls die Sache aber bekannt werde und die CDU Rückzahlungen an den Bundestag leisten müsse, sehe es sehr düster aus. Die Partei verfüge über keinerlei Rücklagen. Vermutlich könne der nächste Bundestagswahlkampf, der auf 50 Millionen Mark veranschlagt sei, dann nicht vollständig bezahlt werden.

Die Übergabe der Millionen-Spende im Schweizer St. Margarethen schilderte Weyrauch wie die Szene aus einem schlechten Mafia-Film: Treffpunkt sei ein Parkplatz vor einem Supermarkt gewesen. Die Geldübergabe habe nur kurz gedauert und sei »im Stehen« abgewickelt worden. Von der Herkunft des Geldes habe er nichts gewußt. Er habe nur den Koffer genommen, sei mit einem Mietwagen nach Zürich gefahren und von dort zurück nach Frankfurt geflogen.

Der anfänglich so zurückhaltende Weyrauch kam im Verlauf des Gespräches richtig in Fahrt. Einmal platzte ihm sogar der Kragen, und er beschwerte sich, für die Partei immer den Kopf hinhalten zu müssen. Derweil würde sich Kiep einfach in die USA abseilen und ihn mit dem ganzen Schlamassel allein sitzen lassen. Plötzlich überraschte er die Beamten mit dem Eingeständnis, er habe »große Angst« vor dem Waffenhändler Schreiber. Mehr wollte er dazu jedoch nicht sagen.

Maier kümmerte sich inzwischen um die Steuerkanzlei Weyrauchs. Als erstes ließ er sich die Dienstreiseabrechnungen des Inhabers vorlegen. Maier hatte es stutzig gemacht, daß jemand wie Weyrauch einfach nach Zürich fuhr, als wäre dies ein Einzelfall. Vielleicht hatten Weyrauch und Kiep bei ihrem Auftritt im Amtsgericht Königstein die Wahrheit gesagt, und es handelte sich bei der Schreiber-Million tatsächlich um eine Parteispende. Aber in diesem Fall ging Maier davon aus, daß dies öfters vorgekommen sein müßte. Nur so konnte er sich erklären, daß Weyrauch auf einen kurzen Anruf hin einfach losfuhr, irgendwo vor einem Supermarkt in der Schweiz einen Koffer entgegennahm, ohne zu wissen, wieviel Geld er enthielt. Denn Weyrauch wollte nach seiner Aussage erst zu Hause bemerkt haben, daß eine Million Mark darin war. Aber sonderlich bemerkenswert mußte für Weyrauch auch dies nicht gewesen sein. Jedenfalls hatte er das viele Geld geschickt in mehreren Raten eingezahlt, als wäre eine Millionen-Spende das normalste der Welt.

Mit seinem Verdacht lag Maier richtig. Allerdings war er schon überrascht, daß Weyrauch manchmal jede Woche in die Schweiz gereist war. Und immer im Auftrag der Partei. Auf seinen Abrechnungen hatte er jedenfalls penibel vermerkt »CDU Bonn« oder »CDU Hessen«. Maier ging nun in den Keller und fand dort einen Geldschrank der Sicherheitsstufe D 10 und Unmengen von Akten. Zuerst wußte er gar nicht, wo er anfangen sollte. Schließlich entschied er, sich einfach auf die Aktenordner aus den Jahren 1991 und 1992 zu konzentrieren. In diesem Zeitraum hatte sich schließlich der Panzerdeal abgespielt.

Oben: Der Generalbevollmächtigte der CDU-Schatzmeisterei
Uwe Lüthje (2.v.l.) gemeinsam mit dem Bundesschatzmeister der
CDU Walther Leisler Kiep (r.) während eines Parteispendenprozesses
1990 in Düsseldorf
Unten: CDU-Finanzberater Horst Weyrauch

In den Akten fand Maier Unterlagen von mehreren Treuhand-Anderkonten. Ihm fiel auf, daß ein Ordner mit einem Deckblatt »Bericht an Bundesgeschäftsstelle« versehen war, während in einem anderen Ordner mit Kontounterlagen so ein Schreiben fehlte. Für Maier sah es so aus, als unterhalte die CDU eine doppelte Buchführung, um nicht alle Gelder im Rechenschaftsbericht aufführen zu müssen. Demnach war Weyrauch der Buchhalter für ein geheimes Kontosystem der Partei.

Und wenn die Union mal Geld brauchte, bekam Weyrauch einfach die Weisung, etwas von den geheimen Konten auf die legalen Konten zu transferieren. Die Anweisungen kamen in der Regel immer von Uwe Lüthje, dem damaligen Generalbevollmächtigten der CDU-Schatzmeisterei. Manchmal hatte Lüthje die Geldtransfer-Anordnungen handschriftlich mit dem Kürzel »PV« versehen oder dazugeschrieben, Geldverwendung »gem. Absprache mit dem PV«. Maier rätselte. Stand »PV« etwa für Parteivorsitzender? War Kohl persönlich in die Sache verwickelt? War er nur Mitwisser oder gar Anstifter?

Maier beschlich eine leise Ahnung, worauf er hier gestoßen war. Er hatte soeben das Schwarzgeld-System der CDU entdeckt. Maier fröstelte bei dem Gedanken, was dies bedeutete. Nun ging es nicht mehr nur um einen Panzer-Deal und die Millionen-Spende eines Waffenhändlers. Es ging auch nicht mehr nur um die Verfehlung einzelner Politiker, um die Frage, ob sich Kiep oder Pfahls hatten schmieren lassen. Jetzt ging es um die verdeckte Parteienfinanzierung der großen CDU, die aus geheimen Quellen Spendengelder bekam und offensichtlich am offiziellen Rechenschaftsbericht vorbei ins Ausland schleuste.

Dies waren Methoden von Mafiosi, die ihr mit Drogen oder Prostitution verdientes Geld im Ausland wuschen, damit die Herkunft nicht mehr nachvollziehbar war. Woher kamen also die Summen, daß sich eine Regierungspartei solcher Methoden bediente? In Maier keimte ein Verdacht. Er erinnerte sich an die Flick-Parteispendenaffäre. Als er noch Jura-Student war, wurde bekannt, daß auch in Deutschland Politiker und politische Entscheidungen käuflich waren. Wie in den Medien 1983/84 zu lesen stand, hatten Politiker mehrere Millionen Mark an illegalen Spenden kassiert und auf verschlungenen Wegen ihren Parteien zugeführt. Das Geld stammte aus schwarzen Kassen von Unternehmen wie dem Flick-Konzern, zu jener Zeit das größte private

Industrieimperium der Bundesrepublik. Flick hatte jahrelang mit diesen Geldern »politische Landschaftspflege« betrieben, wie ein Manager später einmal die Einflußnahme seines Konzerns auf die Meinungsbildung der Bonner Parteien umschrieb. In Briefkuverts waren Bargeldsummen bis zu 250 000 Mark an Politiker gegangen. Noch größere Beträge hatte man über gemeinnützige Organisationen wie etwa die »Staatsbürgerliche Vereinigung 1954 e.V.« geschleust. Für den Flick-Konzern brachte das den Vorteil, daß die Spenden von der Steuer abgesetzt wurden. Großspenden, die direkt an politische Parteien gingen, waren nämlich nach einem Entscheid des Bundesverfassungsgerichts nicht mehr als Kosten abbuchbar. Deshalb bedienten sich die Konzerne entsprechender Tarnorganisationen. Um an diese Gelder zu kommen, hatten die Parteien, allen voran die CDU, offensichtlich kein Problem damit, die Gesetze zu brechen und den Konzernen tatkräftig beim Hinterziehen von Steuern zu helfen.

Im Gegenzug für die regelmäßigen Zuwendungen waren führende Politiker dann bereit, dem Flick-Konzern bei einem Zwei-Milliarden-Geschäft eine generelle Steuerbefreiung zu verschaffen. Als der Handel aufflog, hatten die Bonner Parteien – mit Ausnahme der Grünen – versucht, den Skandal zu vertuschen, indem sie eine Generalamnestie vorbereiteten: Schmiergeldempfänger und Steuerbetrüger sollten straffrei ausgehen. Doch nach einem Aufschrei in den Medien mußte man von diesem Vorhaben wieder abrücken. Und wie sich Maier erinnerte, hatten schon damals Kohl, Kiep & Co. tatkräftig ihre Finger im Spiel gehabt.

Maier packte einige Unterlagen aus den Jahren 1991/92 ein, obwohl es ihn reizte, auch die illegalen Praktiken aus den anderen Jahren zu untersuchen. Aber die Beschlagnahme weiterer Materialien war durch den Durchsuchungsbeschluß nicht gedeckt. Wenn er mehr einpacken würde, könnte er strafprozessuale Probleme bekommen. Und solche Probleme konnte er nicht gebrauchen. Schließlich war er dabei, sich mit den Mächtigen im Lande anzulegen; der Ärger war programmiert.

Aber Auseinandersetzungen war Maier gewohnt, zumal mit vermeintlich Mächtigen. Die Feuertaufe hatte er schon als Jugendlicher hinter sich gebracht, als er sich 15jährig mit dem größten Arbeitgeber im Ort anlegte. Eine Holzverarbeitungsfirma verpestete die Luft in dem 600-Einwohner-Dorf Unterbernbach. Nach seiner Meinung verstieß die Firma damit gegen Emissionsbestimmungen. Als das Unternehmen für einen Erweiterungsbau eine Genehmigung brauchte, verfaßte der Bauernsohn Petitionen und schickte sie an den Landrat, und dies, obwohl der Firmenbesitzer ein entfernter Verwandter von ihm war. Der junge Maier nahm darauf keine Rücksicht. Er hatte die innere Überzeugung, im Recht zu sein, und nervte die Behörden so lange, bis sie letztlich handeln mußten. Die Holzverarbeitungsfirma bekam schließlich die Baugenehmigung nur unter der Bedingung, strenge Umweltbestimmungen zu erfüllen. Für Maier war das ein Schlüsselerlebnis. Es bedurfte also lediglich einer inneren Überzeugung und einer gewissen Hartnäckigkeit, um zum Erfolg zu gelangen. Mit dieser Einstellung agierte er nun auch als Staatsanwalt.

Die CDU unternahm in jenen Tagen alles, um den Eindruck zu erwecken, Kiep sei ein Lügner. Am 16. November 1999 verkündete die CDU-Generalsekretärin Angela Merkel: Auf den Konten der Partei sei keine Millionen-Spende zu finden. Maier war dieses interne Hauen und Stechen ganz recht. Kiep geriet dadurch in die Defensive. Schon einmal hatte er alles auf seine Kappe genommen, damals bei der Flick-Parteispendenaffäre, und mußte dann über zehn Jahre prozessieren, um letztlich nur mit viel Glück seinen Kopf aus der Schlinge zu ziehen. Sein Verteidiger hatte in der Revision einen Verfahrensfehler der 1. Instanz nachweisen können, weshalb Kiep nicht verurteilt wurde, sozusagen ein Freispruch zweiter Klasse. In all den Jahren hatte ihn die Partei im Regen stehen lassen, besonders Helmut Kohl war auf Distanz gegangen. Seine Bitternis und seine Enttäuschungen hatte Kiep den Tagebüchern anvertraut. Deshalb war sich Maier sicher, daß er nicht noch einmal für die Spendenpraxis der CDU geradestehen wollte. Maier hatte sogar die leise Hoffnung, daß Kiep plaudern könnte. Jedenfalls bestellte er ihn und Weyrauch für den 17. November 1999 zum Verhör nach Augsburg.

Kiep kam natürlich nicht allein. Zur Vernehmung hatte er gleich zwei Anwälte mitgebracht, Günther Kohlmann und Klaus Ulsenheimer, beides Professoren des Rechts. Das Medieninteresse war inzwischen riesig. Vor dem Augsburger Justizgebäude im Stadtzentrum balgten sich seit dem frühen Morgen Kameraleute und Rundfunkjournalisten um den besten Platz. Doch Kiep nahm einen Seiteneingang. Maier empfing ihn und seine Anwälte in einem unscheinbaren, grauen Nebengebäude in der Augsburger Prinzregentenstraße 3.

Der Staatsanwalt hatte sich vorgenommen, das Verhör in seinem Büro, Zimmer 31, durchzuführen. Weil auch noch Behördenleiter Nemetz, seine Assistentin Pöschl und Steuerfahnder Kindler daran teilnahmen, wurde es ziemlich eng in der schäbigen Beamtenstube. Maier musterte den CDU-Politiker. Er entsprach ganz dem Bild, das er sich von ihm gemacht hatte: groß gewachsen, sehr distinguiert und eigentlich der personifizierte Knigge. Der graue Gentleman wirkte wie ein Fremdkörper in diesem Büro. Mit jeder Faser seines teuren Maßanzuges schien Kiep signalisieren zu wollen, daß er hier nicht hergehöre.

Maier waren die äußeren Umstände ganz recht. Aufmerksam beobachtete er Kieps Gesicht: Neugierde und Eitelkeit lagen offensichtlich im Widerstreit. Die Eitelkeit siegte. Kiep begann seine Aussage, als müßte er im Bundestag eine Regierungserklärung abgeben. Staatstragend und ausschweifend erklärte er die Aufgaben der Bundesschatzmeisterei, schwadronierte über »ein gewisses Spannungsverhältnis« zwischen ihr und der Bundesgeschäftsstelle. »Dies lag darin begründet, weil die Bundesschatzmeisterei verhindern mußte, daß die Bundesgeschäftsstelle über Ausgaben verfügte, für die keine Mittel vorhanden waren«, sagte Kiep. Anschließend sprach der grauhaarige Herr der CDU-Finanzen über das Netz von CDU-Treuhandkonten, als handele es sich lediglich um ein paar Sparbücher bei der Raiffeisenbank in Strümpfelbach. Nur in einem Punkt wurde Kiep konkret: »Meines Wissens wurden alle Treuhandkonten der Parteispitze zur Kenntnis überlassen. Zur Parteispitze zähle ich zumindest den Parteivorsitzenden, den Generalsekretär und den Bundesschatzmeister.«

Die Geldübergabe in St. Margarethen schilderte der ehemalige Bundesschatzmeister wie ein Treffen entfernter Bekannter, das sich mehr oder weniger zufällig ergeben hatte. »Meiner Erinnerung nach rief mich Herr Schreiber während meines Urlaubs in Lenzerheide an und sagte, er möchte mir eine Freude machen und mich treffen.« Also sei es zum Treff und zur Geldübergabe gekommen, bei der Schreiber sinngemäß gesagt habe:

Das ist eine Spende für die CDU, die Ihnen bei Ihrer Arbeit helfen soll.«Ich nahm den Koffer entgegen und gab ihn an Herrn Weyrauch weiter. Ich kannte den Inhalt des Koffers nicht.«

Maier glaubte, daß es nun höchste Zeit war, das Heft des Handelns in die Hand zu nehmen. Kiep wurde ihm zu selbstsicher. Als Kiep nach seinen Zigaretten kramte, sah Maier seine Chance gekommen. Lächelnd führte Kiep eine Zigarette zum Mund und fragte in einem Ton, der mit keinem Widerspruch rechnete, ob er rauchen dürfe. Maier antwortete mit Nein, bot eine Pause an, damit Kiep zum Rauchen vor die Tür gehen könne. Kiep steckte die Zigarette wieder ein und lächelte. Aber es war ein anderes Lächeln als zuvor.

Listig erkundigte sich nun Maier, wie gut Kiep den Waffenhändler kenne, ob man sogar befreundet wäre und sich womöglich sogar duze. »Mir ist nicht erinnerlich, ob ich mich mit Herrn Schreiber duzte, würde es allerdings eher verneinen«, erwiderte Kiep betont indigniert. Damit hatte Maier gerechnet. Mit seinem spitzbübischen Grinsen legte er einen Brief von Kiep an Schreiber vor, worauf der CDU-Politiker kühl zu Protokoll geben mußte: »Dem mir vorgehaltenen Schreiben vom 25.2.94 entnehme ich, daß ich Herrn Schreiber duzte.«

Maier wußte, jetzt hatte er Kiep am Haken. Er ließ ihn noch eine Weile zappeln, bevor er sich beiläufig danach erkundigte, woher die Million eigentlich stamme. »Woher das Geld kam, wußte ich nicht«, sagte Kiep. »Ich war mir allerdings darüber klar, daß es sich um nicht versteuertes Geld handelte.«

Mit soviel Offenherzigkeit hatte Maier nicht gerechnet. Als Kiep schließlich registrierte, was ihm soeben über die Lippen gekommen war, verlor der als Gentleman bekannte CDU-Politiker die Contenance: »Ich räume gerne ein, daß die Entgegennahme dieses Geldes ungewöhnlich, vielleicht auch als saublöd zu bezeichnen ist.«

Nach fast zehn Stunden war Maier mit dem Ergebnis der Vernehmung zufrieden. Kiep hatte ihm ausführlich Rede und Antwort gestanden. Die für den gleichen Tag vorgesehene Einvernahme von Weyrauch mußte deshalb verschoben werden.

Um so erstaunter war Maier, als er am nächsten Morgen auf der Titelseite der *Süddeutschen Zeitung* las: »Kiep bestreitet Detailwissen über Geldtransfer – Steuerberater Weyrauch räumt

Zahlung von 300 000 Mark für Prozeßkosten an den Unionspolitiker ein«. Daß sich die renommierte Tageszeitung offensichtlich von Beschuldigten instrumentalisieren ließ, überraschte Maier schon ein wenig. Zudem amüsierte es ihn, daß das Blatt einer sogenannten Ente aufgesessen war. Aber er erfuhr auf diese unterhaltsame Weise wenigstens, daß sich Kiep und Weyrauch bezüglich ihrer Zeugenaussage abgesprochen hatten.

Sechs Tage später, am 23. November 1999, kam es dann tatsächlich zur Vernehmung von Weyrauch. Der CDU-Wirtschaftsprüfer räumte auch gleich ein, daß es am Vorabend der Zeugenaussage Kieps im Hotel »Vierjahreszeiten« in München eine Vorbesprechung gegeben habe. Daran hätten er, Kiep, dessen Ehefrau und Schwiegersohn wie auch die beiden Anwälte Kohlmann und Ulsenheimer teilgenommen. Weyrauch stritt allerdings ab, daß dabei die Zeugenaussagen abgestimmt worden wären. Man habe lediglich zusammen die Geldübergabe in St. Margrethen rekapituliert. Als Weyrauch der Zeitungsartikel vorgehalten wurde, stritt er ab, selbst mit der *Süddeutschen* gesprochen zu haben. Vielmehr habe Kieps Rechtsanwalt Günter Kohlmann die Zeitung darüber informiert, was sein Mandant und Weyrauch auszusagen planten. Deshalb sei Kohlmann auch zu spät nach Augsburg gekommen: »Ich meine, mich erinnern zu können, daß er seine Verspätung damit begründete.«

Aber noch viel interessanter für Maier war das umfangreiche Geständnis Weyrauchs. Der CDU-Wirtschaftsprüfer erklärte ihm ausführlich das komplizierte Kontensystem der Partei, wodurch die wahre Herkunft der Spendengelder verschleiert werden sollte: »Diese Handhabung ist zwischen dem damaligen Bundesschatzmeister Kiep, dem Generalbevollmächtigten Dr. Lüthje und mir abgesprochen gewesen. Der Grund für diese Handhabung war, die Bundesgeschäftsstelle zu sparsamem Umgang mit finanziellen Mitteln zu zwingen. Zudem sollten die Namen der Spender nicht auf dem Markt gehandelt werden und demgemäß nicht für alle Mitarbeiter einsehbar sein.«

Maier konnte es kaum fassen, in welch pastoraler Art Weyrauch das Schwarzgeld-System der CDU erläuterte. Obwohl er einräumte, jahrzehntelang eine doppelte Buchführung betrieben zu haben, war sich der schmächtige Mann keiner Schuld bewußt: »Ich selbst hatte dienende Funktion«, erklärte er schlicht und gestand anschließend, ohne eine Miene zu verziehen, einen drastischen Verstoß gegen das Parteiengesetz: »Auf die Frage, ob durch diese Praxis das Rechenwerk bzw. der Rechenschaftsbericht der CDU unvollständig ist, erkläre ich, daß ich wahrheitsgemäß nur mit ›Ja‹ antworten kann.«

Aber auch dafür wollte der CDU-Wirtschaftsprüfer keinerlei Verantwortung übernehmen: »Ich betone nochmals, daß ich bzw. die Weyrauch und Kapp GmbH als Treuhänder gemäß den Anweisungen des Treugebers handelte. Diese Anweisungen erhielt ich im Regelfall von Herrn Dr. Lüthje oder von Herrn Kiep. Ich selbst habe mich nicht darum gekümmert, woher das Geld kam und wofür das Geld verwendet wurde.«

Maier hatte so langsam den Eindruck, daß sich für die Herkunft des Geldes keiner in der CDU interessiert hatte, solange nur genügend über Weyrauch hereinkam. Der CDU-Wirtschaftsprüfer bestätigte ihm unfreiwillig diese Einschätzung: »Die Bundesgeschäftsstelle erhielt vom Bestand dieser Konten grundsätzlich keine Kenntnis. Erst nachdem vom Bundesschatzmeister oder dessen Generalbevollmächtigtem die Anweisung für eine Geldüberweisung an die Bundesgeschäftsstelle kam, flossen die Geldbeträge der Bundesgeschäftsstelle zu und wurden dieser damit bekannt. Die Überweisung erfolgte oft mit dem Zusatz als ›sonstige Einnahme‹. Damit gingen die Gelder ohne weitere Nachfragen in das offizielle Rechenwerk der Bundespartei ein.«

Nach über sieben Stunden erklärte Weyrauch: »Ich bin nunmehr etwas abgespannt und sehe mich nicht mehr in der Lage, konzentriert meine Vernehmungsniederschrift durchzulesen. Deshalb bitte ich darum, daß mir diese mitgegeben wird. Ich werde sie durchsehen und diese umgehend zurücksenden.« Dies geschah auch, doch gleichzeitig gelangte das Vernehmungsprotokoll an die Öffentlichkeit. Zum Ärger von Maier stand der komplette Wortlaut zwei Wochen später in der *Bild*-Zeitung: »Kohl: Das Geheimpapier – Die schwarzen Kassen der CDU«.

Das Ende einer Karriere als Staatsanwalt

Wie das System unabhängige Ermittlungen blockiert

Seit der Vernehmung des früheren CDU-Schatzmeisters Walther Leisler Kiep beschäftigte Maier unablässig die Frage, ob Kiep gelogen oder aber die Wahrheit gesagt hatte. Ihm fiel es schwer, sich auf irgend etwas anderes zu konzentrieren, auch am Feierabend. Ausgerechnet jetzt aber sollte er eine Theaterrolle auswendig lernen. Die Theatergruppe der katholischen Pfarrgemeinde im Augsburger Stadtteil Hammerschmiede hatte ihn überredet, an einer Aufführung mitzuwirken. Er konnte auch nicht mehr absagen, denn der Premierentermin stand bereits fest. »Der Diener zweier Herren« von Carlo Goldoni wollten sie aufführen, und Maier sollte einen der Herren spielen.

Aber momentan war Kieps Vernehmungsprotokoll einfach spannender als der Rollentext einer Liebeskomödie aus dem 18. Jahrhundert. Immerhin hatte der frühere CDU-Schatzmeister bestritten, die Million von Schreiber für sich selbst kassiert zu haben, sondern hätte sie statt dessen als Spende an die Partei weitergeleitet.

Damit wäre Kiep aber nur teilweise entlastet, denn schließlich hatte Maier ihm noch das Geständnis entlockt, daß ihm bewußt gewesen sei, daß es sich dabei um Schwarzgeld gehandelt habe. Dies stellte zumindest Beihilfe zur Steuerhinterziehung dar. Wieder mußte Maier daran denken, daß Kiep in der Vernehmung immerhin Altbundeskanzler Helmut Kohl bezichtigt hatte, davon gewußt zu haben. In den Abendnachrichten stritt Helmut Kohl gerade jegliche Schmiergeldzahlungen an die CDU im Zusammenhang mit dem Panzergeschäft ab. Aber darum ging es gar nicht mehr, dachte sich Maier. Die Panzer waren eigentlich Nebensache. Jetzt ging es um einen ausgewachsenen Parteispendenskandal. Maier konnte es drehen und wenden, wie er wollte: er mußte an Kohl heran. An diesem führte kein Weg vorbei. Der Altkanzler sollte als Zeuge zu Kieps Anschuldigungen Stellung nehmen. Gleich morgen wollte er mit Behördenleiter Nemetz darüber reden. Mühsam versuchte er sich wieder auf seinen Theatertext zu konzentrieren.

Zu Maiers Überraschung war Nemetz damit einverstanden, Kohl sowie den früheren CDU-Generalsekretär Heiner Geißler und auch die Kiep-Nachfolgerin als Schatzmeister, Brigitte Baumeister, als Zeugen zu vernehmen. Sie waren sich auch einig darüber, zusätzlich noch die CDU-Parteizentrale in Bonn durchsuchen zu lassen. Am 22. November informierte Nemetz per Fax die Generalstaatsanwaltschaft in München über dieses Vorhaben.

München reagierte, wie schon bei den Haftbefehlen gegen Pfahls und Co., erstaunlich schnell. Noch am selben Tag erhielt Maier eine unmißverständliche Weisung. Oberstaatsanwalt Walter von der Generalstaatsanwaltschaft »bat« ihn telefonisch, in dem von ihm erstellten zweiseitigen Bericht ein paar Streichungen vorzunehmen: Auf Seite 2 sollten die Absätze 1 bis 4, also die gesamte zweite Seite, ersatzlos gestrichen werden. Maier war wütend. In diesen Textabschnitten ging es nämlich um die Durchsuchung der CDU-Geschäftsstelle und um die Zeugenvernehmung von Helmut Kohl. Von seinem ganzen Antrag blieb lediglich die Textpassage übrig, in der die Aufhebung des Haftbefehls gegen Kiep beantragt wurde.

Maier fühlte sich von der Generalstaatsanwaltschaft wieder einmal hintergangen und in seinen Ermittlungen behindert. Als Nemetz den verstümmelten Antrag der Form halber nochmals nach München faxen wollte, strich Maier zuvor seinen Namen aus der Adreßzeile und schrieb handschriftlich daneben: »Für einen bestellten Bericht ist mir mein Name zu schade.«

Maiers Groll verstärkte sich noch, als er an den folgenden Abenden die Nachrichten sah. Am 26. November erklärte der frühere CDU-Generalsekretär Geißler, die Partei habe geheime Konten unterhalten, die ausschließlich unter der Verantwortung des Bundesvorsitzenden, also des Altkanzlers Helmut Kohl, und der Schatzmeisterei gestanden hätten. Zwei Tage später, am 28. November, räumte der neue Parteivorsitzende Wolfgang Schäuble ein, die Union habe bei der Wirtschaftsprüfungsgesellschaft Weyrauch sogenannte Anderkonten (Treuhandkonten) unterhalten.

Maier wußte nicht mehr, welche Indizien oder Zeugenaussagen noch nötig waren, um endlich Altkanzler Kohl verhören zu dürfen. Am 29. November unternahm er daher einen erneuten Versuch und beantragte die Durchsuchung der CDU-Geschäftsstelle sowie die Vernehmung von Helmut Kohl und Brigitte Baumeister. Maier begründete seinen neuerlichen Anlauf damit, es gelte nun, im Sinne des Beschuldigten Kiep zu klären, »wem der in St. Margrethen/Schweiz vom Beschuldigten Schreiber übergebene Geldbetrag in Höhe von 1 Million DM tatsächlich steuerlich zugeflossen ist«. Die Zeugenaussagen von Kiep und Steuerberater Weyrauch hätten hier Zweifel an der ursprünglichen Version der Staatsanwaltschaft ergeben. Denn Kiep hatte sich dahingehend geäußert, daß Helmut Kohl als Parteivorsitzender einen Überblick über das Finanzsystem gehabt hätte, auch über solche Vermögenswerte, die der CDU-Bundesgeschäftsstelle nicht offenbart worden wären. Zudem ließen die bei der Firma Weyrauch und Kapp GmbH beschlagnahmten Unterlagen »erkennen, daß der übergebene Geldbetrag als Parteispende für die CDU in deren Vermögen übergegangen ist«.

Der Antrag wurde gar nicht erst nach München gefaxt. Vielmehr informierte der Behördenleiter Nemetz Maier, daß Generalstaatsanwalt Froschauer für den nächsten Tag um eine Unterredung gebeten hatte und dabei auch über den Antrag gesprochen werden sollte.

Am 30. November, pünktlich um 14.30 Uhr, traten Nemetz, Maier und seine Assistentin Pöschl beim Generalstaatsanwalt zum Rapport an. Im Dienstzimmer von Froschauer hatten sich auch dessen Stellvertreter Veit Sauter sowie Oberstaatsanwalt Walter eingefunden, der Maiers ersten Antrag so radikal zusammengestrichen hatte.

Nemetz legte den Herren von der Generalstaatsanwaltschaft den erneuten Antrag Maiers auf den Tisch. Froschauer las das dreiseitige Schreiben aufmerksam durch und gab es anschließend an Nemetz zurück. Danach diktierte Froschauer dem Augsburger Behördenleiter, wie der Antrag gefälligst zu lauten habe. In Froschauers Version war von einer Hausdurchsuchung der CDU-Geschäftsstelle und der Vernehmung Kohls nicht die Rede. Lediglich der frühere CDU-Generalbevollmächtigte der Bundesschatzmeisterei Uwe Lütjhe und die Ex-Bundesschatzmeisterin Brigitte Baumeister sollten als Zeugen vernommen werden. Und der stellvertretende Generalstaatsanwalt Sauter ermahnte die Augsburger noch, daß die Abfassung der Anklageschrift gegen Schreiber und die beiden Thyssen-Manager Maßmann und Haastert Vorrang vor einer Vernehmung Kohls haben müsse.

Zurück in Augsburg formulierte Nemetz einen neuen Antrag. Wortwörtlich hielt er sich an die Diktion Froschauers und schickte ihn anschließend nach München. Maier hatte zuvor wieder seinen Namen aus der Adreßzeile gestrichen. Es war ein stummer Protest gegen juristische Bevormundung.

Abends verkündeten die Fernsehsender, Helmut Kohl übernehme die politische Verantwortung für die Führung der verdeckten Parteikonten. Er entschuldige sich für die mangelnde Transparenz der Spenden und für einen möglichen Verstoß gegen das Parteiengesetz. Vom Bundestag wurde beschlossen, einen Untersuchungsausschuß einzusetzen, der prüfen sollte, ob unter der Regierung Kohl politische Entscheidungen käuflich gewesen wären.

Maier fühlte sich verhöhnt. Aber noch schlimmer war, daß er in dieser Angelegenheit zur Untätigkeit verdammt wurde. Dies wollte er so nicht hinnehmen. Über seinen Behördenleiter Nemetz ließ er die Generalstaatsanwaltschaft wissen, daß er der Meinung sei, daß nach der öffentlichen Stellungnahme Kohls »der Verdacht des Betruges durch Täuschung der Bundestagsverwaltung« seitens der CDU und ihres Parteivorsitzenden nunmehr eindeutig bestehe. Beleg hierfür sei der vermutlich unvollständige Rechenschaftsbericht der CDU, worin die Millionen-Spende nicht aufgeführt war. Deshalb sei es nach seiner Einschätzung der rechtlichen Lage unabdingbar, »ein Ermittlungsverfahren gegen die Zeugen Weyrauch und Dr. Lüthje sowie gegen den Parteivorsitzenden der CDU Helmut Kohl ein Vorermittlungsverfahren (170 AR)« anzustrengen.

Bevor Maiers Bericht an die Generalstaatsanwaltschaft ging, veränderte Nemetz den Text. In der Version des Behördenleiters war nicht mehr vom »Verdacht des Betruges« die Rede, sondern nur noch von einem »Anlaß zur Prüfung eines Anfangsverdachts wegen Betruges durch Täuschung der Bundestagsverwaltung«. Nemetz reduzierte den Antrag auf ein Vorermittlungsverfahren gegen Horst Weyrauch und Uwe Lüthje. Er blieb jedoch dabei, hinsichtlich des Parteivorsitzenden Helmut Kohl ein Vorermittlungsverfahren einzuleiten.

Bundeskanzler Helmut Kohl und CDU-Schatzmeisterin
Brigitte Baumeister bei einer Veranstaltung 1997 im Bundestag

Aber selbst Nemetz' abgeschwächte Version war dem Generalstaatsanwalt Froschauer noch zu scharf. Er lehnte den Bericht rigoros ab. Telefonisch teilte Froschauer dem Augsburger Behördenleiter mit, für ein Betrugsverfahren in Sachen CDU sei nicht die Augsburger, sondern vielmehr die Bonner Staatsanwaltschaft zuständig. Nemetz hatte verstanden und faxte Froschauer einen bereinigten Bericht. Darin teilte er mit, er werde die betreffenden Dokumente bezüglich Kohl an die Staatsanwaltschaft Bonn weiterleiten. Dorthin gab es schon Kontakt, denn ein paar Tage zuvor hatte sich Dieter Irsfeld, Leitender Oberstaatsanwalt in Bonn, bei Nemetz gemeldet. In Irsfelds Behörde war eine Anzeige eines Rechtsanwaltes gegen Altkanzler Helmut Kohl wegen des Verdachts der Untreue eingegangen. Irsfeld fragte nun seinen Augsburger Kollegen, ob ihm Informationen über Kohl vorlägen. Man sei bisher davon ausgegangen, daß die Staatsanwaltschaft Augsburg gegebenenfalls von Amts wegen eine Mitteilung an die Staatsanwaltschaft Bonn machen werde, aber bisher sei nichts eingegangen.

Nemetz wich ihm geschickt aus. Die Frage, ob eine Straftat im Zusammenhang mit dem fehlerhaften Umgang mit einer Parteispende begangen worden sei, stelle sich für die Staatsanwaltschaft Augsburg nicht. Darüber hinaus erläuterte er Irsfeld: »Sollte es sich um eine Parteispende gehandelt haben, wäre zweifelhaft, wer für die Nichtaufnahme in den Rechenschaftsbericht verantwortlich ist und ob überhaupt eine Straftat etwa wegen Betrugs oder Untreue in Betracht kommt. Insoweit ist bei der Staatsanwaltschaft Augsburg keine abschließende Willensbildung erfolgt.« Von Maiers Überlegungen, gegen Kohl wegen des Verdachts des Betrugs zumindest Vorermittlungen einzuleiten, erwähnte Nemetz keine Silbe.

Anschließend beauftragte er Maier mit der Aktenübergabe an Bonn. Der Staatsanwalt bereitete deshalb einen umfangreichen Schriftsatz vor, wurde aber mitten in der Arbeit durch einen merkwürdigen Anruf unterbrochen. Ein Herr namens Fischer bat die Augsburger Ermittler zu einem informellen Treffen in Sachen Schreiber. Er hätte interessante Informationen anzubieten. Man verabredete sich in der Pizzeria »Triento« in der Augsburger Innenstadt. Winfried Maier ließ sich von seiner Kollegin Barbara Pöschl begleiten. Herr Fischer, der auf die beiden einen zwielichtigen Eindruck machte, unterbreitete den Vorschlag, mit seiner Hilfe den in Kanada aus der Haft entlassenen Schreiber in die USA zu locken, um ihn dort festnehmen zu lassen. Herr Fischer wollte dies aber nicht für Gottes Lohn organisieren. Er verlangte viel Geld und eine Vertraulichkeitszusage. Auch ein gewisser Herr Huber sollte eine entsprechende Zusage bekommen. Fischer behauptete zudem, daß der ehemalige BND-Agent Werner Ströhlein in wöchentlichem Kontakt mit Holger Pfahls stehe, der sich nach seiner Aussage »im asiatischen Raum« aufhalte. Maier und Pöschl sahen sich kopfschüttelnd an. Das Angebot des Fremden schlugen sie höflich aus. Zum Schluß des Treffens im italienischen Lokal gab Herr Fischer noch eine Art Orakel von sich. Danach werde Maier bald nicht mehr für den Fall Schreiber zuständig sein und das Verfahren nicht mehr fortgeführt werden.

Mit dieser Äußerung Fischers im Hinterkopf bereitete Maier weiterhin die Aktenübergabe an Bonn vor. Listig interpretierte er Nemetz' Auftrag so, daß sie den Kollegen vom Rhein gegenüber verpflichtet wären, nebst Akten eine Einschätzung möglicher Straftaten abzugeben. Also schrieb Maier pflichtbewußt auf, welche Vorwürfe gegen Kohl aus den Dokumenten in Frage kämen: »Der Vorwurf des Betruges durch Täuschung der Bundestagsverwaltung«, den Maier wegen unvollständiger Rechenschaftsberichte für gegeben sah, sowie der »Verdacht auf Untreue« seien zu prüfen.

Daraufhin reagierte Nemetz erzürnt. »Es ist nicht Aufgabe der insoweit unzuständigen Staatsanwaltschaft von Augsburg, sich unaufgefordert an dieser Prüfung zu beteiligen«, ließ er Maier schriftlich wissen. »Die Staatsanwaltschaft Bonn ist selbst kompetent genug, alle strafrechtlich relevanten Aspekte zu ventilieren. Sie bedarf hierzu keiner rechtlichen Hinweise der Staatsanwaltschaft Augsburg.«

Darin irrte Nemetz. Sein Bonner Kollege Dieter Irsfeld war schon vor über 14 Jahren damit gescheitert, Helmut Kohl anzuklagen. Seine Behörde hatte 1986 gegen Kohl wegen uneidlicher Falschaussage vor dem damaligen Flick-Parteispendenausschuß ermittelt. Kohl hatte damals behauptet, nie etwas von Organisationen wie »Staatsbürgerliche Vereinigung 1954 e.V.« gehört zu haben, über die der Flick-Konzern seine illegalen Millionen-Spenden an die CDU geschleust hatte. Dies war nachweislich eine Lüge gewesen. Einer Anklage war Kohl damals nur entgangen, weil er seine Falschaussage mit einem »Blackout« entschuldigt hatte. Nun sollte wohl konsequenter vorgegangen werden. Dem Vorwurf des Behördenleiters begegnete Maier selbstbewußt: Er habe es als erforderlich angesehen, daß bei der Übersendung der Akten die daraus entstehenden Vorwürfe zu erwähnen seien, erklärte er.

Am 14. Dezember 1999 flog Maier zusammen mit dem Steuerfahnder Winfried Kindler nach Berlin. Sie waren auf dem Weg zur Vernehmung von Brigitte Baumeister, CDU-Bundesschatzmeisterin von 1992 bis 1998 und zwischenzeitlich parlamentarische Geschäftsführerin der CDU-Bundestagsfraktion. Maier erwartete nicht allzuviel von dem Gespräch. Schließlich hatte er Kohl vernehmen wollen und mußte sich nun wieder mit einer vermutlich ahnungslosen Handlangerin zufriedengeben.

Das einzig Positive an der Reise war, daß er mal wieder mit Kindler unterwegs sein konnte. Sie waren inzwischen ein eingespieltes Team. In seiner ihm eigenen Art bereitete Kindler die Vernehmungen minutiös vor. Maier konnte sich blind auf den Steuerfahnder verlassen. Zu dem zehn Jahre Älteren hatte sich im Laufe der Ermittlungsarbeiten ein richtiges Vertrauensverhältnis entwickelt. Mehrmals täglich telefonierten sie oder trafen sich zu Arbeitsgesprächen. Manchmal hatte Maier den Eindruck, daß er in den vergangenen drei Jahren mehr mit Kindler als mit seiner Frau und seinen drei Kindern gesprochen hatte. Dabei hatte er sich mit Kindler noch nie privat getroffen, und sie waren auch weiterhin per Sie. Aber trotz dieser äußerlichen Distanz stand ihm nach dem Tode Hillingers kein Kollege so nahe wie Kindler.

Mit Brigitte Baumeister waren sie in deren Abgeordnetenbüro in Berlin-Mitte, Unter den Linden 71, verabredet. Die CDU-Politikerin gab den Gästen aus Bayern überraschend bereitwillig Auskunft. Mit einem aufgesetzten Selbstbewußtsein erzählte sie, wie sie 1992 begonnen hatte, im Dienste der Partei Spenden zu sammeln, und dafür Hunderte von Menschen angesprochen und um eine Zuwendung gebeten hatte. Aber bei all dem habe sie das ganze Geld immer nur auf zwei Konten eingezahlt. Zum einen gäbe es das Konto BSM I (Bundesschatzmeisterei), dessen Nummer auch auf ihrer Visitenkarte vermerkt sei, wie die blonde Schwäbin nicht ohne Stolz vermerkte. Des weiteren hätte ihr auch noch das Konto BSM II, das »im Zusammenhang mit einer kommerziellen Spendenaktion« eingerichtet worden sei, zur Verfügung gestanden. Vom verzweigten Kontensystem, das Weyrauch für die CDU angelegt hatte, wollte die langjährige Schatzmeisterin nicht den Hauch einer Ahnung gehabt haben.

Maier konnte ihr das einfach nicht abnehmen. Er ging fest davon aus, daß sie viel mehr wußte, als sie zu erkennen gab. Ihr Name tauchte jedenfalls gleich mehrmals im Kalender von Karlheinz Schreiber auf, einmal sogar zusammen mit Thyssen-Manager Maßmann, dem sie Gerüchten nach auch persönlich sehr nahe stand. Baumeister räumte nach entsprechenden Vorhaltungen ein, Karlheinz Schreiber zu kennen. Auf einer gesellschaftlichen Veranstaltung von Walther Leisler Kiep habe sie den Unternehmer aus Kaufering kennengelernt. Danach habe sie Schreiber noch ein paarmal getroffen und auch gelegentlich Briefe von Schreiber bekommen, an deren Inhalt sie sich aber nicht mehr erinnern könne. Nur die Sache mit Schmidbauer, dem früheren Geheimdienstkoordinator im Kanzleramt, fiel Baumeister wieder ein. Auf einer Urlaubsrückreise habe sie Schreiber im Schweizer Pontresina besucht, und er habe ihr einen Brief an Bernd Schmidbauer mitgegeben. Es sei um irgendeine »BND-Angelegenheit in Sachen eines gewissen Ströhlein« gegangen. Als Maier fragte, wann dieser Besuch stattgefunden habe, gab Baumeister Frühjahr 1997 an – damals war schon in Zeitungen nachzulesen gewesen, daß die Staatsanwaltschaft gegen den Waffenhändler ermittelte und der sich deshalb in die Schweiz abgesetzt hatte. Maier jedenfalls fand es bemerkenswert, daß die Schatzmeisterin der CDU nichts dabei fand, einen gesuchten Steuerflüchtling in seinem Schweizer Exil zu besuchen und für ihn Kurierdienste zu übernehmen.

Aber Maier hatte es aufgegeben, sich im Zusammenhang mit der Spendenaffäre noch über irgend etwas zu wundern. Zwei Tage nach der Vernehmung Baumeisters, am 16. Dezember 1999, erklärte Helmut Kohl im ZDF, er habe rund 1,5 bis zwei Millionen Mark an Barspenden entgegengenommen. Er werde jedoch nicht die Namen der Spender nennen, er habe ihnen sein Ehrenwort gegeben. Maier schüttelte nur noch den Kopf. Die ganze Geschichte wurde immer grotesker.

Das neue Jahr 2000 begann jedoch für Maier mit einer erfreulichen Nachricht. Am 3. Januar gab die Bonner Staatsanwaltschaft bekannt, sie habe ein Ermittlungsverfahren gegen Helmut Kohl eröffnet – und zwar wegen des Verdachts der Untreue zum Nachteil der CDU. Maier fühlte sich bestätigt. Genau dies hatte er den Bonner Kollegen in seinem Schreiben vorgeschlagen, weswegen ihn sein Behördenleiter Nemetz schriftlich gemaßregelt hatte.

Aber damit war es auch schon vorbei mit den guten Nachrichten. Per Zufall erfuhr Maier, daß im Justizministerialblatt vom November/Dezember 1999 die Stelle eines Oberstaatsanwaltes in Augsburg ausgeschrieben gewesen sei. Nachdem Nemetz offiziell zum Behördenleiter ernannt worden war, hatte er Oberstaatsanwalt Hans-Jürgen Kolb, dessen Name seltsamerweise mehrfach in Schreibers Kalender auftauchte, zu seinem Stellvertreter ernannt. Dadurch war in der Behörde eine sogenannte Beförderungsstelle frei geworden, die eigentlich Maier, dem Dienstältesten unter den Gruppenleitern in Augsburg, hätte angetragen werden müssen. Aber entgegen sonstigen Gepflogenheiten war dies nicht geschehen. Maier war nicht einmal über die Ausschreibung informiert worden.

Er fühlte sich übergangen. Nemetz hatte ihn wohl einmal, gleich nach Hillingers Tod, gefragt, ob er sich vorstellen könne, einen Posten als Abteilungsleiter zu übernehmen. Aber damals war das eine rein hypothetische Frage gewesen, denn eine entsprechende Stelle stand nicht zur Verfügung und Nemetz war offiziell noch gar nicht zum Behördenleiter ernannt worden. Maier hatte es deshalb nur als einen Test angesehen, ob er zugunsten einer Beförderung auf das Schreiber-Verfahren verzichten würde.

Aber nun gab es eine konkrete Stelle zu besetzen. Obwohl die Bewerbungsfrist bereits abgelaufen war, ging Maier zu Nemetz und fragte ihn, ob er sich noch bewerben sollte. Aber Nemetz ließ ihn abblitzen und erklärte kühl, daß er seine Bewerbung gegenüber dem Ministerium niemals unterstützen würde. Maier begriff, daß es hier keinerlei Entwicklungschancen mehr für ihn geben und er in Zukunft wohl eher gemobbt werden würde. Er schlug Nemetz daher vor, daß er sich noch ein, zwei Jahre um das Verfahren Schreiber kümmern und danach freiwillig seinen Abschied von der Augsburger Staatsanwaltschaft nehmen

Altbundeskanzler Helmut Kohl während seines ZDF-Auftritts am 16. Dezember 1999, bei dem er die Annahme von Barspenden in Millionenhöhe einräumte, sich aber weigerte, die Spender zu nennen.

werde. Offensichtlich sei seine Art der Ermittlungen hier nicht erwünscht. Nemetz raunzte ihn nur an, er solle endlich lernen, »Tatsachen zu akzeptieren«.

Maier wußte nun, woran er war. Er sollte sich gefälligst den Machthierarchien unterordnen. Vermutlich würde man ihm auch bei sich bietender Gelegenheit das Verfahren Schreiber entziehen.

Als er wenig später im Justizministerialblatt eine Stellenausschreibung für ein Richteramt beim Oberlandesgericht München las, entschloß er sich, eine Bewerbung zu schreiben, auch wenn er sich fortan dann nur noch um Familienstreitigkeiten zu kümmern hätte. Seine Chancen waren gewiß nicht schlecht. Vermutlich würden ihn die Herren in München sogar gern zum Richter befördern, um ihn auf diese Weise elegant aus dem Schreiber-Verfahren herauszubekommen. Aber Maier schwor sich, zuvor noch ein paar entscheidende Weichen zu stellen. In jedem Fall wollte er die Anklageschrift vor einem möglichen Wechsel fertiggestellt haben.

Währenddessen überschlugen sich die Ereignisse. Am 10. Januar 2000 gestand der CDU-Parteichef Wolfgang Schäuble live in der ARD, von Schreiber eine Spende in Höhe von 100 000 Mark erhalten zu haben. Den Umstand schilderte ein sichtlich ergrauter Schäuble bei einer eigens anberaumten Pressekonferenz so: Am 21. September 1994 habe er im Bonner Hotel Königshof an einem Sponsorenessen teilgenommen, zu dem die damalige Schatzmeisterin Baumeister solvente Unternehmer eingeladen hatte, darunter auch den Waffenhändler Karlheinz Schreiber. Tags darauf sei Schreiber in seinem Büro aufgetaucht und habe ihm 100 000 Mark übergeben, erzählte Schäuble. Das Geld wäre dann direkt an die Schatzmeisterin gegangen. Nicht erklären konnte Schäuble allerdings, warum die 100 000 Mark später nicht im Rechenschaftsbericht der CDU auftauchten.

Maier wußte warum. Das Geld war offensichtlich in das Schwarzgeld-System der Partei eingespeist worden. Die Vernehmung von Baumeister erschien Maier nun in einem neuen Licht. Damals hatte sie behauptet, vom geheimen Schwarzgeld-System ihrer Partei keine Kenntnis gehabt zu haben. Und nun stellte sich heraus, daß sie davon nicht nur gewußt, sondern darauf offensichtlich auch Spenden eingezahlt hatte. Jedenfalls waren die 100 000-Mark laut Wolfgang Schäuble von der CDU-Schatzmeisterin nicht ordnungsgemäß verbucht worden. Maier drängte sich der Eindruck auf, daß Baumeister zu jenen Politikern gehörte, die Arbeit durch Frechheit ersetzten und Ehrlichkeit durch Beziehungen. Immerhin konnte er in den nächsten Tagen ihr Scheitern vor dem Fernseher verfolgen. Zwischen Baumeister und Schäuble entwickelte sich ein bizarrer Streit um den Übergabetermin des Geldes, in den sich auch noch Schreiber via TV-Interviews einschaltete. Letztlich kostete es beide die Ämter. Schäuble trat vom Parteivorsitz zurück, und Baumeister war als parlamentarische Geschäftsführerin erledigt.

Aber bereits am 14. Januar 2000 explodierte die nächste Bombe. Der frühere Bundesinnenminister Manfred Kanther trat vor die Presse. Der Law-and-Order-Minister gestand: Die CDU Hessen habe unter seiner Leitung seit 1983 rund 17 Millionen Mark auf geheime Auslandskonten transferiert. Aber es kam noch schlimmer. Um die Herkunft des Schwarzgeldes zu verschleiern, hatten Kanther und seine wenigen Mitwisser die Gelder als Vermächtnisse jüdischer Emigranten deklariert, darauf spekulierend, daß es in Deutschland niemand wagen würde, Erbschaften jüdischer Auswanderer in Frage zu stellen. Maier war fassungslos. In seiner gesamten Berufszeit als Staatsanwalt war ihm noch nichts Perfideres begegnet.

In den nächsten Tagen ging es Schlag auf Schlag weiter. Erst legte Kanther sein Bundestagsmandat nieder, dann Kohl den Ehrenvorsitz der CDU. Tags darauf beging der Finanzchef der CDU-Bundestagsfraktion, Wolfgang Hüllen, Selbstmord, weil er befürchtet hatte, daß im Zuge der Ermittlungen auch seine Unterschlagungen ans Tageslicht gekommen wären. Wenig später räumte die CDU ein, seit Beginn der 70er Jahre Millionen-Beträge auf Schweizer Konten geparkt zu haben. Gleich darauf meldete sich wieder Kohl zu Wort und bestritt, etwas von den geheimen Auslandskonten gewußt zu haben.

Maier nahm das inzwischen nahezu ungerührt zur Kenntnis. Die Ereignisse bestätigten nur, was er die ganze Zeit vermutet hatte und wofür er anfänglich von seinen Vorgesetzten für dumm verkauft worden war. Nun gab es keinen Zweifel mehr, daß wenige Ermittler aus Augsburg gegen alle Widerstände den größten Spendenskandal der Nachkriegsgeschichte ins Rollen gebracht hatten.

Auch der Untersuchungsausschuß des Bundestages wollte sich auf diese Ermittlungen stützen. Als erstes forderte das Gremium die Augsburger Verfahrensakten des Falls Schreiber an. Maier ließ deshalb Tausende von Seiten kopieren, die nach Berlin überstellt werden sollten. Darunter befand sich auch die sogenannte Handakte, in der der gesamte behördeninterne Schriftverkehr abgeheftet war. Maier war sich bewußt, daß dieses 1 600 Seiten dicke Dokument politischen Sprengstoff enthielt, denn darin waren auch sämtliche Anweisungen des Generalstaatsanwaltes Froschauer enthalten, etwa die Aussetzung der Haftbefehle oder das Verbot, die CDU-Zentrale durchsuchen und Kohl als Zeugen vernehmen zu lassen. Dies begriff auch Behördenleiter Nemetz, der erklärte, daß die Handakte dem Untersuchungsausschuß nicht zur Verfügung gestellt werden sollte. Schließlich habe das Bundestagsgremium nur die »Verfahrensakten« beantragt, und im streng juristischen Sinn gehöre eine Handakte nicht dazu. Maier ertrug die Niederlage mit Gelassenheit. Längst hatte ihn der Untersuchungsausschuß als Zeugen geladen, und er hatte sich fest vorgenommen, soweit als möglich Klartext zu reden.

Er konzentrierte sich jetzt auf die Anklageschrift. Es galt, im Verfahren Schreiber Tatsachen zu schaffen. Maier war entschlossen, Schreiber, die beiden Thyssen-Manager Haastert und Maßmann sowie Kiep anzuklagen. Das Verfahren gegen den früheren Staatssekretär Erich Riedl beabsichtigte er einzustellen. Für eine Anklage reichten einfach die Beweise nicht aus. Pfahls konnte er nicht anklagen, weil der Ex-Geheimdienstchef untergetaucht war und er ihm somit keine Anklageschrift zustellen konnte. Und für eine Anklage gegen Max Strauß war es zu früh. Dazu fehlten noch Unterlagen aus der Schweiz. Wann diese über ein Rechtshilfeersuchen eintreffen würden, war völlig ungewiß.

Mitten in die Arbeit an der Anklageschrift platzte eine Hiobsbotschaft. Am 22. Januar 2000 erfuhr Maier, daß der Kronzeuge Giorgio Pelossi, der durch seine Anzeige gegen Schreiber das ganze Verfahren erst ausgelöst hatte, in Chicago verhaftet worden war. Pelossi wurde von der italienischen Polizei verdächtigt, 27 Millionen Schweizer Franken aus Drogengeschäften mit Kolumbien und Marokko über eine Schweizer Firma gewaschen zu haben.

Maier war sofort klar, daß Pelossi damit als Kronzeuge nur noch bedingt etwas taugte. Für die Verteidiger der Beschuldigten würde es ein Leichtes sein, Pelossi im Zeugenstand zu diskreditieren. Nun mußte er sich in seiner Anklage vorrangig auf die Bankunterlagen aus der Schweiz stützen, die er Anfang 1999 über ein Rechtshilfeersuchen bekommen hatte, und auf die brillante Puzzlearbeit des Steuerfahnders Kindler, wodurch sich eine schlüssige Beweiskette ergab.

Am 14. Februar schickte Maier seinen Entwurf der Anklageschrift an die Generalstaatsanwaltschaft in München. Das Dokument umfaßte 165 Seiten und enthielt einen Katalog von Verbrechen und Schurkereien. Im Fall Karlheinz Schreiber lautete der Vorwurf »Steuerhinterziehung, Betrug, Untreue und Bestechung«, im Fall Jürgen Maßmann und Wilfried Haastert »Steuerhinterziehung, Betrug und Untreue«, und Walther Leisler Kiep warf Maier »Beihilfe zur Steuerhinterziehung« vor.

Benannt wurden 57 Zeugen, darunter hochrangige Thyssen-Manager, Spitzenbeamte der Regierung Kohl und Geheimdienstmitarbeiter. Detailliert ging Maier in seiner Schrift auch auf den Fall Holger Pfahls ein. Er klärte die Zusammenhänge auf und stellte die Beweise zusammen. Falls Pfahls irgendwann gefaßt werden sollte, würde es für seinen Nachfolger somit kein Problem sein, den früheren Geheimdienstchef binnen kürzester Zeit anklagen zu können.

Am 24. Februar 2000 sagte Maier als einer der ersten Sachverständigen vor dem Untersuchungsausschuß aus. Die Vernehmung war in der Tagungsstätte der katholischen Akademie St. Thomas von Aquin in Berlin in der Hannoverschen Straße. Maier mußte am Zeugentisch Platz nehmen, die Ausschußmitglieder und ihre Mitarbeiter saßen in U-Form um ihn herum. Er versuchte anhand der Namensschilder herauszubekommen, auf welcher Seite die Vertreter der jeweiligen Parteien saßen. Rechts von ihm hatten offensichtlich die Grünen und die SPD, also die Vertreter der Regierungskoalition, Platz genommen. Auf der anderen Seite saß die Opposition, ganz vorn die Vertreterin der PDS, dann der Abgesandte der FDP, schließlich die Mitglieder von CDU/CSU.

Nur den CSU-Abgeordneten Hans-Peter Friedrich kannte er persönlich aus seinen Jahren an der Universität. Sie hatten zusammen in Augsburg Jura studiert. Maier war gespannt, welche Fragen ihm der Ex-Kommilitone stellen würde. Maier ging davon aus, daß ihn die Ausschußmitglieder der CDU/CSU ins Kreuzverhör nähmen. Schließlich hatte es sich herumgesprochen, daß seine hartnäckigen Ermittlungen ihre Partei jetzt schwer belasteten. Also war es naheliegend, daß sie ihn und seine Arbeit diskreditieren mußten, um so vielleicht politisch wieder Boden gutzumachen. Maier rechnet mit allem. Er ging davon aus, daß sie wie Haifische sein würden. Eine kleine Wunde würde genügen, und schon würden sie sich auf ihn stürzen.

Sein jugendliches Gesicht und das mühsam gescheitelte Haar weckten bei den Abgeordneten vermutlich Zweifel an seiner Kompetenz. Aber das war ihm ganz recht. Sie sollten ihn ruhig unterschätzen. Im Blitzlichtgewitter der Pressefotografen zog Maier demonstrativ eine grüne Mappe aus seiner Aktentasche und legte sie auf den Tisch. Die dicke Mappe enthielt ein paar Dokumente und Aufzeichnungen, die er sicherheitshalber zusammengestellt hatte; eigentlich wollte er sie aber im Ausschuß nicht gebrauchen. Alles Wesentliche hatte er im Kopf, schließlich waren die Durchsuchungsbeschlüsse, Rechtshilfeersuchen und Haftbefehle von ihm formuliert worden. Ob die Ausschußmitglieder schon einen Blick auf die kopierten Dokumente geworfen hatten, wußte er nicht. Sie waren erst kurz zuvor in Berlin eingetroffen. Es war daher ungewiß, welchen Verlauf die Veranstaltung nehmen würde.

»Man könnte jetzt einen Roman erzählen«, begann Maier schließlich. Er berichtete vom Anfang der Ermittlungen, wie Staatsanwalt Jörg Hillinger die politische Brisanz erkannt und deshalb dem Kind einen anderen Namen gegeben hatte und offiziell nicht wegen Bestechung, sondern wegen Steuerhinterziehung ermitteln ließ. Maier erzählte vom Steuerfahnder Winfried Kindler, der den Code von Schreibers Kalender geknackt hatte und dessen kombinatorische Leistung anfangs als Kaffeesatzleserei abgetan worden war. Er erzählte von langwierigen Rechtshilfeersuchen, von Verjährungsfristen und umständlichen Anträgen bei übergeordneten Behörden.

Maier redete und redete. Er merkte, daß er nicht mehr aufhören konnte. Seit Hillingers Tod hatte es – von Kindler und seiner Ehefrau abgesehen – niemanden mehr gegeben, dem er sich hätte anvertrauen können. Alles war hinuntergeschluckt worden: die Geschichte mit der Aufhebung der Haftbefehle, mit der letztlich der Tod Hillingers zusammenhing, die auf mysteriöse Weise verschwundenen Dokumente, nicht zuletzt die vielen persönlichen Kränkungen durch Vorgesetzte. Nun spürte er ein ungeheures Bedürfnis, alles zu erzählen, denn hier gab es vertauschte Rollen. Er, der Staatsanwalt, wurde vernommen wie ein Zeuge.

Die Abgeordneten hingen an seinen Lippen, und in seinem Rücken saß eine Heerschar von Journalisten, die ebenso seinen Ausführungen lauschten, gierig auf kleine und große Sensationen. Alle im Saal ahnten durch Maiers Wortschwall, daß es für den Augsburger Staatsanwalt wohl ein Leichtes wäre, einen Eklat auszulösen. Niemand wußte das besser als Maier selbst, in dem das Bedürfnis immer größer wurde, endlich zu erzählen, was sich über Jahre hinweg auch hinter den Kulissen abgespielt hatte, wie anfangs ganz subtil und schließlich immer direkter auf die Ermittlungen Einfluß genommen worden war, bis man ihn schließlich kaltgestellt hatte. Da fragte ihn plötzlich der Ausschußvorsitzende Volker Neumann: »Bleiben Sie denn zuständig für dieses Verfahren, oder ist da eine Ablösung vorgesehen?«

Maier erkannte die Chance, aber auch die Gefahr. Von seiner Antwort würde es nun abhängen, ob die Öffentlichkeit zumindest eine leise Ahnung davon bekäme, was sich in den vergangenen Jahren alles ereignet hatte. Andererseits durfte er nicht alles erzählen, er mußte ein paar entscheidende Details für sich behalten, quasi als Rückversicherung, ansonsten konnte er die Bewerbung für die Richterstelle gleich selbst in den Papierkorb werfen und den Beruf völlig wechseln. Es durfte nicht der Eindruck entstehen, er habe die Vernehmung zur persönlichen Abrechnung mit der bayerischen Justiz mißbraucht. Vielmehr mußte er die Ausschußmitglieder neugierig machen und sie dazu bringen, ihm detailliertere Fragen zu stellen, so daß ihm letztlich keine andere Wahl bliebe, als alles zu erzählen. »Ich antworte mal vorab – haben Sie bitte Nachsicht – mit einer kleinen ironischen Gegenfrage«, sagte Maier. »Kann denn ein Staatsanwalt, der das Recht des unbescholtenen Bürgers auf Nichtentdeckung seiner Straftaten permanent verletzt, hoffen, daß er Karriere macht?«

Die Lacher waren auf seiner Seite. Sogar einige Abgeordnete der CDU/CSU mußten kichern. Und der Ausschußvorsitzende Neumann schien sich auf das Spiel einzulassen und antwortete nicht minder zweideutig: »Die Frage habe ich nur deshalb gestellt, um zu erfahren, ob wir auf Ihren Sachverstand weiter zurückgreifen können oder ob Sie dann infolge von Beförderung viel wichtigere Dinge tun, als dieses kleine Verfahren in Augsburg zu betreuen.«

Grinsend nahm Maier den Ball wieder auf und antwortete: »Ich würde mich freuen, wenn ich künftig wichtigere Dinge unternehmen darf. Ich gehe davon aus, daß die Planung der Staatsanwaltschaft Augsburg, insbesondere die des Behördenleiters der Staatsanwaltschaft Augsburg, dahingehend ist, daß ich dieses Verfahren in naher Zukunft nicht mehr betreuen werde. Wie ich zu dieser Aussage komme, kann ich Ihnen auch gerne schildern. Ich weiß nur nicht, ob das von allgemeinem Interesse ist.«

Für einen kurzen Moment war es totenstill im Saal. Jeder konnte sich ausmalen, was dies für die weiteren Ermittlungen bedeutete: Ausgerechnet der Mann, der den Parteispendenskandal enthüllt hatte, sollte von dem Verfahren abgezogen werden. Der Ausschußvorsitzende Neumann war so konsterniert, daß er im ersten Reflex – zur Erleichterung der CDU/CSU – schnell zu einem anderen Thema überleiten wollte: »Wie Sie dazu kommen, möchte ich gar nicht wissen.«

Aber andere SPD-Ausschußmitglieder wollten es genauer haben. Mit Zwischenrufen forderten sie Maier auf zu erzählen, warum er das Verfahren abgeben mußte. »Wenn Sie es interessiert, gerne«, gab Maier zurück, »damit habe ich kein Problem.«

Maier schilderte dem Ausschuß, wie Anfang des Jahres sein Behördenleiter Nemetz ihn behandelt hatte, als es um die Besetzung einer Stelle als Oberstaatsanwalt ging. »Dann habe ich ihn gefragt, wie er zu meiner Bewerbung stehen würde. Da hat er mir gesagt, er würde diese Bewerbung nicht unterstützen. Ich habe dann das Verfahren Schreiber und andere angesprochen und angeboten – vielleicht stimmt ja die Chemie nicht, ich weiß es nicht – , daß ich das noch ein, zwei Jahre mache und mich dann ganz freiwillig weg von der Staatsanwaltschaft bewerbe. Ich gebe das auch schriftlich ab. Dann hat mir der Behördenleiter gesagt, auch diese Bewerbung wird er nicht unterstützen. Er

Staatsanwalt Winfried Maier bei seinem letzten öffentlichen Auftritt
als Chefermittler im Verfahren gegen Karlheinz Schreiber vor
dem Untersuchungsausschuß des Bundestages am 24. Februar 2000

habe andere Planungen. Dann muß ich offensichtlich etwas verdutzt geschaut haben. Er hat mir dann noch gesagt, ich solle Tatsachen akzeptieren. Gut, das mache ich nun.«

Maier sagte, er habe sich daraufhin für eine Stelle als Richter am Oberlandesgericht in München beworben. Zuvor werde er jedoch noch die Anklageschrift verfassen: »Ich kann Ihnen versichern, daß da die entsprechenden Pflöcke von mir noch eingesetzt werden.« Ein paar der Beschuldigten sollten nicht so einfach davonkommen. »Aber man muß einfach einsehen, wann man im dritten Akt von Shakespeares ›Othello‹ angekommen ist.« In diesem Akt fällt Othello auf eine Intrige seines Fähnrichs Jago herein, der seinen Feldherrn hinterlistig glauben macht, Leutnant Cassio habe etwas mit Othellos Frau.

Der SPD-Obmann Frank Hofmann, früher einmal BKA-Beamter und offensichtlich auch Shakespeare-Fan, fragte sofort: »Gab es denn da politische Einflußnahmen?«

Auf diese Frage hatte Maier gewartet. »Wenn ich die Frage ganz objektiv beantworten muß«, antwortete Maier listig, »muß ich natürlich auf die Hierachie hinweisen. Ich bin ein Staatsanwalt ganz unten. Über mir gibt es einen Behördenleiter, dann gibt es einen Generalstaatsanwalt und einen Minister. Ob es da interne Vorgänge gibt, müssen Sie diese Personen fragen. Ich jedenfalls kann eine unmittelbare Einflußnahme von einem Minister, Staatssekretär, Ministerpräsidenten oder wie auch immer nicht bestätigen.«

Wieder war es still im Saal. Alle warteten gespannt. Schließlich war es der SPD-Abgeordnete Peter Danckert, prominenter Rechtsanwalt in Berlin, der weiter insistierte: »Sie haben ja vorhin auch ihre beruflichen Perspektiven geschildert, das, was sich an Merkwürdigkeiten da abgespielt hat. Sie haben immer wieder in diesem Zusammenhang davon gesprochen, daß eine unmittelbare Einflußnahme auf Ihre Diensthandlungen von Ihnen nicht berichtet werden kann. Aber da Sie das wiederholt unterstrichen haben, meine Frage: Gibt es etwas, was Sie in den Bereich der mittelbaren Beeinflussung einordnen würden?«

Endlich konnte Maier deutlicher werden: »Ich sitze unten, und der Politiker sitzt oben. Also, was weiß ich, was alles dazwischen ablaufen kann.« Geschickt deutete er an, daß er eine direkte Einflußnahme durch Politiker und Minister nicht erlebt habe. Allerdings hätte es reichlich juristische Weisungen gegeben, über die man durchaus streiten könnte. »Das ist aber gegebenenfalls in der Handakte nachzulesen«, setzte er hinzu.

Auf Nachfrage des SPD-Obmannes Frank Hofmann hatte Maier bereits zuvor auf die Existenz der Handakte hingewiesen und dezent angedeutet, mit welchen juristischen Spitzfindigkeiten dafür gesorgt worden war, daß er die Handakte nicht zum Untersuchungsausschuß hatte schicken dürfen. Deutlicher wollte er anfangs nicht werden.

Nun änderte er seine Strategie und hob nochmals die Bedeutung dieser Handakte hervor: sie dokumentiere die Entscheidungen der vorgesetzten Behörde, der Generalstaatsanwaltschaft, nicht aber der darüber stehenden politischen Entscheidungsträger. »Also nicht, daß Sie da – um es klar zu sagen – erwarten, daß darin steht: Der und der Minister hat da und da Einfluß genommen«, erklärte Maier. So etwas befinde sich nicht in der Akte.

Maier schaute in die Runde und fragte sich, ob die Abgeordneten kapiert hatten. Der SPD-Abgeordnete Peter Danckert jedenfalls reagierte: »Das wird ja auch schriftlich nicht festgehalten.«

Und Maier setzte hinzu: »Selbst wenn es so wäre, würde es nicht festgehalten, ja.« Die Handakte, darin war er sich nun sicher, würde den Abgeordneten so schnell nicht aus dem Kopf gehen.

Zu Maiers Überraschung fragten ihn die Ausschußmitglieder aus den Reihen der CDU/CSU ausgesprochen wenig. Schließlich hatten seine Ermittlungen mit zu diesem Untersuchungsausschuß geführt, der die Frage klären sollte, ob unter der Regierung von Helmut Kohl politische Entscheidungen käuflich waren. Für Maiers Geschmack war das ein zu eng gestecktes Ziel für den Ausschuß. Immerhin ging es auch darum, daß eine Regierungspartei einfach Gesetze ignoriert und wie Mafiosi Schwarzgelder in der Schweiz gebunkert hatte. Die Frage der Bestechlichkeit ließ sich bislang nur an der Person von Holger Pfahls festmachen – und der war als beamteter Staatssekretär formal nicht einmal Mitglied der Regierung gewesen. Also mußte doch die CDU/CSU versuchen, Maiers Verdacht bezüglich Pfahls zu entkräften.

Der CDU-Abgeordnete Wolfgang Bosbach stellte schließlich in der nichtöffentlichen Sitzung in Frage, ob es überhaupt bewiesen sei, daß Pfahls sich hatte bestechen lassen: »Ich beziehe mich jetzt auf den strafrechtlich relevanten Vorwurf der Bestechlichkeit gegenüber dem Beschuldigten Pfahls«, sagte dazu der gelernte Jurist Bosbach. »Dafür brauche ich ja eine Unrechtsvereinbarung. Auf welchen Komplex bezieht sich jetzt die Unrechtsvereinbarung mit dem Vorwurf Bestechlichkeit?«

Maier hatte auf so etwas gewartet. Allerdings hatte er nicht damit gerechnet, daß es ihm die CDU/CSU so einfach machen würde. »Unrechtsvereinbarungen bei einer Bestechung werden gemeinhin nicht schriftlich niedergelegt«, konterte er trocken. »Wer so etwas macht, dem kann man nun wirklich nicht mehr helfen.«

Der Saal erfüllte sich wieder mit dem Gelächter der Ausschußmitglieder aus den Reihen der Regierungskoalition sowie FDP und PDS. Lediglich den Vertretern der CDU/CSU war nicht nach Lachen zumute. Sie schwiegen beschämt, und dem CDU-Abgeordneten Bosbach war die Lust auf weitere Fragen vergangen.

Als die Vernehmung nach sieben Stunden beendet war, kam sein Studienkollege aus Bayern, der CSU-Abgeordnete und Ausschußvertreter Hans-Peter Friedrich, auf Maier zu. Sie verabredeten sich auf ein Bier, bis zu Maiers Rückflug nach Augsburg blieb noch Zeit. In einer Kneipe in Berlin-Mitte wärmten sie alte Erinnerungen auf, die aktuellen Geschehnisse blieben eher ausgespart. Der CSU-Abgeordnete hatte offensichtlich keine Lust, weiter über das Vergehen der Schwesterpartei zu diskutieren. Drei Tage später schlug Maier die *Süddeutsche Zeitung* auf und glaubte nicht, was er las: Der CSU-Mann Friedrich hatte ihn gegenüber Journalisten bezichtigt, vor seinem Auftritt im Untersuchungsausschuß rechtswidrige Absprachen mit der Regierungspartei getroffen zu haben. Es sei eine einzige Kungelei gewesen, im Laufe derer Maier die SPD dazu gebracht habe, nach der brisanten Handakte der Augsburger Staatsanwaltschaft zu fragen.

Wütend rief Maier seinen Studienkollegen an. Friedrich stotterte etwas von einem Mißverständnis. Aber Maier glaubte ihm nicht. Friedrich war für ihn nur eine menschliche Enttäuschung mehr, die er im Laufe dieses Ermittlungsverfahrens verkraften mußte.

In München sah sich der bayerische Justizminister Manfred

Weiß nach Maiers Auftritt im Ausschuß dazu veranlaßt, einen engen Zirkel von Journalisten zum Gespräch zu laden. Der Minister wollte den Presseveröffentlichungen der letzten Tage entgegentreten und beteuerte, daß es im Laufe des Augsburger Ermittlungsverfahrens keinerlei politische Einflußnahme gegeben habe. Auch Staatsanwalt Maier werde nur zu seinem Wohle zum Richter befördert. Der Minister nannte es seine Fürsorgepflicht als Dienstherr, sich um die Beförderung der Mitarbeiter zu kümmern.

Bei der Gelegenheit präsentierte der Justizminister auch gleich Maiers Nachfolger und offenbarte dabei sein Herz für den juristischen Nachwuchs Bayerns: »Staatsanwalt als Gruppenleiter Dr. Maier steht seit neun Monaten eine inzwischen eingearbeitete Staatsanwältin zur Verfügung. Sie ist mit dem Verfahren bestens vertraut und wird es ebenso kompetent und effektiv weiter betreiben.« Es handelte sich dabei um Maiers Assistentin Barbara Pöschl, 29 Jahre alt, Beamtin auf Probe und mit der Berufserfahrung von ganzen neun Monaten. Pöschl war nach Studium und Referendariat direkt zur Staatsanwaltschaft Augsburg gekommen. Nun sollte sie federführend den größten Politskandal der Nachkriegsgeschichte vor Gericht bringen.

Seine Kollegen in Augsburg bereiteten derweil Maier einen rührenden Abschied.

Für die Feier hatten sie sich in den heruntergekommenen Räumlichkeiten der Abteilung 5 der Augsburger Wirtschaftsstaatsanwaltschaft eingefunden. Alle waren gekommen, auch die Steuerfahnder vom Finanzamt. Nur Behördenleiter Reinhard Nemetz fehlte. Maier, seit seiner Jugend ein leidenschaftlicher Tänzer, bekam ein besonderes Abschiedsgeschenk. Zur Gitarrenbegleitung sangen seine Kollegen den Gassenhauer von Rainhard Fendrich: »Tango Korrupti« – allerdings mit einem etwas veränderten Text:

Und man weiß es leider nicht genauer
es stand ein Kiep, frisch aufgewacht
auf einem Parkplatz auf der Lauer
und auch den Weyrauch hat er mitgebracht

Da fährt jemand über die Felder
es ist ein dunkelblauer Jaguar
er bringt die frisch gewaschnen Gelder
der Schreiber ist's – Besuch aus Kanada

Man reicht den Koffer in den Wagen
die Herzen schlagen
der Handel ist perfekt
durch eine großzügige Spende
kriegt man am Ende
fast jedes Großprojekt

Plötzlich lacht der Bundeskanzler
denn er freut sich auf die Panzer
und er hat auf seinen Lippen
eine kleine Melodie ...
... Tango Korrupti ...

Epilog

Wehmütig packte Maier nach der Abschiedspartie seine Habseligkeiten in der Augsburger Staatsanwaltschaft zusammen, zu denen auch das Papier mit dem Songtext gehörte. Beim Überfliegen wurde ihm noch mal bewußt, daß die geschilderte Szene keinesfalls einem Hollywood-Streifen entliehen war, sondern der bitteren Realität entsprach. Sie spielte auch nicht in Italien, dem Heimatland der Mafia, oder im fernen Kolumbien, dem Inbegriff für politische Korruption, sondern in Deutschland, wo man organisierte Kriminalität oder Korruption bislang nicht unbedingt in Zusammenhang mit Politikern von Regierungsparteien brachte.

Aber dies würde sich nun wohl ändern. Schließlich hatten die damals Verantwortlichen aus dubiosen Quellen Millionen bekommen und sie an Parteiengesetz und Rechenschaftsberichten vorbei auf Schweizer Geheimkonten geschleust. Um die Herkunft des Geldes zu verschleiern, wurde es im Stile von Mafiosi gewaschen, im Fall der CDU Hessen wurde das Schwarzgeld perfiderweise sogar als Vermächtnisse jüdischer Emigranten ausgegeben.

Für Maier stand außer Frage, daß ein derartiges Verhalten geahndet werden muß. Dieser zweite große Parteispendenskandal der CDU durfte nicht enden wie vor fast 15 Jahren der erste. Damals waren die Hauptverantwortlichen der Flick-Affäre ungeschoren davongekommen: Walther Leisler Kiep, zu jener Zeit immerhin amtierender Bundesschatzmeister der CDU, entging einer Verurteilung durch Verfahrenstricks, Helmut Kohl entkam einer Anklage wegen uneidlicher Falschaussage, weil er sich damit herausredete, er habe einen »Blackout« gehabt.

Bezeichnend fand es Maier, daß die Hauptverantwortlichen Kohl und Kiep, nachdem sie der Justiz nur knapp entkommen waren, einfach das Schwarzgeld-System der CDU munter weiterbetreiben konnten und obendrein noch perfektionierten. Wenn es diesmal wieder zu keinem Gerichtsverfahren gegen Kohl käme, würde in der öffentlichen Wahrnehmung endgültig das Bild entstehen, deutsche Spitzenpolitiker kämen stets ungeschoren davon. Künftig würde sich kein Steuersünder, der seine Millionen am Fiskus vorbei nach Liechtenstein oder Luxemburg verschob, so etwas wie mangelndes Unrechtsbewußtsein nachsagen lassen. Entspannt könnte er immer auf die Herren Kohl, Kiep und Co. verweisen.

Über die Mechanismen von Einflußnahme in Wirtschaft und Politik hatte sich Maier viele Gedanken gemacht. Mittlerweile war er davon überzeugt, daß dabei nicht nur finanzielle Zuwendungen ausschlaggebend waren. Vielmehr funktionierte das System durch die Positionierung von Vertrauensleuten, die sich einem verpflichtet fühlten. Maier hatte dabei immer das Beispiel von Jürgen Maßmann vor Augen. Lange bevor der Thyssen-Manager offensichtlich mehrere Millionen Mark von Karlheinz Schreiber erhalten hatte, war er in Abhängigkeit von ihm geraten, wie eine beschlagnahmte Glückwunschkarte Maßmanns an Schreiber dokumentierte: »Karlheinz, insbesondere Deinem Engagement, Deiner Fürsprache habe ich meine Berufung in den Vorstand zu verdanken. Dies werde ich nie vergessen. Ich weiß es sehr zu würdigen und werde mir die größte Mühe geben, Dich in Deinen Prognosen nicht zu enttäuschen.«
Zur Verdeutlichung zitierte Maier dies auch in seiner Anklageschrift. Für Maier basierte das gesamte Begünstigungssystem auf diesem Muster. Personen waren in Positionen oder in Ämter gehievt worden, die sie aus eigenen Kräften vermutlich niemals erreicht hätten. Horst Weyrauch etwa war ein namenloser Steuerberater gewesen, bis ihn der gerade zum Bundesschatzmeister gewählte Walther Leisler Kiep für die CDU engagierte. Erst danach hatte sich Weyrauch in der Lage gesehen, seine eigene Steuerkanzlei zu eröffnen. Verschwiegen wie ein Grab führte dafür Weyrauch jahrzehntelang für Kohl, Kiep und Co. geheime Auslandskonten, wohlwissend, daß dies nicht Rechtens war.
Neben Horst Weyrauch hatte die Partei in Uwe Lüthje, dem früheren CDU-Generalbevollmächtigten der Schatzmeisterei, noch einen zweiten devoten Diener, der für Kohl nicht nur ein Schwarzgeld-System betrieb, sondern vor der Bonner Staatsan-

waltschaft auch wissentlich die Unwahrheit sagte. Auf die Strafanzeige des Bundestagsabgeordneten Otto Schily hin hatte die Staatsanwaltschaft 1986 gegen Helmut Kohl wegen des Verdachts der uneidlichen Falschaussage im Zusammenhang mit der Flick-Parteispendenaffäre ermittelt. Jedoch Weyrauch und Lüthje stützten bei der Vernehmung Kohls Version, dieser habe von den Schwarzen Kassen der CDU nichts gewußt.

Das war eine glatte Lüge gewesen, wie sich jetzt nach 14 Jahren herausstellte. Der Text einer Geburtstagsansprache, die Uwe Lüthje am 10. September 1997 für Horst Weyrauch gehalten hatte, macht dies deutlich: »Daß Helmut Kohl beide für ihn existentiellen Krisen überstanden hat, hat er ausschließlich uns zu verdanken«, sprach Lüthje anläßlich des Geburtstages seines Komplizen Weyrauch. »Aber nur wir beide – und natürlich Helmut Kohl – wissen, was dazu notwendig war.« Kohl habe Kanzler bleiben können, »weil wir ihn mit der Vorbereitung auf seine Einvernahme ... – ich war dazu eigens mit einem gemeinsam verfaßten Drehbuch nach Oggersheim gefahren, Sie [Horst Weyrauch] waren per Telefon zu diesem Vorbereitungsgespräch zugeschaltet – ... und mit unserer gemeinsamen Einvernahme vor der Bonner Staatsanwaltschaft 1986 aus allen kritischen Situationen ... herausholen und freihalten konnten. Ohne Inkaufnahme eigener, wirklich existentieller Gefährdungen war das nicht möglich.«

Bemerkenswert fand Maier, daß Helmut Kohl seine beiden Paladine nicht einmal direkt zu der Lüge hatte auffordern müssen. »Unvergessen für mich jener Augenblick«, sagte Lüthje in der Geburtstagsansprache, »als er [Helmut Kohl] in endlich erwachtem Bewußtsein für die eigene höchst kritische Situation mich fragte, ob er nicht sicherheitshalber zurücktreten solle, ehe denn das Ergebnis der staatsanwaltschaftlichen Ermittlungen ihn dazu zwingen würde. Meine Antwort – mit Herzklopfen – war dann so – man weiß es –, daß er nicht zurücktrat.«

Das System Kohl funktionierte ganz einfach. Der Partei-Pate hatte sich über die Jahrzehnte ein Heer von Günstlingen herangezogen, die ihm die Karriere zu verdanken hatten oder aus seinen schwarzen Kassen bedient wurden. Dafür erwartete Kohl Gehorsam, vorauseilend und blind. Und dieses System lief wie geschmiert, bis zuletzt. Kurz vor dem Regierungswechsel im Herbst 1998 vernichteten Kohls treue Beamte zwei Drittel aller

Akten und Daten im Bundeskanzleramt. Auf dem Computer im Kanzleramt wurden Dateien mit einem Gesamtvolumen von drei Gigabyte, umgerechnet 1,3 Millionen Blatt, gelöscht. Darunter waren Informationen, die darüber Aufschluß hätten geben können, ob die Regierung Helmut Kohls käuflich gewesen war – bei der Vergabe der Leuna-Raffinerie, beim Verkauf von Airbus-Jets und »Fuchs-Panzern«.

Die neue rot-grüne Regierung setzte den FDP-Abgeordneten Burkhard Hirsch als Sonderermittler ein. Die Verantwortlichen für den Verwahrungsbruch sollten gefunden werden, schließlich ging es um Regierungskriminalität. Zusammen mit zwei Beamten des Bundeskriminalamtes vernahm Hirsch 79 Zeugen, alles Beamte aus dem Kanzleramt zu Zeiten Helmut Kohls. Heraus kam, daß nach einer Expertise von Computerexperten des Bundesamtes für Sicherheit in der Informationstechnik die Löschung zentral, heimlich und flächendeckend vollzogen worden war.

Aber angeblich hatte es zu dieser gigantischen Vernichtungsaktion keine Weisung gegeben. Weder von Helmut Kohl noch von dessen Kanzleramtsminister Friedrich Bohl. Vermutlich war dies auch nicht nötig gewesen. Hans-Achim Roll, als Leiter der Zentralabteilung im Kanzleramt ein Günstling Kohls, drängte es geradezu, gegenüber dem Sonderermittler Hirsch die Verantwortung für die Löschorgie zu übernehmen. Er habe sich »mit niemanden beraten«, versicherte der politische Beamte Roll. »Ich habe mir das selbst überlegt und entschieden.«

Trotz all dieser Skandale und Enthüllungen funktionierte das System Kohl weiter. Der Arm des Paten reichte sogar bis in den Spendenuntersuchungsausschuß, der die Frage klären soll, ob politische Entscheidungen der Regierung Helmut Kohl käuflich gewesen waren. Wie aus dem Terminkalender von Kohls Sekretärin Juliane Weber, die selbst als Zeugin vor dem Ausschuß auftreten mußte, ersichtlich wurde, traf sich der Altkanzler regelmäßig mit CDU/CSU-Mitgliedern des Ausschusses. Daß dabei Absprachen zwischen einem Zeugen und den Untersuchungsbeauftragten getroffen wurden, war allgemeine Vermutung.

Der Zeitung entnahm Maier, daß zu diesen Ausschußmitgliedern auch sein früherer Studienkollege Hans-Peter Friedrich als stellvertretender Vorsitzender gehörte. Nach seinem eigenen Auftritt vor dem Gremium hatte ihm Friedrich – offensichtlich als politischer Gegenangriff gedacht – in der Presse »rechtswidrige Absprachen« mit Ausschußmitgliedern der SPD unterstellt. Maier schrieb nun in einem Leserbrief an die *Süddeutsche Zeitung*, die damals Friedrichs Unterstellungen veröffentlicht hatte: »Ist es jetzt angesichts der Treffen der Abgeordneten Andreas Schmidt und Hans-Peter Friedrich mit dem Zeugen Bundeskanzler a.D. Dr. Helmut Kohl erlaubt, den stellvertretenden Vorsitzenden des Ausschusses an dem zu messen, was er anderen vorwirft?«

Maier verfolgte Kohls Auftritt vor dem Bundestagsgremium im Fernsehen. Der Altkanzler zeigte weder Reue noch Unrechtsbewußtsein. Vielmehr stellte Kohl selbstherrlich sein vermeintliches Ehrenwort noch immer über das Gesetz, verhöhnte das Gremium und verweigerte zu den entscheidenden Fragen schlicht die Aussage. Maier mußte daran denken, wie oft er bei der Generalstaatsanwaltschaft vergebens um die Erlaubnis nachgesucht hatte, Helmut Kohl als Zeugen vernehmen zu dürfen, von dem Versuch, eine Vorermittlung gegen Kohl einzuleiten, ganz zu schweigen. Als Staatsanwalt gegen Helmut Kohl vorgehen zu wollen schien unter den gegebenen Verhältnissen ein aussichtsloser Kampf zu sein. Wie David gegen Goliath. Aber der Vergleich mit der Geschichte aus dem Alten Testament hinkte, mußte sich Kirchenratsmitglied Maier eingestehen. David hatte wenigsten eine Steinschleuder.

Ihm standen als Staatsanwalt im Kampf gegen politische Riesen keine wirksamen Waffen zur Verfügung. Im Gegensatz zu einem Richter ist in Deutschland ein Staatsanwalt abhängig und weisungsgebunden. Bevor er nur das Geringste unternehmen kann, etwa eine Vorermittlung einleiten oder eine Hausdurchsuchung vollziehen, muß er darüber seitenlange Berichte an seine vorgesetzte Behörde, die Generalstaatsanwaltschaft, schreiben. Die wiederum schickt die Berichte weiter an das Justizministerium, das dazu eine Anweisung erteilt, die an den Staatsanwalt durchgereicht wird. Letztlich hat sich also ein Staatsanwalt dem Willen seines obersten Chefs, des Justizministers, zu beugen. Der ist selbst Politiker und Angehöriger einer Landesregierung, die sich aus Parteien mit bestimmten politischen Interessen zusammensetzt. Und so jemand soll einem Staatsanwalt die Weisung erteilen, gegen die eigene Partei, die eigene Kaste oder gar den Bundeskanzler zu ermitteln?

Oft hatte Maier in den vergangenen drei Jahren sehnsüchtig nach Italien geschaut. Dort haben Staatsanwälte freie Hand. Ein entsprechendes Gesetz garantiert seinen italienischen Kollegen seit ein paar Jahren ihre Unabhängigkeit. Unter dem Namen Operation »Saubere Hände« haben Staatsanwälte daraufhin erfolgreich den Kampf gegen Korruption aufgenommen und ermitteln mutig gegen prominente Politiker und mächtige Staatsdiener. Allerdings wußte Maier auch, daß für diese Unabhängigkeit ein hoher Preis zu zahlen war. Couragierte Staatsanwälte und Ermittlungsrichter wie Paolo Borsellino und Giovanni Falcone waren bekanntlich von Autobomben getötet worden.

Maier mußte an Hillinger denken. Sein Tod war für ihn noch immer beunruhigend. Letztlich war er ein Opfer des Schreiber-Verfahrens geworden. So gesehen, hatte Maier noch Glück gehabt. Ihm war bislang nichts passiert. Er hatte für seine hartnäckigen Ermittlungen in Sachen Parteispenden lediglich mit seiner Karriere als Staatsanwalt bezahlt. Fortan würde er sich im ruhigeren Fahrwasser eines Familiengerichts bewegen. Wie aber sollten seine Kollegen unter den gegebenen Verhältnissen jemals erfolgreich gegen korrupte Politiker vorgehen können?

Anhang

Bildnachweis

AP: S. 175
ARD: S. 128
Bayerische Staatskanzlei: S. 101
Bundesbildstelle: S. 187
Frank Darchinger: S. 51
dpa: S. 11, 35, 117, 125, 193
Paul Glaser: S. 141 o., 201
Christian Härtel: S. 141 u.
Privat: S. 19, 25
Stern: S. 54
Michael Stiller: S. 41
Süddeutscher Verlag – Bilderdienst: S. 70, 81, 175

Personenregister

Wegen zu häufiger Nennung wurden drei Personen nicht aufgenommen: Waffenhändler Karlheinz Schreiber sowie die beiden wichtigsten Ermittler in seinem Fall Jörg Hillinger und Winfried Maier.

Biographien zur Zeitgeschichte

Marianne Brentzel
Die Machtfrau
Hilde Benjamin 1902-1989
400 S., 56 Abb., gebunden mit Schutzumschlag
ISBN 3-86153-139-9
48,00 DM/sFr.; 351 öS

Marianne Brentzel hat Quellen ausgewertet, in Archiven geforscht, mit
Zeitzeugen gesprochen und so in minutiöser Kleinarbeit ein Porträt dieser
ebenso begabten und intelligenten wie umstrittenen und angefeindeten
Person gezeichnet.
Deutsches Allgemeines Sonntagsblatt

Dieter Hoffmann u. a. (Hg.)
Robert Havemann
Dokumente eines Lebens
312 S., 47 Abb., gebunden mit Schutzumschlag
ISBN 3-86153-022-8
38,00 DM/sFr.; 278 öS

Die fünf beteiligten Autoren haben durch ihre sorgfältigen Beiträge zu den
einzelnen Lebensabschnitten Havemanns eine gelungene Gesamtdarstel-
lung geliefert.
Zeitschrift für Geschichtswissenschaft

Thomas Kunze
Nicolae Ceaușescu
Eine Biographie
2. Aufl., 464 S., 33 Abb.,
gebunden mit Schutzumschlag
ISBN 3-86153-211-5
48,00 DM/sFr.; 351 öS

Der Historiker Thomas Kunze hat sorgfältig Legende
und Wirklichkeit getrennt. Nach Blick in Geheimarchive
und Gesprächen mit Zeitzeugen stellt er eine
detailreiche Vita dar. *Focus*

Ch.Links

Analysen und Dokumente

Roger Engelmann, Clemens Vollnhals (Hg.)
Justiz im Dienste der Parteiherschaft
Rechtspraxis und Staatssicherheit in der DDR
2. Aufl., 576 S., gebunden
3-86153-184-4
48,00 DM/sFr.; 351 öS

Mit dem vorliegenden Buch liegt ein umfassendes Werk zur politischen Justiz, genauer zur Staatssicherheitsjustiz der DDR vor, das auf absehbare Zeit zum Standardwerk für Politik-, Rechts- und Geschichtswissenschaftler zählen dürfte.

Hesssicher Rundfunk

Clemens Vollnhals
Der Fall Havemann
Ein Lehrstück politischer Justiz
2., aktual. Aufl., 312 S., Broschur
3-86153-215-8
30,00 DM/sFr.; 219 öS

Dieses Buch ist sehr empfehlenswert, nicht nur für den Richter
und die Anwälte, die über das Verfahren und die Urteile zu
befinden haben. *die tageszeitung*

Wolfgang Buschfort
Parteien im Kalten Krieg
Die Ostbüros von SPD, CDU und FDP
248 S., Broschur
3-86153-226-3
30,00 DM/sFr.; 219 öS

Der Autor rekonstruiert nicht nur die Entwicklung
der einzelnen Ostbüros, sondern untersucht auch –
primär anhand von MfS-Akten –
die vielfältigen »Gegenaktionen« des
SED-Staates.

Aktuelle politische Sachbücher

Andreas Juhnke
Brandherd
Der zehnfache Mord von Lübeck:
Ein Kriminalfall wird zum Politikum
216 S., 30 Abb., Klappenbroschur
ISBN 3-86153-154-2
29,80 DM/sFr.; 218 öS

»Brandherd« ist die Chronik eines Ermittlungsskandales. Juhnkes Kriminal-Report weist einen möglichen Weg durch den Indizien-Dschungel, den die Ermittler leider nie gegangen sind.

Radio Köln

Michael Preute
Rechtsum – zum Abitur
Der geistige Wandel an deutschen Oberschulen
180 S., Broschur
ISBN 3-86153-074-0
29,80 DM/sFr.; 218 öS

Der engagierte Journalist Preute belegt, daß rechtsradikale Tendenzen nicht nur vereinzelt bei Schülern wie Lehrern auftreten, sondern oft auch von Schulleitungen und Behörden vertuscht und nach außen hin geleugnet werden.

ekz-Informationsdienst

Jacob Knab
Falsche Glorie
Das Traditionsverständnis der Bundeswehr
190 S., Broschur
ISBN 3-86153-089-9
29,80 DM/sFr.; 218 öS

Der Pax Christi-»Erinnerungsarbeiter« Knab hat eine Streitschrift verfaßt, die in klaren Worten und interessanten Fakten das Traditionsverständnis der Bundeswehr kritisiert. Sein Buch sollte Diskussionen bei uns allen auslösen.

Das Parlament

Ch.Links